edition lichtland

Stadtplatz 4, 94078 Freyung
Deutschland

Layout: Edith Döringer
Bilder, soweit nicht anders angegeben:
„Verein der Nationalpark-Freunde e.V.“

1. Auflage 2017

ISBN: 978-3-942509-61-9
www.lichtland.eu

HANS BIBELRIETHER

NATUR NATUR SEIN LASSEN

DIE ENTSTEHUNG DES ERSTEN NATIONALPARKS DEUTSCHLANDS:

DER NATIONALPARK BAYERISCHER WALD

Vorwort

Die Geschichte des Nationalparks Bayerischer Wald ist politisch und fachlich exemplarisch für die Entwicklung des Naturschutzes in Deutschland. Damit verbunden war auch der Lernprozess der Systemzusammenhänge in der Natur, den Ökosystemen.

Alle diese Lernprozesse waren natürlich auch Konfliktprozesse. In der gesellschaftlichen Debatte, in der politischen Auseinandersetzung und in der naturschutzfachlichen Diskussion.
Für die politische Durchsetzung des Projektes Nationalpark Bayerischer Wald steht der Name eines Politikers, der im Naturschutz weitgehend unbekannt ist: Dr. Hans Eisenmann, der damalige Staatsminister für Ernährung, Landwirtschaft und Forsten in Bayern. Er verstand die ökonomischen, ökologischen und gesellschaftlichen Zusammenhänge. Mit dem Bayerischen Waldgesetz wurden erstmals Naturschutz und Schutzwälder als Aufgabe benannt. Mit diesem Geist, dieser Haltung setzte Hans Eisenmann auch das von Anfang an umkämpfte Projekt Nationalpark Bayerischer Wald durch. Für die fachliche Verwirklichung steht das leidenschaftliche Engagement und die Fachkenntnis von Dr. Hans Bibelriether. Der Preis waren nicht nur große Belastungen und Anstrengung; der Preis waren auch unendlich viele Anfeindungen und Schmähungen. Nur mit großem Engagement, großer Überzeugungskraft und innerer Stärke war dieser Weg zu meistern.

Beiden Pionieren danken wir für diese große Lebensleistung, die nachhaltiger nicht sein könnte.

Alois Glück
Landtagspräsident a. D.

INHALT

1| VISIONEN UND VISIONÄRE

WIE DIE GESCHICHTE IHREN ANFANG NIMMT

Manchmal werden Wünsche und Träume wahr. Oft ist es schwer, neue Ideen durchzusetzen. Mitunter scheint es unmöglich. Und doch – es lohnt sich, für seine Träume zu kämpfen – umso mehr, wenn man vom Sinn einer Sache überzeugt ist. Immer wieder gibt es Menschen – Visionäre –, die etwas weiter sehen als andere und für machbar halten, was andere für unerreichbar erklären. Nicht selten werden solche Visionäre verlacht oder sogar angefeindet. Dennoch halten sie fest an ihrem Ziel und setzen sich mit ihrer ganzen Kraft dafür ein. Sie verkraften Rückschläge und stecken Niederlagen weg. Sie stehen immer wieder auf. Oftmals schaffen solche Visionäre etwas von bleibendem Wert. Sie schreiben ein Stück Geschichte. Unzählige solche Geschichten gibt es, und eine davon nahm ihren Anfang vor über einhundert Jahren. Es ist die Geschichte des ersten deutschen Nationalparks, des Nationalparks Bayerischer Wald.

Am 30. März 1898 – das Deutsche Reich wurde vom machtbesessenen Kaiser Wilhelm II. regiert – bewies ein preußischer Parlamentarier beeindruckenden Weitblick. In einer aufsehenerregenden Rede vor dem preußischen Abgeordnetenhaus forderte er den gezielten Schutz der bedrohten Natur. Wilhelm Wetekamp hieß der Mann, der in Zeiten massiver Aufrüstung und drohender Kriegsgefahr das Parlament aufforderte, „*...gewisse Gebiete unseres Vaterlandes zu reservieren, (...) in „Staatsparks“ umzuwandeln, (...) Gebiete, deren Hauptcharakteristik ist, dass sie unantastbar sind.*“

Damit wurde der Reformpädagoge Wetekamp einer der Begründer der deutschen Naturschutzbewegung. Ihm ist die Einrichtung der ersten deutschen Naturschutzbehörde, der „Staatlichen Stelle für Naturdenkmalpflege“ in Preußen 1906 zu verdanken. Nur drei Jahre später, am 23. Oktober 1909, wurde in München der „Verein Naturschutzparke e.V." gegründet und 1911 der Bayerische Wald erstmals als geeignetes Gebiet für ein großes Naturreservat benannt. Bedingt durch die Abgeschiedenheit und klimatische Rauheit der Gegend, hatte eine intensive Forstwirtschaft im Bayerischen Wald viel später als anderswo in unserem Land begonnen, weshalb ursprüngliche Wälder noch großflächig erhalten waren.

Im selben Jahr – 1911 – rief Dr. Emmerich in einem Beitrag der „Niederbayerischen Monatshefte" zum Widerstand gegen den materialistischen Zeitgeist auf. Er demonstrierte eine Einsicht, die uns auch heute gut zu Gesicht stünde: *„Wir haben ein Recht zu leben, aber wir haben nicht das Recht, unser Vaterland zu einer Wüste zu machen, unseren Kindern und Enkeln ein verödetes, schematisiertes, von Paragraphen und Nützlichkeitstheorien, die so schnell vergehen, wie sie gekommen sind, regiertes Land zu hinterlassen. Zur wirksamen Abhilfe gibt es nur ein Mittel: Die Schaffung großer Naturschutzparke, in denen die gesamte, in diesen Gebieten einheimische Tier- und Pflanzenwelt ein dauerndes Asyl erhält"*.

Doch wie so oft, folgte darauf zunächst nichts. Jahre gingen ins Land. Die Menschen kämpften während des Ersten Weltkrieges und in den Folgejahren der Weltwirtschaftskrise ums eigene Überleben. Der Schutz der Natur musste warten. Zwar meldete sich 1928 ein weiterer Visionär zu Wort, der Waldbaureferent der Bayerischen Staatsforstverwaltung, Geheimrat Dr. Karl Rebel. In blumigen Worten beschrieb er seine Vision bei einem Vortrag vor dem Bund Naturschutz. Er erträumte sich einen Nationalpark nach internationalem Vorbild, *„wo keine Axt hallt, keine Sense klingt, kein Schuss fällt, kein Vieh weidet"*. Doch wie die Axt im Wald, so verhallte auch dieser Ruf.

Den Preußischen Ministerpräsidenten und engen Vertrauten von Adolf Hitler, Hermann Göring, trieben andere, egoistische Visionen an, als er nach Hitlers Machtergreifung 1933 die Zuständigkeit für Forstwesen, Jagd und Naturschutz an sich riss und in einem „Reichsforstamt“ organisierte. Die von ihm in der Folge geschaffenen Reichsnaturschutzgebiete in der Schorfheide, auf dem Darß, in der Rominter Heide und im Elchwald ähnelten zwar von der Größe her späteren Nationalparken, in Wahrheit dienten sie Göring und seinen Freunden aber ausschließlich als feudale Jagdgebiete, betreut durch die Oberste Jagdbehörde. Es war die Fortsetzung eines jahrhundertealten Umgangs mit den tierischen Bewohnern unserer Landschaften. Darauf will ich an anderer Stelle noch ausführlicher eingehen. Vorerst genügt es festzuhalten: Naturschutz – Fehlanzeige! Ab 1941 wurden die Gebiete zu Staatsjagdrevieren erklärt, welche direkt Görings „Reichsjagdamt“ unterstellt waren. Doch während für Göring der Naturschutz als Deckmäntelchen für eigene Interessen diente, gab es auch zu dieser Zeit ernste Absichten zur Errichtung von Nationalparken.

Der Naturschutzbeauftragte der Regierung von Niederbayern, Oberstudienrat Eichhorn, legte 1937 dem Berliner Reichsforstamt einen Kartenentwurf vor, in dem der bayerisch-böhmische Grenzgebirgskamm als Nationalpark vorgeschlagen wurde. Heute unvorstellbare 100.000 Hektar sollte das Reservat umfassen!

Am 8. Dezember 1938 stand die Einrichtung eines Nationalparks noch einmal auf der Tagesordnung, und zwar bei einer Dienstbesprechung der Reichsstelle für Naturschutz unter dem Vorsitz von deren Leiter, Dr. Lutz Heck. Der Wille zur Errichtung eines ersten Nationalparks war vorhanden. Doch der Zweite Weltkrieg machte derartige Pläne zunichte. Der Plan für einen Nationalpark im bayerisch-böhmischen Grenzgebiet ging zusammen mit dem Dritten Reich unter. Die Idee blieb jedoch bestehen.

Eine Idee nimmt neue Formen an

Erneute Rufe nach einem Nationalpark in Deutschland während der 50er Jahre blieben zwar noch ungehört, doch Mitte der 60er

Jahre schlug die Stunde eines weiteren Visionärs. Bei seinem Antritt als ehrenamtlicher Naturschutzbeauftragter der Regierung von Niederbayern stieß der Diplomforstwirt Hubert Weinzierl 1966 auf umfangreiche Akten über einen geplanten Nationalpark Bayerischer Wald/Böhmerwald. Sie stammten aus den 20er und 30er Jahren und bewegten Weinzierl dazu, die Begründung des ersten Nationalparks in Deutschland zu seiner Aufgabe zu machen.

Weinzierl war mit Dr. Bernhard Grzimek befreundet und begleitete den berühmten Tierfilmer und Präsidenten des Deutschen Naturschutzrings auf Reisen in afrikanische Nationalparke, vor allem die Serengeti. Auf einer zweitägigen gemeinsamen Wanderung 1967 durch den Bayerischen Wald

Hubert Weinzierl und Bernhard Grzimek, 1970.
(Foto: Schmiedl, Seewiesen)

gelang es Weinzierl, den Freund für seine Idee zu gewinnen. Fortan hatte Weinzierl einen prominenten Mitstreiter an seiner Seite. Im Juni 1967, bei einer Abendveranstaltung in Freyung, konnte Grzimek rund 700 Waldler für die Nationalparkidee begeistern.

Bereits ein Jahr zuvor, am 15. Juli 1966, trafen sich mehrere einflussreiche Persönlichkeiten zu einem vertraulichen Gespräch mit dem damaligen bayerischen Ministerpräsidenten Dr. Alfons Goppel. Der Geschäftsführer des „Bund Naturschutz", Ludwig Rueß, der Ministerialrat im Innenministerium, Dr. Heigl, der Generaldirektor der „Staatlichen naturwissenschaftlichen Sammlungen", Dr. Wolfgang Engelhard, Hubert Weinzierl und Dr. Bernhard Grzimek überreichten dem Ministerpräsidenten eine Denkschrift. Darin priesen sie die prächtigen Wälder, Schachten und Filze entlang der bayerisch-tschechischen Grenze und plädierten für die Schaffung eines Nationalparks in Bayern als *„einer staatsmännischen Tat von großer Weitsicht."*

In der Pressemitteilung der Staatskanzlei vom selben Tag hieß es, die bayerische Regierung werde die Möglichkeiten zur Errichtung eines Nationalparks in Bayern prüfen. Diese Ankündigung löste bundesweite Diskussionen aus. Gegner der Nationalparkidee warfen Grzimek und Weinzierl zum Beispiel vor, sie wollten aus dem Bayerischen Wald einen Safaripark machen, obwohl Grzimek dem von Anbeginn widersprach.

„Der Mensch wird hier Gast in der Natur sein, nicht aber in erster Linie Gestalter, wie in der übrigen Landschaft."

(Bernhard Grzimek, 1970 zum Nationalpark Bayerischer Wald)

Wie sehr sich Menschen auch außerhalb des Bayerischen Waldes mit dem Thema befassten, beweisen viele Zeitungsartikel von damals, die sich auf Experten beriefen, die statt der Rettung die Zerstörung der Natur vorhersagten. So zum Beispiel im „Münchner Merkur" vom 21. Mai 1968, wo aus Verlautbarungen des „Verein Naturschutzpark" wie folgt zitiert wurde: *„Bei Grzimeks Nationalparkplan, gleichgültig ob es sich um 6.000 oder 10.000 ha handelt, kann nicht von Naturschutz oder Landschaftsschutz, sondern nur von zwangsläufiger Naturzerstörung* *und Waldvernichtung die Rede sein, die auch wirtschaftlich nicht zu verantworten wäre.“*

Der Unternehmer Alfred Töpfer, damals Vorsitzender des „Verein Naturschutzpark“, nannte es unsinnig, ausgestorbene Tierarten in diesem Gebiet wieder heimisch zu machen, zumal der geplante Nationalpark in diesem Fall eingezäunt werden müsse und deshalb den Wanderern nicht mehr zugänglich sei. Ferner wurde behauptet, dass die Wälder *„Horden von pflanzenfressenden Großsäugern quasi zum Fraß“* vorgeworfen werden sollten.

Andere fürchteten um das Wohl der Tiere, die während der langen und kalten Winter doch sicherlich erfrieren müssten. In dem bereits erwähnten Bericht des „Münchner Merkur“ äußerte sich Graf Lennart Bernadotte, Sprecher des „Deutschen Rates für Landespflege“: *„Der Deutsche Rat für Landespflege vertritt die Auffassung, daß die in der Öffentlichkeit verbreitete Vorstellung, im Bayerischen Wald könne ein Nationalpark in der Art eines Großwildreservates eingerichtet werden, nicht an den natürlichen Gegebenheiten dieses Raumes orientiert ist. Die dortigen Klima-, Boden- und Vegetationsverhältnisse verbieten die Haltung eines so großen frei lebenden Wildbestandes, der touristisch attraktiv sein und für die wirtschaftliche Entwicklung des Raumes ins Gewicht fallen könnte ... Das Ergebnis einer kritischen Untersuchung der Möglichkeiten lässt eindeutig erkennen, daß die Voraussetzungen für einen deutschen Nationalpark im Bayerischen Wald nicht gegeben sind.“*

Die Waldler wollen einen Nationalpark

Solchen Unkenrufen zum Trotz scharten sich die Nationalparkbefürworter um Hubert Weinzierl und gewannen – über Parteigrenzen hinweg – die Unterstützung der kommunalen und regionalen Politiker aus dem Bayerischen Wald. Schon im August 1966 stimmten die Bezirksregierung von Niederbayern und die betroffenen Landkreise Wolfstein und Grafenau (heute Landkreis

Freyung-Grafenau) geschlossen für die Nationalparkidee. Einer der engagiertesten Mitstreiter war der damalige Grafenauer Landrat Karl Bayer (Sohn eines Waldarbeiters aus dem Steigerwald), der in Spiegelau als Forstmeister das Sägewerk der Bayerischen Staatsforstverwaltung leitete. Bayer ging es nicht nur um die wirtschaftliche Entwicklung im Bayerischen Wald, er war auch ein überzeugter Naturschützer.

Karl Bayer war unter den Kommunalpolitikern vor Ort der wichtigste Unterstützer des Nationalparks Bayerischer Wald.

„Und so sage ich abschließend noch einmal, die Natur kann gar nicht streng genug geschützt werden. Der Mensch wird nur leben und überleben, wenn er Natur und Umwelt gesund erhält. Mit jedem Stück Natur, das wir zerstören oder zerstören lassen, zerstören wir einen Teil der Zukunft unseres Volkes, unserer Gemeinden, unserer Bürger. Wer es wirklich ernst meint mit der Forderung „der Mensch geht vor“, dem kann es mit dem Naturschutz gar nicht ernst genug sein, der wird in Zukunft mit uns, den Naturschützern, sein müssen.“

(Karl Bayer 1976)

In der wirtschaftlich kaum entwickelten und benachteiligten Grenzregion gewann die Nationalparkidee immer mehr Freunde. Lediglich die Bayerische Staatsforstverwaltung lehnte den Nationalpark von Anfang an entschieden ab. Um besser zu verstehen, weshalb Jäger und Forstverwaltung dieser Entwicklung und Waldnationalparken bis heute so starken

Widerstand entgegensetzen, muss man einen kurzen Blick in die Geschichte der deutschen Wälder werfen.

Die Jäger und der König des Waldes

Seit jeher galt der Rothirsch als König der deutschen Wälder. Kaum ein anderes Tier ist hierzulande in Märchen und Legenden derart präsent. Hirsche zählen zum Hochwild. Sie zu jagen, die sogenannte „hohe Jagd" auszuüben, war im Mittelalter das Vorrecht der Landesherren. In Bannforsten und bewaldeten königlichen Jagdreservaten frönten sie dieser Leidenschaft. Der von Adligen und Landesherren erhobene Anspruch auf den Wald als ein aristokratisches Revier endete zunächst mit der Revolution von 1848. Im Dritten Reich aber erlebte diese Geisteshaltung unter dem Reichsjägermeister Hermann Göring eine erstaunliche Renaissance. Die Vorstellung einer Jagd nach Gutsherrenart wurde von Göring sogar in das Reichsjagdgesetz übernommen. Wesentliche Inhalte aus jener Zeit haben unverändert in das heute gültige Bundesjagdgesetz Eingang gefunden.

Manche Tierarten sind, weil der Adel sie bevorzugte, in den vergangenen 200 Jahren gewissermaßen zu jagdlichen Lustobjekten avanciert. Das heißt: Sie wurden einseitig gehegt, damit eine möglichst große Zahl der Trophäen wegen „waidgerecht" erlegt werden konnte. Die Unterscheidung zwischen Nutzwild wie Hirsch, Reh oder Gams und den sogenannten Schädlingen wie Bär, Wolf, Luchs, großen Greifvögeln oder Kolkraben führte zur Ausrottung letzterer, während sich erstere so stark vermehrten, dass sie zu einem Problem für die deutschen Wälder wurden.

Die jagdlichen Interessen hatten in der Auseinandersetzung um den Nationalpark große Bedeutung. Zumal die Anliegen von Jagd und Naturschutz im Wald extrem unterschiedlich sind. Die Staatsforstverwaltung war einerseits nicht Willens, auch nur ein Prozent der Fläche des Bayerischen Staatswaldes für den ersten deutschen Nationalpark freizugeben. Andererseits wurden bis in die 80er Jahre ein bis zwei Prozent eben dieser wertvollen Wälder für die Umwandlung in Wildäsungsflächen reserviert.

Das Rotwildvorkommen im Bayerischen Wald war bis Ende des Zweiten Weltkrieges unbedeutend geblieben. Weshalb, darüber wird in Kapitel 3 ausführlich berichtet. Das änderte sich, als Anfang der 50er Jahre Oberforstmeister Dr. Götz von Bülow die Leitung des Staatsforstamtes St. Oswald übernahm – Herzstück des späteren Nationalparks. Für von Bülow war der Verlust der Rotwildvorkommen in Ostpreußen durch den verloren gegangenen Krieg ein nationales Unglück. Er wob eine mystische Aura um die Bayerwald-Hirsche und stilisierte das Grenzgebirge zu einem bedeutenden Rotwild-Lebensraum hoch. Entsprechend hochtrabend beschreibt er seine Arbeit als Forstamtsleiter: „*Die Betreuung unseres Edelwildes erfordert Mühe, Arbeit und Opferbereitschaft. Sie erscheint aber als verpflichtende kulturelle Aufgabe! Lohn ist oft allein der so seltene Anblick des Königs dieser Wälder, der jedem Besucher zum unvergesslichen Erlebnis wird. (...) Lohn ist aber auch nicht zuletzt die Genugtuung, den Wald gesund und die Biozönose im Gleichgewicht erhalten zu haben. (...) Wem ist mehr Leben in solcher Vielfalt in die Hand gegeben als dem Forstmann und wem ist hier mehr Sorge und Verantwortung aufgebürdet als ihm? Wer ist aber auch – um mit Adalbert Stifter zu sprechen – in der weiten Stille dieser Wälder der göttlichen Offenbarung teilhaftiger als er?*“

Diese neue Heilslehre wurde von der örtlichen Jägerschaft unterschiedlich aufgenommen. Die bäuerlichen Jäger lehnten die Verherrlichung des Rotwildes ab. Die Freibauern im Lamer Winkel lebten von den Einnahmen aus ihren tannenreichen Plenterwäldern und hielten das Gebiet nordwestlich des Arbermassivs frei von Rotwild. Im Winter 1952, als die hohe Schneelage im Staatswald dem Wild entlang des Grenzkammes schwer zu schaffen machte, wurden etliche Hirsche, die in tiefer gelegene Gebiete abwanderten, erlegt. Für Götz von Bülow war das „*wahllose Zusammenschießen im Flachland*“ eine Katastrophe.

Er sah sich und seine mitjagenden Herrenjäger als „Besitzer und Beschützer“ der Hirsche. Um sie während des Winters von den Flinten der Bauern fern zu halten, ließ er mit einem enormen Aufwand an Steuergeldern Futterkrippen im Staatswald anlegen. Er sorgte dafür, so beschreibt es Georg Sperber, *„dass keines der ein Jahrzehnt und länger herangehegten Edeltiere von einem angrenzenden Bauernjäger unstandesgemäß umgelegt wird.“*

Wer sich bemühte, Reh- und Rotwild zahlenmäßig im Zaum zu halten, wie die bäuerliche Jägerschaft, aber auch wie Kämpfer für eine naturgemäße Waldwirtschaft, etwa der Leiter des Staatsforstamtes Zwiesel-Ost, Konrad Klotz, sah sich dem Vorwurf der „Jagdfeindlichkeit“ ausgesetzt. Götz von Bülows Jagdideologie fand dagegen an höherer Stelle der forstlichen Hierarchie Zustimmung. Der Wald um Lusen und Rachel war zu einer der ersten Adressen in Trophäenjägerkreisen geworden.

Als es ernst wurde mit dem Nationalpark im Bayerischen Wald, setzte sich die Bayerische Staatsforstverwaltung immer heftiger zur Wehr. Sie behauptete zum Beispiel, die im Nationalpark zu erwartenden großen Mengen an Rot- und Rehwild würden den Wald auf längere Sicht vernichten. Sie befürchtete Schälschäden größten Ausmaßes und in der Folge Borkenkäferkalamitäten, die Vernichtung des Unterwuchses bis hin zur völligen Vernichtung des schönen Landschaftsbildes. Gegen diese Vorstellungen argumentierte Bernhard Grzimek in einem Schreiben an Ministerpräsident Dr. Alfons Goppel: *„Offensichtlich werden hier Verhältnisse, wie sie in engen eingegatterten Wildgehegen mit zu hohem Wildbestand herrschen, mit einem Nationalpark verwechselt (...). Es kann selbstverständlich keineswegs die Absicht sein, das Rotwild zu überhegen und dadurch das Aufkommen des Waldes in Frage zu stellen. (...) Der Herr Forstpräsident betonte immer wieder, wenn die Besucher überhaupt Rotwild sehen können sollten, müssten gewaltige Mengen dieses Wildes vorhanden sein. Diese Aussage* *widerspricht jedoch völlig den Erfahrungen, die wir allerorten in Nationalparken gemacht haben. Große Scheu der derzeitigen Wildbestände ist die Folge der jahrhundertelangen Bejagung (...) Es kann keineswegs Ziel eines Nationalparks sein, einseitig die Wildbestände in biologisch ungesunder Weise zu vermehren auf Kosten der Vegetation, also primär auch des Waldes. Es soll sich ja ein naturgemäßes Gleichgewicht einstellen, das einen Ausschnitt der deutschen Landschaft (...) zeigt, (...) in der die Eingriffe des wirtschaftenden Menschen auf das unbedingt Notwendige verringert werden.“*

Nationalparkbefürworter und Nationalparkgegner formieren sich

Schon vor seiner Gründung war der „Nationalpark“ also heftigem Gegenwind ausgesetzt. Zu den Gegnern zählte neben der Bayerischen Staatsforstverwaltung der „Bayerische Forstverein“, der „Bayerische Jagdschutzverband“ und der „Verein Naturschutzparke e.V.“. Letzterer befürchtete im Nationalpark eine Konkurrenz für seine Naturparke.

Die Befürworter gründeten am 6. Juli 1967 auf Anregung der Regierung von Niederbayern einen „Zweckverband zur Errichtung des Nationalpark Bayerischer Wald“. Mitglieder waren die Landkreise Grafenau, Wolfstein und Wegscheid, die Kreisstädte Grafenau und Freyung, sechs an den geplanten Nationalpark angrenzende Gemeinden, der „Bund Naturschutz in Bayern“ und die „Zoologische Gesellschaft Frankfurt“, deren Präsident Bernhard Grzimek war. Der Zweckverband erarbeitete in den folgenden Monaten ein Konzept für den Nationalpark und beantragte am 13. Dezember 1967 die Ausweisung eines mindestens 9.000 Hektar großen Gebietes um Rachel und Lusen als Nationalpark. Schon im November 1967 hatte der niederbayerische Bezirkstag die Ausweisung eines großräumigen Landschaftsschutzgebietes im Inneren Bayerischen Wald beschlossen.

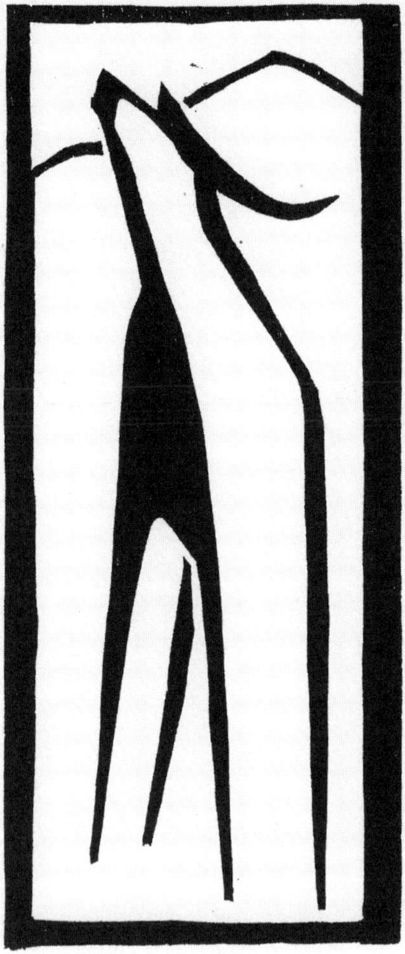

DER NATIONALPARK BAYERISCHER WALD MUSS WIRKLICHKEIT WERDEN!

Wo liegt der künftige Nationalpark?

Lieber Naturfreund!

Im größten zusammenhängenden Waldgebiet Deutschlands um die Bayerwaldberge Lusen und Rachel, soll in den Landkreisen Grafenau und Wolfstein (Freyung) ein deutscher Nationalpark auf einer Fläche von rund 9000 ha entstehen.

Es ist vorgesehen, in diesem Gebiet die heimischen Wildbestände zu vermehren, die Tierarten, die früher hier bodenständig waren, wieder anzusiedeln und den Wald und die Pflanzenwelt damit in ihrem Urzustand zu erhalten. Das gesamte Gebiet des Nationalparks soll durch die Neuanlage von Straßen verkehrsmäßig erschlossen und durch ein Netz von Wanderwegen für die erholungssuchenden Menschen noch besser zugänglich gemacht werden. Die Schaffung des Nationalparks Bayer. Wald wäre die Krönung des Naturschutzgedankens überhaupt.

Bis der deutsche Nationalpark Bayer. Wald Wirklichkeit wird, sind aber noch manche Widerstände zu überwinden.

Helfen auch Sie mit, den Gedanken zur Schaffung eines Nationalparks in der urwüchsigen Landschaft des Bayer. Waldes zu unterstützen.

Helfen Sie mit, daß dieser für unser Land so einmalige Plan Wirklichkeit wird.

Auch Ihre Stellungnahme und Ihre Anregungen zu diesem Projekt wären für uns sehr wertvoll.

Richten Sie diese bitte an den

ZWECKVERBAND ZUR ERRICHTUNG
DES NATIONALPARKS BAYER. WALD
8352 GRAFENAU, Landratsamt

Verantwortlich:
Interfraktioneller Arbeitskreis „Nationalpark“ der Kreistage Grafenau und Wolfstein (Freyung)
Holzschnitt: H. Theuerjahr, Waldhäuser

Werbefaltblatt des Zweckverbandes zur Errichtung des Nationalparks Bayerischer Wald aus dem Jahr 1966.

Ein Nationalpark könnte das Glanzstück dieses 75.000 Hektar großen Areals werden, argumentierten die Befürworter.

Im Mai 1968 empfing der Bayerische Landwirtschaftsminister Dr. Alois Hundhammer eine zwölfköpfige CSU-Delegation aus den Kreisverbänden Grafenau und Wolfstein, die sich für einen Nationalpark stark machten. Sie erreichten eine Weiterführung der Gespräche zwischen der Staatsregierung auf der einen und dem Zweckverband auf der anderen Seite. Zugrunde liegen sollte das seit Februar 1968 vorliegende „Gutachten zum Plan eines Nationalparks“ von Professor Dr. Wolfgang Haber, das sogenannte „Haber-Gutachten“.

Wo genau soll er liegen? Wie groß soll er sein? Wie soll er heißen? Nationalpark, Naturpark, Schutzgebiet? Im Rückblick hat man den Eindruck, der Nationalpark wäre bereits vor seiner Gründung beinahe totdiskutiert worden. Doch die Beharrlichkeit der Visionäre war größer. Und im entscheidenden Moment gab es politischen Rückenwind.

Der Wendepunkt: Dr. Hans Eisenmann wird Landwirtschaftsminister

Mit der Ernennung von Dr. Hans Eisenmann zum Bayerischen Landwirtschaftsminister im Frühjahr 1969 nahmen die Auseinandersetzungen um den Nationalpark eine positive Wendung. Ein weiterer Visionär trat auf den Plan. Vom ersten Tag an und in den nun folgenden Jahren seiner Amtszeit

Landwirtschaftsminister Hans Eisenmann hat in den Anfangsjahren den Nationalpark Bayerischer Wald entscheidend vorangebracht.

stellte sich Minister Eisenmann immer wieder hinter die Nationalparkidee – und zwar nicht eines Nationalparks „light“, sondern eines Nationalparks, der diesen Namen auch verdient und der auch internationalen Maßstäben entsprechen sollte. Eisenmann brachte die Auseinandersetzung um den Nationalpark rasch zu einem guten Ende. Er wurde in den darauffolgenden Jahren auch zum Wegbereiter einer zeitgemäßen Forstpolitik. Die während seiner Amtszeit entwickelte Waldfunktionsplanung und das erste „Wald“-Gesetz in Bayern waren Meilensteine der deutschen Forstgesetzgebung.

Nationalpark im Bayerischen Wald wird beschlossen

Am 11. Juni 1969 war es soweit. Der Bayerische Landtag beschloss einstimmig (!) die Errichtung des Nationalparks Bayerischer Wald. Entscheidend dazu beigetragen hat Landwirtschaftsminister Eisenmann. Auf einer Pressefahrt im Mai 1969 in den Bayerischen Wald erklärte Minister Eisenmann, dass er dem Vorschlag, dort einen Nationalpark zu errichten, grundsätzlich positiv und ohne Voreingenommenheit gegenüber stünde. Der Träger des Nationalparks sollte der Freistaat Bayern sein. Es sollte eine Nationalparkverwaltung geschaffen und zusätzlich ein Gremium gebildet werden, dem Sachverständige, Vertreter der zuständigen Behörden und Körperschaften und Mitglieder des „Zweckverbandes zur Förderung des Projektes eines Nationalparks“ angehören.

Im Landtagsbeschluss wurde die Staatsregierung ferner aufgefordert, den Nationalpark entsprechend den Vorschlägen des „Gutachtens zum Plan eines Nationalparks“ von Wolfgang Haber zu errichten. Darin war im Gebiet zwischen Rachel und Lusen die Anlage von mindestens fünf Großwild-Schaugehegen für Rothirsche, Wildschweine, Bären, Wisente und Elche vorgesehen. Als Standorte wurden Neuhütte, Guglöd, Altschönau, Weidhütte und Glashütte vorgeschlagen. Die Gehege sollten nicht zu groß sein, damit Touristen die Tiere beobachten könnten.

Außerdem steht im Gutachten, dass als frei lebendes Großwild neben Rotwild und Rehwild auch Gämsen und Mufflons im Park angesiedelt werden sollten. Damit sie dort gut leben könnten, sollten neue Wildwiesen angelegt und in geeigneten Tallagen Weichholzbestände gefördert werden.

In der Anlage zum Landtagsbeschluss wurde bestimmt, dass der Wald weiterhin naturgemäß gepflegt und die Holznutzung fortgesetzt werden sollte. Diese hätte sich aber den Erfordernissen des Parks unterzuordnen, etwa durch Erhöhung der Umtriebszeit. Die Erschließung des Gebietes durch Fahr- und Wanderwege sollte ebenfalls fortgesetzt und durch Reitwege ergänzt werden. Eine kleine Anzahl von Fahrwegen sollte für den Kraftfahrzeugverkehr freigegeben und an geeigneten Stellen weitere Parkplätze angelegt werden. Durch mindestens fünf Wald- und Wildlehrpfade sollten der Wald und die Tier- und Pflanzenwelt des Bayerischen Waldes dem Besucher näher gebracht werden. Dafür könnten auch die vorhandenen Naturschutzgebiete herangezogen werden.

Die Rechtsverordnung des Bayerischen Staatsministeriums für Ernährung, Landwirtschaft und Forsten über die Errichtung des Nationalparks Bayerischer Wald trat am 1. August 1969 in Kraft. Es wurde festgelegt, dass das zu errichtende Nationalparkamt diesem Ministerium unmittelbar nachgeordnet werden und sein Sitz in Spiegelau sein sollte. In der Verordnung wurden dem Nationalparkamt folgende Aufgaben übertragen: Planung der Einrichtungen des Nationalparks Bayerischer Wald und ihre Koordinierung mit den Planungen und dem Betrieb der fünf örtlich zuständigen Forstämter. Die an der Nationalparkfläche beteiligten Staatsforstämter behielten die volle Zuständigkeit für die Forstwirtschaft und die Waldbehandlung. Durch die Rechtsverordnung wurde auch der „Nationalparkbeirat" gegründet, dem insgesamt 22 Mitglieder angehörten.

Am 2. Oktober 1969 fand die erste Sitzung des „Nationalparkbeirates" unter Vorsitz von Minister Eisenmann statt.

Übereinstimmend wurde festgelegt, dass das Nationalparkgebiet 10.160 Hektar umfassen sollte. Südgrenze war die heutige Nationalparkstraße zwischen Spiegelau und Mauth. Auf Antrag des „Nationalparkzweckverbandes" wurde dann die Nationalparkgrenze bereits 1970 über die Straße hinaus an die Staatswaldgrenze nach Süden verlegt und der Kleine Rachel einbezogen. Damit wurde das Gebiet auf 13.000 Hektar erweitert.

Ein Naturpark erhält den Namen Nationalpark

Abschließend muss allerdings noch einmal zusammenfassend daran erinnert werden, dass Wolfgang Haber in seinem Gutachten, welches er im Auftrag des „Deutschen Rates für Landespflege" erarbeitete und das die fachliche Grundlage für den Landtagsbeschluss war, forderte, dass eine bestmögliche touristische Nutzung des Gebietes erzielt werden sollte. Sowohl größere Besucherströme als auch einzelne Ruhesuchende und wildbeobachtende Wanderer sollten auf ihre Kosten kommen und dem Gebiet eine dauerhafte Beliebtheit sichern. Wörtlich heißt es im Gutachten: *„Sobald ein Naturschutzgebiet dem Fremdenverkehr erschlossen werden soll, sei es als Nationalpark oder unter anderem Namen, ist ein Vollnaturschutz weder durchführbar noch sinnvoll."*

Nach Habers damaliger Überzeugung wünschte sich der erholungssuchende Tourist und Naturfreund eine naturgemäße und abwechslungsreich erschlossene Landschaft. Diese aber, so der Gutachter, könne nur unter Verzicht auf strengen Naturschutz erreicht werden. Deshalb plädierte Haber dafür, im Bayerischen Wald nicht einen Nationalpark, sondern einen Naturpark zu gründen – nach dem Muster der 30 in Deutschland bereits vorhandenen Naturparke. Sein Gutachten endet mit der Feststellung: *„Sorgfältige forstliche Waldpflege und auch naturgemäße Holznutzung – nach den bewährten Grundsätzen der naturnahen Waldwirtschaft in den Staatsforsten des Bayerischen Waldes – müssen auch aus landschaftspflegerischen*

Erwägungen gewährleistet bleiben". Ergänzend heißt es, dass „*Vollnaturschutz und Fremdenverkehr nur dort einigermaßen vereinbar sind, wo eine kleinräumige landschaftliche Vielfalt eine hohe natürliche Selbstregulierungskraft bewirkt. In allen anderen Fällen muss die Natur durch überlegte Pflege und Gestaltung dem touristischen Gebrauch angepasst werden. Das aber ist das wesentliche Prinzip der Naturparke, dem auch der im Bayerischen Wald geplante Park einzuordnen wäre und seine Bezeichnung als Nationalpark mehr zu einer Vokabelfrage macht.*"

2 | WIR TUN DREI JAHRE SO ALS OB…

DER AUFBAU DES NATIONALPARKS BEGINNT

Auf Vorschlag von Minister Eisenmann wurde ich am 2. Oktober 1969 in der ersten Sitzung des vom Landtag errichteten Nationalparkbeirates zum Leiter des Nationalparkamtes Spiegelau berufen. Mein Schulfreund Dr. Georg Sperber wurde von der Ministerialforstabteilung zu meinem Stellvertreter ernannt. Unser Dienst in Spiegelau begann am 2. November 1969. Trotz des einstimmigen Landtagsbeschlusses, einen Nationalpark einzurichten, gab die Ministerialforstabteilung in München den Widerstand gegen das Projekt nicht auf. Weder Georg Sperber noch ich hatten auch nur die geringste Ahnung, was da auf uns zukommen würde. Als wir am 5. November 1969 in Spiegelau von Regierungsdirektor Kilian Baumgart aus München in den Dienst eingeführt wurden, verabschiedete er sich mit den Worten: *„Herr Dr. Bibelriether, da tun wir jetzt mal drei Jahre so als ob, dann erledigt sich das von selber.“* Ich hatte nur eine sehr beschränkte Vorstellung davon, was ein Nationalpark war, geschweige denn, wie ein solcher aufzubauen sei. Meine Bewerbung um den Posten hatte vor allem den Grund, endlich aus München weg zu kommen. Raus aufs Land, raus in die Natur – das war mein Wunsch! In meiner Jugend hatte sich dieser Wunsch entwickelt.

Große Freiheit mit zwölf Jahren

Bei Kriegsende 1945 war ich zwölf Jahre alt und brauchte ein Jahr lang nicht zur Schule zu gehen! Fernsehen oder Computerspiele gab es damals noch nicht, nur endlose Wälder, Wiesen und Feldfluren um mein Elternhaus in Ezelheim in Mittelfranken. Es war Frühling. Mein Bruder Martin und ich kundschafteten Vogelnester aus – etwa von Habicht und Krähe, Rotkehlchen und Rebhuhn. Am Ende der Brutzeit besaßen wir eine stattliche Eiersammlung von über 50 Vogelarten. Unvergessen sind mir unsere riskanten Klettertouren in die Gipfel alter Eichen, wo Mäusebussard und Gabelweihe, der Rote Milan, brüteten.

Als Jäger aus der Gefangenschaft heimkehrten, mussten sie ihre Gewehre abliefern und es gab jahrelang keine Jagd. So wurden Rehe und Wildschweine fast zahm. Ich sehe sie noch vor mir, am helllichten Nachmittag: Rotten feister Schweine, denen wir im Wald nachgespürt hatten. Zehn Meter vor uns erhoben sie sich grunzend von ihren Lagern auf und suchten eher beleidigt als ängstlich das Weite. Tagtäglich waren wir unterwegs. Nur das Unkrauthacken in den Kartoffel- und Rübenfeldern, das Zusammenrechen von Gras und Heu oder im Herbst die Kartoffel- und Rübenernte hielten uns von unseren Entdeckungstouren ab. Beim Kühe hüten dagegen blieb genug Zeit, den Forellen, Weißfischen und Krebsen im Bach nachzustellen.

Im Frühjahr 1946 war es dann zwar mit der großen Freiheit zu Ende. Wir mussten zurück auf die Schulbank. Aber die kleine Freiheit blieb. Die Rückfahrt mit dem Fahrrad aus der zwölf Kilometer entfernten Oberschule in Scheinfeld zog sich manchmal bis vier Uhr nachmittags hin. Schließlich wollten wir wissen, ob die jungen Waldohreulen schon ausgeflogen, die Walderdbeeren schon reif waren oder die Bekassinen noch in den Sumpfwiesen hockten. In mir wuchs in dieser Zeit nicht nur die Liebe zur Natur, sondern ganz besonders zum Wald. Das war auch der Grund, weshalb ich Forstwirtschaft studierte und Förster werden wollte. Dieses enge Band, das mich seit meiner Jugendzeit mit der Natur verbindet, hält bis heute. Und ich bin mir sicher: Das eine schulfreie Jahr hat mich mehr geprägt als zwölf Jahre Schule!

Stark durch Gemeinsamkeit

Schon bald nach unserem Dienstantritt im Nationalparkamt gab es erste Konflikte zwischen Georg Sperber und mir mit der Ministerialforstabteilung, weil wir den Aufbau des Nationalparks wirklich voranbringen wollten. Sie häuften sich und Ministerialdirektor Hermann Haagen stellte schon nach einem Jahr fest, es sei seine größte personal-politische Fehlentscheidung gewesen, Georg Sperber und mich gemeinsam nach Spiegelau zu versetzen. Deshalb hat man auch versucht, Georg Sperber im September 1970 zur Bewerbung als Amtsvorstand an das freigewordene Forstamt Nürnberg-Süd zu überreden. Im Rückblick ist mir klar geworden: Einer allein hätte diese Anfangszeit nicht durchgestanden.

Doch wie kam es überhaupt dazu, dass Georg Sperber und ich uns beide um den Posten des Nationalparkleiters bemüht hatten? Mit Georg Sperber saß ich 1943 bis 1945 zusammen auf einer Schulbank in der Oberrealschule in Neustadt an der Aisch und als ich 1953 in München das Forststudium begann, traf ich ihn am ersten Tag im Hof der Forstabteilung der Universität in der Amalienstraße wieder. Unsere Schulfreundschaft wuchs in eine enge persönliche Beziehung. Im Studentenheim teilten wir uns eine Bude. Auf einer Exkursion im Herbst 1956 mit Waldbauprofessor Josef Köstler hörten wir im Bus hinter ihm sitzend, wie unser Studienkollege Karl Kreuzer mit Professor Köstler sprach, um bei ihm zu promovieren. Georg Sperber sagte am Abend zu mir, dass wir doch eigentlich auch promovieren könnten. Allerdings waren wir uns einig: Nur dann, wenn wir gemeinsam irgendwo die Außenarbeiten erledigen könnten. Wir trugen unser Anliegen Professor Köstler vor. Einige Wochen später sagte er uns, dass wir über die Lärche und die Weymouthskiefer im Spessart promovieren könnten. So begannen wir 1957 mit den Außenaufnahmen in Heigenbrücken im Spessart. Wir kauften uns gemeinsam einen gebrauchten VW-Käfer, arbeiteten einige Monate an Waldbestandsanalysen und Bodenuntersuchungen und promovierten beide im Jahr 1960 an der Universität in München.

Georg Sperber begann die dreijährige Referendarzeit erst 1958. Er kartierte, um Geld zu verdienen, nach seinem Studienabschluss einige Monate lang Waldstandorte im Forstbetrieb Öttingen/Spielberg. Dadurch machte er ein Jahr später als ich das Staatsexamen und lernte in dieser Zeit Hubert Weinzierl kennen. Sie freundeten sich an, da mein Freund Sperber – auch er hatte ein Jahr lang nicht in die Schule gehen müssen – bereits seit seiner Kinderzeit sehr an der Natur, vor allem der Vogelwelt interessiert war und mit Hubert Weinzierl diese Leidenschaft teilte.

Als im Juni 1969 der Landtag beschloss, den Nationalpark einzurichten und ein Nationalparkamt in Spiegelau zu schaffen, wurde er der Wunschkandidat von Hubert Weinzierl für die Amtsleitung. Ich selbst war damals noch in München im Dienst und traf in der Kantine des Landwirtschaftsministeriums Regierungsdirektor Kilian Baumgart beim Mittagessen. Ich sagte ihm: *„Wenn sie jemand suchen, der in den Bayerischen Wald nach Spiegelau ginge, ich wäre daran interessiert.“* So wurde ich zum Kandidaten der Forstverwaltung. Dann trafen Georg Sperber und ich uns im August 1969 bei der Bayerischen Forstvereinstagung in Augsburg und beschlossen zu versuchen, diese Aufgabe wiederum gemeinsam zu übernehmen. Wir fuhren am Abend zu Hubert Weinzierl nach Ingolstadt – ich traf ihn da zum ersten Mal – und er war einverstanden, dass wir beide nach Spiegelau versetzt werden sollten.

Am nächsten Tag suchten wir während der Forstvereinstagung ein Gespräch mit Ministerialdirektor Hermann Haagen und schlugen ihm vor, dass nicht nur einer, sondern zwei Förster nach Spiegelau versetzt werden sollten. Denn wenn einer krank wäre, wäre das Amt führungslos. Er meinte, dass er dies auch für sinnvoll hielte. Wir sagten ihm, es wäre uns gleich, wer Leiter und wer Stellvertreter werden würde. So kam es, dass wir gemeinsam die schwierige Aufgabe, einen Nationalpark einzurichten, der keiner werden sollte, übernehmen konnten.

Dienstanfang in Spiegelau

Nach dem Dienstantritt am 2. November 1969 in Spiegelau stand uns wochenlang nur ein Raum mit einem Schreibtisch und einem zusätzlichen Couchtisch im Forstamtsgebäude zur Verfügung. Mit nach Spiegelau versetzt wurde der Revierförsteranwärter Hartmut Strunz. Er war ein Mitstreiter der ersten Stunde. Unser Arbeitsbeginn am Morgen führte uns öfters zum Schreibwarenladen schräg gegenüber, wo wir uns Bleistifte, Radiergummi und Papier besorgten, damit wir wenigstens handschriftliche Notizen über unsere Arbeit anfertigen konnten. Die Rahmenbedingungen für unsere Arbeit änderten sich erst nach Wochen schrittweise.

Spatenstich zum Bau der ersten Vogelvoliere in Spiegelau im April 1970. (v.l.n.r.:) Michael Haug, Georg Sperber, Georg Schmutzer und Hartmut Strunz.
(Foto: Hans Bibelriether)

Als erstes ging es darum, einen Überblick über das Nationalparkgebiet zu bekommen. Dr. Wolfram Elling, bei der Oberforstdirektion Regensburg Standortserkunder und interessiert am Zustandekommen des Nationalparks, begleitete uns noch Anfang November an die Schwarzbachklause und zum Steinfleckberg im Staatsforstamt Mauth-Ost. Dort bekamen wir einen ersten Eindruck vom Zustand der Natur im Nationalpark. Eine Wiese dort oben, der Kirchlinger Stand, war auf Nationalparkkosten teilweise bis zu einem Zentimeter hoch mit Kunstdünger bedeckt. Fünfzig Ballen Floratorf lagen ebenfalls dort. Man wollte sie in 1.150 Metern Höhe ausbringen, um den Graswuchs als Nahrung für das Rotwild zu fördern. Am Fuße des Steinfleckbergs war eine Forststraße neu gebaut worden, um mächtige Fichten und Tannen in einem ursprünglichen Waldteil, einem Naturschutzgebiet, einzuschlagen. Als wir den Chef des Forstamtes Mauth-Ost aufforderten, dort keine Bäume fällen zu lassen, gab es den ersten Ärger und die ersten Kompetenzstreitigkeiten. Es stellte sich heraus, dass von den 400.000 D-Mark, die nach dem Landtagsbeschluss noch im Jahr 1969 für den Nationalpark zur Verfügung gestellt worden waren, die Forstämter über die Hälfte bereits für Forstwege- und Straßenbauten ausgegeben hatten.

Sehr positiv verlief ein erstes Gespräch mit dem SPD-Landrat Karl Bayer und Hubert Weinzierl am 29. November 1969 im Hinblick auf die ersten Vorstellungen, die wir inzwischen über den Nationalpark entwickelt hatten. Vor allem ging es uns darum, in den alten, ursprünglichen Waldbeständen keine Bäume mehr fällen, keine neuen Forststraßen mehr bauen und keine seltenen Wildtiere wie Auerhähne oder Haselhühner mehr abschießen zu lassen. Beide zeigten sich damit weitgehend einverstanden und im Laufe der nächsten Monate wurde die Zusammenarbeit immer enger.

Das Verhältnis zur Oberforstdirektion Regensburg, der die fünf im Nationalpark liegenden Forstämter unterstanden, wurde schon im Frühjahr 1970 immer schwieriger. Der Regensburger Forstpräsident Richard Tretzel, der uns beim ersten Zusammentreffen im November 1969 noch gesagt hatte: *„Sie werden sehen, mit dem Weinzierl haben`s noch in fünf Jahren ihr`n Ärger“*, stellte nun fest: *„Jetzt muss ich die Inspektion in den Nationalpark-Forstämtern selbst übernehmen, damit ich sie vor dem Nationalparkamt schützen kann.“*

Ein klarer Auftrag an uns war, bis zur Eröffnung des Nationalparks im Herbst 1970 mehrere Gehege zu bauen. Im April 1970 war ich eigens zwei Tage an drei verschiedenen Orten in Österreich unterwegs, um neu errichtete Wildgehege anzusehen. Damals war es gerade Mode geworden, Tiergehege nicht nur in zoologischen Gärten, sondern draußen in der Landschaft anzulegen. Vorschläge für deren Standorte waren im „Haber-Gutachten" enthalten. Wir entschlossen uns aber, die Gehege nicht in der unmittelbaren Nähe der einzelnen Dörfer, sondern nahe beieinander in einer „Gehegezone" in einem sehr abwechslungsreichen Waldgebiet bei Neuschönau aufzubauen.

Ein neues Konfliktfeld öffnete sich, als wir erfuhren, dass die sogenannten „Schönbrunner Häuser" der Forstverwaltung in sehr schöner Lage unmittelbar am Nationalparkrand verkauft werden sollten. Es gelang mit Unterstützung des damaligen Landtagspräsidenten Rudolf Hanauer, dies zu verhindern, und wir schlugen vor, dort ein Waldjugendheim einzurichten – das erste in Bayern. Später werde ich noch ausführlicher darüber berichten.

In einem Gespräch im Januar 1970 hatte uns Minister Eisenmann „grünes Licht" gegeben, dass bis zur geplanten Eröffnung im Herbst 1970 neben dem Rothirschgehege auch ein Wisent- und ein Luchsgehege eingerichtet werden sollten. Zum Ärger der Ministerialforstabteilung und der Oberforstdirektion stimmte Minister Eisenmann bereits auch grundsätzlich unserem Vorschlag zu, dass das Nationalparkamt die Zuständigkeit für die Tierbestandsregulierung erhält, d. h. für die Regulierung von Rot- und Rehwild. Wir erfuhren, dass im Nationalparkgebiet 25 Rotwildfütterungen existierten. Örtliche Förster und der Rotwildring erhofften sich eine Bestandszunahme auf sechs bis acht Stück pro 100 Hektar, insgesamt 800 bis 900 Stück im Nationalpark. Die dort herangezüchteten starken Hirsche wollte man am Nationalparkrand erlegen.

Die erste Waldinventur 1970 im Nationalpark ergab, dass auf 3.000 Hektar Schälschäden durch Rotwild vorhanden waren. Fast 700 Hektar jüngere Waldbestände waren so massiv geschädigt, dass sie zusammenzubrechen drohten. Bei einer Pressekonferenz in München zur Eröffnung des Europäischen Naturschutzjahres am 16. Februar 1970 kam die Frage auf: „Wird im Nationalpark noch gejagt?" Minister Eisenmann ermächtigte uns zu erklären: *„Im Nationalpark wird im herkömmlichen Sinn nicht mehr gejagt. Lediglich eine Wildstandsregulierung bei Wildarten ohne natürliche Feinde ist notwendig."* (Über dieses Thema mehr im nächsten Kapitel.)

In einer Dienstbesprechung im Februar 1970 mit der Oberforstdirektion und der Ministerialforstabteilung vor Ort forderten wir, dass die Restbestände alter Fichten-Tannen-Buchen-Bergmischwälder von der Nutzung freigestellt werden müssten, um diese ursprünglichen Waldteile zu erhalten. Es waren nur noch wenige hundert Hektar in den fünf Forstämtern vorhanden. Eine Zustimmung konnte zunächst nicht erreicht werden. Es gelang dies aber im Laufe des Jahres mit Unterstützung von Minister Eisenmann und auch den Landräten in den Landkreisen Wolfstein und Grafenau.

Aufgabenschwerpunkte werden festgelegt

Im März 1970 stellte ich bereits ein halbes Jahr vor der Eröffnung des Nationalparks für die Flurbereinigungsjahrestagung in Regensburg die von uns inzwischen ermittelten Aufgabenschwerpunkte, Naturschutz – Forschung – Fremdenverkehr und Erholung – Bildung, für den Nationalpark vor. In einem Referat erklärte ich zum Aufgabenbereich Naturschutz: *„Auf dem Naturschutzsektor geht es um die Erhaltung des im Kern noch ursprünglichen größten deutschen Waldgebietes in seiner Gesamtheit mit seiner zum Teil einmaligen Tier- und Pflanzenwelt. Von besonderem Wert wegen ihrer Ursprünglichkeit sind die autochthonen Bergfichtenwälder der Hochlagen etwa ab*

1.150 Metern Seehöhe; die Reste plenterartig aufgebauter Fichten-Tannen-Buchen-Mischwälder; die urwaldartigen Mischwälder im Bereich von Steilhängen und Felsabbrüchen sowie die Moor- und Moorrandbestockungen.“

Als Schwerpunkte für die Forschung: *„Erforschung der Bedingungen, unter denen naturnahe Ökosysteme samt ihrer seltenen Tierarten erhalten und vermehrt und ausgestorbene Tierarten ökologisch sinnvoll wieder eingebürgert werden können. Erforschung der Entwicklungsdynamik von Urwäldern und naturnahen Wäldern sowie der Möglichkeiten, Wirtschaftswälder in naturnahe Wälder ursprünglicher Baumartenzusammensetzung zurückzuführen. Landschaftsökologische und wildbiologische Forschungen überregionaler Bedeutung wie die Erforschung der Anforderung der einheimischen Bevölkerung und der Erholungssuchenden an Landschaft und Wald, ganz allgemein der Wechselbeziehungen zwischen Landschaft, Tierwelt und Mensch.“*

Zum Aufgabenbereich Fremdenverkehr und Erholung: *„Auf der einen Seite besteht aus regionaler Sicht die Notwendigkeit, durch eine Weiterentwicklung des Fremdenverkehrsgewerbes die Wirtschaftskraft dieses Gebietes generell zu steigern und die Einkommenssituation der einheimischen Bevölkerung zu verbessern.... Es muss darauf geachtet werden, dass für die verschiedensten Erholungstypen, sozialen Schichten von Erholungssuchenden und Interessensbereiche (Naherholung – Fernerholung – Wochenenderholung – Ferienerholung; ältere Leute – Familien mit Kindern – naturinteressierte Jugendliche; Fußwanderer – Autotouristen – Wintersportler) entsprechende Einrichtungen geschaffen werden. Landkreise, Gemeinden, Fremdenverkehrsvereine sowie das Nationalparkamt müssen eng zusammenarbeiten, um die Planungen und Maßnahmen nicht nur im Nationalparkgebiet, sondern noch mehr im Vorfeld aufeinander abzustimmen.“*

Ich betonte abschließend: *„Dem Nationalpark sind zwei, zumindest partiell gegensätzliche Aufgaben gestellt… Es ist sicher, dass das Urteil über den Nationalpark Bayerischer Wald in 10 bis 15 Jahren einmal wesentlich danach gefällt wird, ob es gelungen ist, im Nationalpark und seinem Vorland eine gesunde, allen Anforderungen genügende Erholungslandschaft zu entwickeln, die hohe Besucherdichten ohne Schaden verträgt und die zusätzlich noch Heimstätte für ein wertvolles Stück heimatlicher, ursprünglicher Pflanzen- und Tierwelt ist.“*

Da schon damals in Deutschland die Erhaltung einer gesunden Umwelt mit reiner Luft, sauberem Wasser und unverseuchtem Boden eine wichtige Aufgabe war, stellte Generaldirektor Dr. Wolfgang Engelhardt, als Präsident des „Deutschen Naturschutzrings“ fest: *„Der Umweltnotstand hängt auch mit der Unzulänglichkeit unseres Bildungswesens zusammen. Ein sehr großer Teil der Personen, die in Behörden Entscheidungen und Veränderungen der Umwelt planen, können aufgrund ihrer Schulbildung auch als Sechzigjährige noch griechische und lateinische Vokabeln beugen, haben aber keine Ahnung, was zum Beispiel unter der natürlichen Selbstreinigung eines Gewässers zu verstehen ist.“*

Aus dieser Situation erwuchs für den Nationalpark eine vierte Aufgabe: Das über 10.000 Hektar große Gebiet sollte genutzt werden, um umfassend über die Beziehungen zwischen den Einheimischen und Erholungssuchenden, die eine Landschaft nutzen, und über diese Landschaft mit ihren natürlichen Gegebenheiten zu informieren. Verständnis für diese Wechselwirkungen zu wecken, war und ist eine echte Bildungsaufgabe. Deshalb hielten wir schon damals die Einrichtung eines Informationszentrums für vordringlich und erreichten, dass schon im Juni 1970 vom Nationalparkbeirat ein diesbezüglicher Beschluss gefasst wurde.

Als eine weitere wichtige Aufgabe für das Jahr 1970 wurde die Erstellung eines Landschaftsrahmenplanes für das Vorfeld des Nationalparks festgelegt. Eine Planungsgemeinschaft sollte ins Leben gerufen werden. Mit der Erstellung dieses Planes wurde Diplomgärtner Michael Haug beauftragt, der ab Januar 1970 daran arbeitete. (Mehr zum Thema Nationalpark und Nationalparkvorfeld in Kapitel 13)

Die feierliche Eröffnung rückt näher

Am 7. Oktober 1970 sollte der Nationalpark mit einem Festakt eröffnet werden. Dass bis dahin ein Wisent-, ein Luchs- und ein Rothirschgehege fertig würden, war kaum vorstellbar. Es wäre auch nicht gelungen, wenn nicht Hermann Puchinger von der Waldarbeitsschule Buchenbühl bei Nürnberg, den Georg Sperber kannte und dessen hervorragende Arbeit er schätzte, ans Nationalparkamt abgeordnet worden wäre. Ihm ist es zu verdanken, dass diese großflächigen Einrichtungen in der Gehegezone noch rechtzeitig fertig wurden. Parallel dazu hatte der „Bund Naturschutz“ 1970 mit außerordentlichem Erfolg eine Spendenaktion für Tiere für die Gehege im Nationalpark gestartet. 600 D-Mark wurden für einen Bären angesetzt, der dann den Namen des Spenders erhalten sollte, 1.000 D-Mark für eine Gämse und 6.000 D-Mark für einen Wisent. Geld für mehrere hundert Bären wurden gespendet! Aber wo sollten die im Nationalpark leben? Ein Problem, das zum Glück nicht wir, sondern der „Bund Naturschutz“ den Spendern klarmachen musste. Der damalige Bundeslandwirtschaftsminister Josef Ertl, dem wir bei einem Besuch die Schäl- und Verbissschäden zeigten, stiftete einen Luchs, *„um das Schalenwild besser regulieren zu können.“*

Selbstverständlich mussten außerdem Spazier- und Wanderwege nicht nur in der Gehegezone, sondern möglichst bald auch in anderen ortsnahen Gebieten des Nationalparks geschaffen werden. Die heruntergekommene Forststraße zur Racheldiensthütte musste befahrbar gemacht werden, da diese zu einem Waldgasthof ausgebaut werden sollte. Das Klosterfilz bei Riedlhütte stellte uns vor ein besonderes Problem: Eines der

„Müllhappening“: Mehrere, mit im Nationalpark „entsorgten“ Autos vollbeladene LKWs wurden 1970 aus dem Wald gefahren.
(Fotos: Hans Bibelriether)

größten und ursprünglichsten Hochmoorgebiete im Bayerischen Wald am Rande des Nationalparks wollte die Gemeinde St. Oswald in einen Stausee verwandeln. Investoren hatten sich schon Grundstücke gekauft. Der Lebensraum der letzten Birkhühner in der Region wäre damit zerstört worden, ebenso wie der für die letzten Fischotter in Süddeutschland. Auf Weinzierls Betreiben stiftete Bernhard Grzimek einige 10.000 D-Mark, sodass der „Bund Naturschutz“ noch im Frühjahr 1970 etwa 20 Hektar des 100 Hektar großen Gebietes ankaufen konnte. Dank der Unterstützung von Landrat Bayer verschwand der Stauseeplan daraufhin in der Schublade.

Die Zusammenarbeit mit den Forstämtern, insbesondere mit meinem Studienkollegen Franz Cronauer, dem Forstamtsleiter von St. Oswald, wurde immer schwieriger. Eine Woche vor der Eröffnung am 7. Oktober ließ er die Wanderwege in der Gehegezone, dem heutigen Tierfreigelände, durch Gräben unterbrechen, angeblich um Regenwasser abzuleiten. Außerdem ließ er Zäune bauen, damit die Besucher der Gehegezone nicht in den Wald nebenan gehen konnten.

Immer mehr Reporter und Fernsehteams kamen in den Nationalpark, aber auch ausländische Gäste, Wissenschaftler, Tourismusexperten und auch Jäger. Dem Vizepräsidenten des Bayerischen Jagdverbandes Seubert gegenüber äußerte Ministerialdirektor Haagen, er hätte *„zwei Verrückte im Nationalpark"*. Der Zweckverband unter dem Vorsitz von Landrat Bayer dagegen unterstützte uns konstruktiv. In seiner Sitzung am 24. Juli 1970 beschloss der Zweckverband sechs Punkte als Forderung an das Ministerium:

- die Zuständigkeit für die Tierwelt (Jagd und Fischerei) müsse an das Nationalparkamt übertragen werden;
- die Waldbehandlung müsse den Naturschutzzielen untergeordnet werden;
- das Nationalparkamt brauche mehr Geld, mindestens zwei Millionen D-Mark jährlich;
- das Nationalparkgebiet solle vollständig unter Naturschutz gestellt werden;
- das Nationalparkgebiet solle im Süden bis an die Staatswaldgrenze und im Nordwesten bis zum Kleinen Rachel erweitert werden;
- für den Ankauf wertvoller Randgebiete müsse Geld bereitgestellt werden.

Ähnliche Forderungen vom „Bund Naturschutz" wurden auch einstimmig vom Zweckverband unterstützt.

Das Fest beginnt

Am 24. September 1970 wurde ein Ausstellungszelt auf dem Neuschönauer Sportplatz, an der Kreuzstraße im Nationalpark aufgebaut. Darin wurden die Themen des geplanten Informationszentrums präsentiert. Am 25. September wurden ein Wisentbulle und zwei Luchse von Heiligenstadt/Donau nach Neuschönau transportiert. Am Sonntag, den 27. September, waren um die Gehege bereits mehrere tausend Besucher unterwegs, Kutschen fuhren sogar über Treppenstufen, die Parkplätze waren überfüllt. Am 28. September wurde in München die Prägung einer Gedenkmünze in Auftrag gegeben. Das Festzelt wurde aufgebaut. Die Festschrift zur Eröffnung war fertig.

Am 30. September fing es an zu regnen. Am 2. und 3. Oktober nahmen Sturm und Regen zu. Alles stand unter Wasser. Es regnete weiter und am 5. Oktober wurden Holzstege zum Ausstellungszelt und zum Festzelt angelagt. Der Kutschweg für die geplanten Pferdekutschfahrten mit Festgästen war nicht mehr passierbar. Am 6. Oktober dann die große Überraschung: Entgegen dem Wetterbericht setzte sich starker Föhn durch, die Sonne schien strahlend. In meinem Tagebuch habe ich notiert: *„Mit allen Arbeitern werden letzte Säuberungsarbeiten durchgeführt. Außerdem wird nochmals gewalzt. Auch auf dem Festplatz lassen sich Teile noch walzen – Mittags kommt Ministerialrat Baumgart und organisiert die Festversammlung. Vor allem um die Sitzordnung und die Münzenverteilung kümmert er sich persönlich. Abends wird im Hotel Tannenhof in Spiegelau ein „Freundesverein für den Nationalpark Bayerischer Wald“ gegründet. Gründungsmitglieder sind Professor Lorenz, Professor Grzimek, Professor Plochmann, Regierungspräsident Riederer, Dr. Rüdiger Disko, Karl-Oskar Koenigs und Hubert Weinzierl.“*

Über den 7. Oktober notierte ich: *„Der Tag beginnt mit strahlendem Herbstwetter. Die Kutschfahrt wird doch stattfinden... Im Zelt sammeln sich ab 10 Uhr zirka 3.000 Besucher. Minister Eisenmann ist etwas aufgeregt, denn Ministerpräsident*

Goppel hat sich gestern den Arm gebrochen und kann nicht eröffnen! 140 Presseleute drängen sich. Endlich, um 11.30 Uhr, sitzen alle! Von jetzt an klappt alles: die Böllerschüsse, die Leuchtkugel, das Freilassen der Wisente und Luchse, die Kutschfahrt der Minister und der Pferderitt von Minister Eisenmann. Um 16 Uhr ist die Schlacht geschlagen für den Nationalpark und wir sind einen, vielleicht den entscheidenden Schritt weiter.

7. Oktober 1970: Nationalpark-Eröffnungsfeier, Festzug mit Pferdekutschen. In der Kutsche sitzend links: Minister Hans Eisenmann, rechts: Bernhard Grzimek.

Am 8. Oktober ist Schulwandertag, ab 8.30 Uhr überschwemmen vier- bis fünftausend Kinder den Wald und die Gehegezone. Das Fest wird immer zünftiger, nachmittags ist Preisverleihung des Schulmal- und Fotowettbewerbs. Am Abend ist alles noch heil und das Wetter bleibt schön. Die Verärgerung der Arbeiter und die von Hermann Puchinger kann ausgeräumt werden (er wurde mit keinem Dankeswort bedacht), er bekommt noch eine Goldmünze und ist von Minister Eisenmann zum Essen eingeladen! In den nächsten Tagen ist Hochbetrieb im Bierzelt. Das Wetter bleibt schön. Das Interesse an der Informationsausstellung ist groß. Am Schlusstag werden etwa 15.000 Besucher gezählt, rund 2.000 Teilnehmer nehmen an der Sternwanderung zum Nationalpark teil, alle Beteiligten vor Ort sind sehr zufrieden, der Festwirt, die Landräte, die Bürgermeister und die vielen, vielen Einheimischen, denen der Nationalpark nun nahe gekommen ist."

3| HIRSCHE UND REHE FRESSEN DEN WALD

DAS WILDPROBLEM DER ANFANGSJAHRE

Unmittelbar nach Dienstantritt wurden wir mit der Tatsache konfrontiert, dass wegen der viel zu hohen Rot- und Rehwildbestände in den Nationalparkwäldern Tannen und seltenere Laubbaumarten nicht mehr nachwuchsen. Jungwaldflächen wiesen massive Schälschäden auf. Das Thema Hirsche und Rehe im Nationalpark wurde zu einem Schwerpunkt der internen Diskussionen und der öffentlichen Auseinandersetzungen der ersten Jahre. Erst nach Horst Sterns Film „Bemerkungen über den Rothirsch“, der von der ARD an Heiligabend 1971 ausgestrahlt wurde, gelang es, das Schalenwildproblem schrittweise zu lösen.

Schutzgebiet für den König der Wälder

Als in den 50er Jahren Oberforstmeister Götz von Bülow als Leiter das Staatsforstamt St. Oswald übernahm, wurde die Rotwildhege wie bereits erwähnt zum Schwerpunkt seiner Tätigkeit. Er übertrug den neofeudalistischen Trophäenjagdkult nach ostelbischer Gutsherrenart in seine neue dienstliche Heimat. 1961 schrieb er: *„Wir haben unersetzliche Verluste im Osten unseres Vaterlandes hinnehmen müssen, so vor allem die Rotwildvorkommen Ostpreußens, an ihrer Spitze das unvergessliche Rominten mit den stärksten deutschen, ja europäischen Hirschen.“*

Der Bayerische Wald wurde von ihm zu einem Rotwildlebensraum der ganz besonderen Art hochstilisiert: *„So ergeben die Umweltfaktoren im Ganzen ausgesprochen günstige Voraussetzungen für das Gedeihen unseres Wildes und lassen Vergleiche mit den besten und urtümlichsten europäischen Rotwildgebieten, vor allem mit den Karpaten, zu.“* Weiter schrieb er: *„Ich kann versichern, die hier aufgewendeten Mittel bringen eine ideelle und materielle Rendite, die sich nicht nur in höheren Wildbretdichten und stärkeren Trophäen ausdrückt, sondern vor allem durch die Gesunderhaltung des Waldes unschätzbar wird!"* Die Behauptung, die Rotwildhege würde eine *„materielle Rendite"* bringen und sich in der *„Gesunderhaltung des Waldes"* ausdrücken, war eine glatte Lüge.

Noch vor Bär (1856), Wolf (1846) und Luchs (1846) wurde 1820 der letzte Hirsch im Böhmerwald erlegt. 1807 hatte Fürst Schwarzenberg, Großwaldbesitzer im Böhmerwald, sein Jagdpersonal damit beauftragt, alles Rotwild abzuschießen, vor allem wegen der *„häufigen Einfälle verwegener Raubschützen aus Bayern"*. Fürst Adolf Josef zu Schwarzenberg beschloss dann 1874, das Rotwild wieder einzubürgern. 1878 wurden 29 Stück aus einem Gatter freigelassen. Kurz vor der Jahrhundertwende tauchten die ersten Tiere auf bayerischer Seite auf. Ein nennenswerter Bestand entwickelte sich erst im Dritten Reich. Nach dem Krieg wurden dann die Abschussplanungen nur unzureichend erfüllt und die Rotwildpopulation nahm zahlenmäßig immer weiter zu. Als besonderer Schutzherr und Nutznießer des Rotwildes tat sich der spätere Leiter der Oberforstdirektion Regensburg, Forstpräsident Richard Tretzel, hervor. Jahr für Jahr erlegte er im Bayerischen Wald starke Hirsche, von denen einige selbst den Vergleich mit Görings legendären Rotwildgeweihen nicht zu scheuen brauchten.

Bambi-Kult auf Kosten des Waldes

Als wir im Winter 1969/70 den Wildbestand zu erfassen versuchten, zählten wir mindestens 500 Stück Rotwild auf der Nationalparkfläche. 25 Fütterungen waren eingerichtet worden, damit das Rotwild im Staatswald blieb und nicht außerhalb von Privatjägern im Winter erlegt werden konnte. Schon bald erkannten wir, dass die Hirschzucht zu einer kaum vorstellbaren Schädigung der Waldbestände geführt hatte. Auf fast 700 Hektar war die Rinde von den Stämmen fast aller jungen Fichten abgeschält worden. Laubbäume und Tannen waren großflächig abgefressen. Junge Tannen gab es nur noch in begrenzter Zahl hinter Zäunen und vereinzelt an Waldrändern, die an private Jagdreviere angrenzten. Der König des Waldes war dabei, zusammen mit den Rehen denselben aufzufressen!

Schälschäden durch Rotwild aus den Jahren 1969 bis 1971.
(Foto: Hans Bibelriether)

Mitarbeiter des Nationalparkamtes versuchten in den Anfangsjahren, auf Drückjagden Rot- und Rehwildbestände zu reduzieren.
(Foto: Hans Bibelriether)

Verantwortungsbewusste Forstleute, wie der damalige Chef der Bayerischen Staatsforstverwaltung Max Woelfle, versuchten, die Schalenwildbestände im Staatswald bayernweit zu reduzieren. Aber gegen den „Bayerischen Landesjagdverband“ hatte er damals keine Chance! 1968 wurde er auf der Titelseite der „Münchner Abendzeitung“ unterlegt mit einem schwarzen Kreuz als *„Eichmann der Jagd“* bezeichnet. Die Jäger betrieben einen werbewirksamen Bambi-Kult und es gelang ihnen, einer gutgläubigen Öffentlichkeit „Tierliebe“ und „Wildhege“ als Hauptmotivation für ihr jagdliches Treiben zu verkaufen. 1972 brachte es Horst Stern auf den Punkt: *„Es wurde viel zu oft versucht, den Wald gesund zu beten, statt gesund zu schießen.“*

„Bemerkungen über den Rothirsch“

Georg Sperber und mir war klar: Wenn die Entwicklung eines naturnahen Waldes im Nationalpark auch nur eine geringe Chance haben sollte, mussten die Hirsch- und Rehbestände drastisch reduziert werden. Wir wollten einen Wildschadenspfad anlegen, auf dem zu sehen war, welche Auswirkungen der Verbiss und das Schälen auf die Waldentwicklung hat. Dies wurde uns im Juli 1971 von Ministerialdirektor Haagen untersagt. Trotzdem führten wir interessierte Besucher, darunter auch Journalisten, in solche beschädigten Waldbestände. Einer der ersten war im April 1970 Georg Kleemann von der „Stuttgarter Zeitung“. Er war mit Horst Stern befreundet, der damals mit seiner Filmserie „Sterns Stunde“ ein Millionenpublikum faszinierte, und erzählte ihm von den Wildschäden. Am 19. Dezember 1970 kam Horst Stern erstmals in den Bayerischen Wald. Georg Sperber zeigte ihm Reste der urwaldartigen Bergmischwälder und die von den Hirschen verursachten Totalschäden nicht nur an den jungen Waldbäumen, sondern auch an anderen Pflanzen. Am Abend verabschiedete Horst Stern sich von uns mit den Worten: *„Ihr seid die komischsten Beamten, die mir je begegnet sind.“*

Nach seinem Besuch im Bayerischen Wald begann er mit den Dreharbeiten für den Film „Bemerkungen über den Rothirsch". Der an Heiligabend 1971 ausgestrahlte Beitrag schlug ein wie eine Bombe. Viele der Filmszenen wurden im Nationalpark aufgenommen. Der Film war der Anfang vom Ende des bis dahin offen zur Schau getragenen Herrschaftsanspruchs der Jäger am deutschen Wald. Noch in derselben Nacht erhielt

Ohne Horst Stern wäre das Problem der zu hohen Rot- und Rehwildbestände in den 70er Jahren nicht gelöst worden.

Horst Stern telefonisch Morddrohungen. Massive öffentliche Auseinandersetzungen zwischen Jagdfunktionären und Forstleuten, denen es um einen gesunden Wald ging, zogen sich monatelang hin. Am 12. April 1972 wurde der Film im Agrarausschuss des Bundestages in Bonn gezeigt und dort diskutiert. Aber noch immer versuchten Jagdverbandsfunktionäre die Herrschaft im Wald zu behalten. Im Bayerischen Landtag verlangten Abgeordnete der CSU – 30 Prozent der Abgeordneten waren damals Jäger – die disziplinarische Abstrafung der am Film beteiligten Nationalparkbeamten, die Bayerns Ansehen mit Füßen getreten hätten. Minister Eisenmann stellte sich schützend vor uns und verbot auf unseren Vorschlag hin jegliche Art von Trophäenjagd im Nationalpark. Mit der Beendigung des Abschusses von Hirschen und Rehböcken als Trophäenträger wurde die „Jagd" im Nationalpark in eine „Wildstandsregulierung" umgewandelt, die weltweit in vielen Nationalparken bei einzelnen Großtierarten notwendig ist, weil deren natürliche Regulierung nicht mehr erfolgt.

Wintergatter als Kompromiss

Das Rotwild findet im Sommer in den Bergwäldern genügend Nahrung, im Winter nicht. Deshalb wanderte es früher aus dem Gebirge in die Tallagen, aus dem Bayerischen Wald hinaus in die Niederungen im Donauraum. Im Bayerischen Wald wurde das Rotwild durch die Fütterungen dazu gebracht, im Staatswald zu überwintern. Zäune und Fütterungen konnten aber die tief verschneiten Waldbestände nicht ausreichend schützen. So entwickelte man in Österreich die Idee der Wintergatter, um die Schäden am Wald zu reduzieren. Im Herbst werden die Tiere zu den Fütterungen in die Gatter gelockt und den Winter über mit Grassilage, Rüben und Heu gefüttert. Erst im Mai, wenn die Vegetation im Wald zu treiben beginnt, werden die Gatter geöffnet und die Hirsche wieder in die Freiheit entlassen.

Diese Lösung gefiel uns und mit Minister Eisenmanns Zustimmung wurden die ersten Wintergatter in Deutschland gebaut. Drei Stück von je ca. 30 Hektar Größe wurden im Nationalpark eingerichtet. Dafür verschwanden die 25 offenen Fütterungen. Das erste Wintergatter wurde bereits 1970 gebaut. Revierförster Lothar Hopfner setzte die Waldarbeiter seines

Absender: H. Reith z.Zt. Nationalparke Bayerischer Wald

Postleitzahl

(Straße und Hausnummer oder Postfach)

Deutsche Bundespost 20

LORSCH/HESSEN

POSTKARTE

Herrn Professor Dr. Dr. Grzimek

6 Frankfurt/Main

Postleitzahl

Zoologischer Garten Frankfurter Zoo

(Straße und Hausnummer oder Postfach)

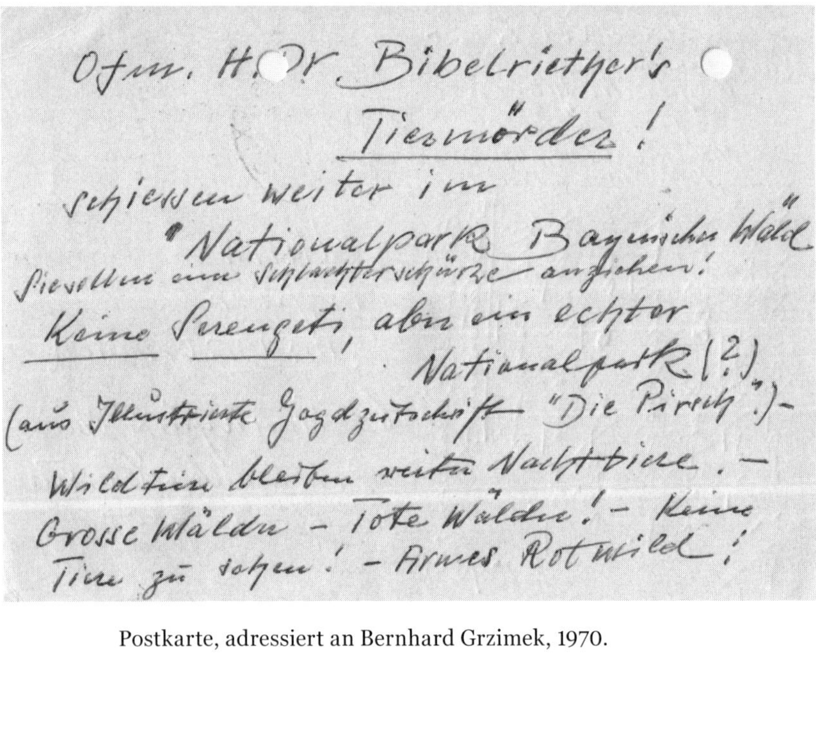

Ofm. H. Dr. Bibelriether's Tiermörder! schiessen weiter im "Nationalpark Bayerischer Wald" Sie sollen eine Schlachterschürze anziehen! Keine Serengeti, aber ein echter Nationalpark (?) (aus Illustrierte Jagdzeitschrift "Die Pirsch".) – Wildtiere bleiben weiter Nachttiere. – Grosse Wälder – Tote Wälder! – Keine Tiere zu sehen! – Armes Rotwild!

Postkarte, adressiert an Bernhard Grzimek, 1970.

Reviers dafür ein. Es wurde zusätzlich eine Beobachtungshütte errichtet und zwei Jahre später durch eine Fanganlage für Forschungszwecke ergänzt. Wintergatter während der kalten Jahreszeit sind ein Kompromiss zugunsten hoher Rotwildbestände und nur ein zweitrangiger Ersatz für die fehlenden Winterlebensräume, die in unserem dicht besiedelten Land praktisch nicht mehr existieren.

Um die Rotwildbestände zahlenmäßig in Grenzen zu halten, reichte im geschlossenen Waldgebiet die herkömmliche Einzeljagd nicht aus. Deshalb war es sinnvoll, schwaches oder krankes Wild in den Wintergattern einzufangen und zu töten, ohne die anderen Tiere zu beunruhigen. Minister Eisenmann stimmte dieser Regelung im Dezember 1971 zu. Der Landesjagdverband versuchte mit allen Mitteln, dieses *„unwaidmännische Treiben"* zu verhindern. Jagdverbandspräsident Seubert drohte, die Wintergatter aufzuschneiden. Ein hoher Funktionär des Jagdverbandes drohte mir einmal vor Zeugen, er könne nicht mehr für meine persönliche Sicherheit garantieren. In der Rechtsverordnung über den Nationalpark Bayerischer Wald vom 21. Juli 1992 wurde dann 20 Jahre später festgelegt, dass der Rotwildbestand in den Wintergattern reguliert werden kann. Ein vom Landesjagdverband beim Bayerischen Verwaltungsgerichtshof gestellter Normenkontrollantrag, die Nationalparkverordnung für nichtig zu erklären, wurde vom Verwaltungsgerichtshof am 5. März 1996 abgelehnt.

Weil der Rotwildbestand in den Wintergattern reguliert wurde, konnte das Rotwild vom Frühjahr bis zum Herbst im Nationalpark ungestört leben. Die ständige Beunruhigung durch die monatelange Trophäenjagd war damit beendet. Schälschäden waren nicht mehr zu beobachten und große Teile der natürlichen Verjüngung – nicht nur der Weißtanne, sondern auch von Bergahorn und anderen Laubbaumarten – wuchsen wieder unverbissen auf. Auch Blumen wie etwa Weidenröschen und Hasenlattich siedelten sich wieder außerhalb von Zäunen an.

Dazu trug auch ganz entscheidend mit bei, dass die Rehwildfütterung im Nationalpark eingestellt wurde und den Rehen im Winter nichts anderes übrig blieb, als sich ihr Futter außerhalb des Nationalparks zu suchen. Die öffentliche Auseinandersetzung über den Umgang mit Rot- und Rehwild im Nationalpark und das Bekanntwerden der unvorstellbaren Schäden im gesamten Staatswald in Bayern führten unter Minister Eisenmann dazu, dass erstmals in einem Waldgesetz in Deutschland der Satz „Wald vor Wild" festgeschrieben wurde.

Junger Wald kann wieder wachsen

Nach einigen Jahren war das Rot- und Rehwildproblem gelöst. Der Rotwildbestand wurde bis 1975 im Nationalpark auf 120 Tiere im Winter reduziert. Die Rehe wanderten in der schneereichen Jahreszeit ins Vorfeld. Dass wir unsere Pläne umsetzen konnten, war der Entscheidung von Minister Eisenmann zu verdanken, der 1971 die Zuständigkeit für die Tiere des Parks an das Nationalparkamt übertragen hatte.

1974 kam in der Regierung von Niederbayern in Landshut die Idee auf, mit der Abruzzen-Region in Italien ein Partnerschaftsabkommen zu schließen. Der Nationalpark Bayerischer Wald und der Abruzzen-Nationalpark sollten darin eine wichtige Rolle spielen. Mit einem Festakt wurde 1975 im Bayerischen Wald eine Patenschaft zwischen beiden Nationalparken beschlossen. 1974/75 wurden 19 Stück Rotwild als Patengeschenk in den Abruzzen-Nationalpark transportiert. Sie fühlten sich in der Bergregion, in der es noch Wölfe und Bären gab, offensichtlich sehr wohl. Die Hirsche haben sich rasch vermehrt, so dass heute dort wieder einige hundert Stück Rotwild leben. Gemeinsam mit Horst Stern habe ich 1978 in den Abruzzen an einem sonnigen Nachmittag eine eindrucksvolle Hirschbrunft erlebt. Da dort seit Jahrzehnten nicht mehr gejagt wurde, sind die Großtierarten nicht mehr so scheu und lassen sich auch tagsüber beobachten. Sogar ein Bär zeigte sich eines Abends.

Allerdings kam der Transport von Bayerwaldhirschen nach Italien nicht bei allen gut an. Im Magazin „Stern“ wurde darüber berichtet, dass eine Vertreterin des „Kampfbundes gegen den Missbrauch der Tiere“ den für die Ausbürgerung zuständigen Ulrich Wotschikowsky beschimpfte, weil er es wage, *„deutsche Hirsche italienischen Wölfen zum Fraß vorzuwerfen.“*

Was ich damals noch nicht ahnte und was wir im Nationalpark Bayerischer Wald im Laufe der Jahre lernten, war die Tatsache, dass das Rot- und Rehwildproblem nur für Wirtschaftsforste gilt. In Naturwäldern, in denen Windwürfe und tote Bäume liegen bleiben, können Rehe und Hirsche nicht überall hinsteigen. So können genügend junge Bäume einzeln oder gruppenweise ohne Verbiss aufwachsen. Es entsteht auf diese Weise ein strukturreicher, ungleichaltriger, wilder Wald von viel größerer Stabilität als die Wirtschaftsforste. Naturwälder im Schutzwaldbereich der Hochgebirge dort, wo noch Wirtschaftsforste vorhanden sind, wieder entstehen zu lassen, wäre wohl eine bessere und billigere Lösung als die heute dort übliche „Schutzwaldpflege“, vorausgesetzt, die viel zu hohen Wildbestände würden zunächst aber einmal angemessen reduziert.

4 | ZWEI SCHRITTE VOR – EIN SCHRITT ZURÜCK

DER WEG ZUM WILDEN WALD BEGINNT

In manchen katholischen Regionen gab es einst die sogenannte Springprozession: Zwei Schritte vor – einen Schritt zurück... Ähnlich mühsam gestalteten sich die Veränderungen, die nötig waren, ehe aus dem bewirtschafteten Forst schließlich ein sich selbst überlassener Wald im Nationalpark wurde.

1840 wurden im Bayerischen Wald, nachdem sie in Staatsbesitz übergegangen waren, erstmals die damals vorhandenen Waldtypen dokumentiert. Dreiviertel der Flächen wurden als Urwald bezeichnet. Oberhalb 1.100 Meter wuchsen noch ursprüngliche Bergfichtenwälder. Die Hanglagen waren mit Fichten-Tannen-Buchen-Bergmischwäldern bedeckt. In den kalten Talmulden und an den Moorgebieten gab es sogenannte „Aufichtenwälder", weil es dort für die Rotbuche zu kalt und zu nass war. Der Tannenanteil der Wälder im Nationalparkgebiet betrug damals 24 Prozent. Um 1850 begann nach Erlass von Wirtschaftsregeln für den Bayerischen Wald eine systematische Forstwirtschaft. Sie führte in wenigen Jahrzehnten zu einem massiven Rückgang der Weißtanne, deren Anteil zur Zeit der Nationalparkgründung nur noch vier Prozent betrug. Die strukturreichen ursprünglichen Wälder wurden großflächig in gleichaltrige Fichtenforste umgewandelt.

Als wir uns im Frühjahr 1970, wie bereits erwähnt, ein erstes Bild von den Waldbeständen im Nationalpark machten, stellten wir fest, dass die ursprünglichen Fichten-Tannen-Buchenwälder nur noch auf wenigen hundert Hektar existierten. Nur fünf Prozent dieses Bergmischwaldes waren erhalten geblieben. Anfang 1971 erklärte sich das Ministerium einverstanden, dass auf den Bergmischwald-Flächen keine alten Bäume mehr gefällt werden sollten. Minister Eisenmann entschied auf unseren Vorschlag hin außerdem, dass keine weiteren Forststraßen mehr gebaut werden durften. 115 Kilometer LKW-befahrbare Forststraßen waren damals noch geplant. Dadurch wurde der Einschlag in den noch nicht mit Forststraßen erschlossenen Waldbeständen, vor allem im Bergfichtenwald, eingeschränkt. So erreichten wir, dass die Forstamtsleiter – vor allem die der Staatsforstämter St. Oswald und Mauth-Ost ärgerte es besonders – in den naturnahen, ursprünglichen Altbeständen keine Bäume mehr fällen lassen durften. Oberforstmeister Franz Cronauer vom Staatsforstamt St. Oswald führte im Oktober 1971 aber trotzdem einen großen Kahlschlag im alten Bergfichtenwald am Lusen im „Naturschutzgebiet Simandlruck" durch. Er ließ das Stammholz mit Pferden und Schleppern durch die angrenzenden Waldbestände talwärts zu den Forststraßen ziehen.

Im „Grafenauer Anzeiger" wurde über den Kahlschlag am Lusen und die „Empörung", die er hervorrief, ausführlich berichtet. In einem Leserbrief begründete Franz Cronauer den Kahlhieb dann damit, dass in dem *„Vollnaturschutzgebiet"* die *„ordnungsgemäße forstwirtschaftliche Nutzung uneingeschränkt zulässig"* sei. Bei einer Ortsbesichtigung bedauerte Ministerialdirektor Hermann Haagen zwar den Einschlag, wies aber die *„Angriffe"* der Naturschützer als *„maßlos übertrieben"* zurück. Landrat Karl Bayer aus Grafenau meinte: *„Dieser Nationalpark gehört dem gesamten Volk und nicht einem Oberforstmeister. Wer gegen diesen Nationalpark handelt, der soll und muss aus dem Nationalpark verschwinden."*

Wir hatten zu der Zeit auch Besuch von Bundeslandwirtschaftsminister Josef Ertl, haben ihn zum Lusen begleitet und ihm diesen Kahlschlag gezeigt. Auch er war entsetzt über dieses Vorgehen in einem Nationalpark. (Übrigens ist es auch heute noch immer in großen Naturschutzgebieten in den Bergwäldern der Bayerischen Alpen erlaubt, Holznutzung durchzuführen, und die Bayerischen Staatsforsten betreiben diese auch alle Jahre wieder mit der fadenscheinigen Begründung, damit würden naturnähere Waldbestände geschaffen!)

In den Jahren 1970 und 1971 wurde von der Oberforstdirektion Regensburg zusammen mit den fünf Staatsforstämtern vor Ort ein „Waldpflegeplan“ – so wurde das Forsteinrichtungswerk benannt – für das Nationalparkgebiet erarbeitet. Er sollte für die nächsten zehn Jahre, vom 1. Januar 1972 bis zum 1. Januar 1982, gelten. Wir vom Nationalparkamt hatten darauf kaum Einfluss. Immerhin wurde aber der Jahreshiebsatz im Nationalparkgebiet, der in den 60er Jahren bei 68.000 Festmeter pro Jahr lag, auf 55.000 Festmeter reduziert. Tatsächlich betrug er dann in den ersten zehn Jahren im Durchschnitt nur 45.000 Festmeter, bei einem Zuwachs von über 80.000 Festmeter pro Jahr. Dass es dazu kam, war vor allem Dr. Hubert Zierl als neuem Leiter des Nationalparkforstamtes St. Oswald zu verdanken. Darüber später noch mehr.

Nach Inkrafttreten des Waldpflegeplans wurde vom Landwirtschaftsministerium öffentlich behauptet, dass die „nicht genutzte Fläche“ im Nationalpark über 4.000 Hektar betragen würde. Tatsächlich waren es nur 1.800 Hektar. Aus 1.320 Hektar war wegen fehlender Rückewege und Forststraßen kein Holzabtransport möglich und nur 480 von 13.000 Hektar wurden um des Naturschutzes willen als Naturwaldbiotope geschützt. Im Dezember 1976 stellte ich den Antrag, auf weiteren 1.800 Hektar naturnaher Altbestände in felsigen Regionen und auf Feuchtgebieten den Holzeinschlag einzustellen. Der Antrag wurde abgelehnt. Noch im November 1977 vertrat der zuständige Ministerialrat Seitschek bei einer Inspektion des Ministeriums die Auffassung, dass *„der Landtagsbeschluss von 1969, den Wald naturgemäß zu pflegen, für die ganze Fläche des Nationalparks verstanden werden müsse. Wenn nach dem gegenwärtigen Stand auf rund 2.500 Hektar keinerlei Nutzungen mehr stattfänden, so gehe dies bereits zugunsten des Naturschutzes über die ursprüngliche Konzeption hinaus.“*

Internationale Richtlinien dürfen nicht beachtet werden

Im Jahr 1969 veröffentlichte die Weltnaturschutzunion IUCN (International Union for Conservation of Nature and Natural Resources) erstmals ihre Empfehlungen für die Zielsetzung von Nationalparken. Darin wurde festgelegt, dass dort *„wo ein oder mehrere Ökosysteme durch menschliche Nutzung oder Inanspruchnahme in der Substanz nicht verändert wurden, ... und wo die oberste zuständige Behörde des Landes Maßnahmen getroffen hat, um im gesamten Gebiet baldmöglichst die Nutzung oder Inanspruchnahme zu verhindern oder zu beseitigen und die Erhaltung ökologischer, geomorphologischer oder ästhetischer Eigenarten durchzusetzen“*, dieses Gebiet als „Nationalpark“ bezeichnet werden kann. Die IUCN wurde am 5. Oktober 1948 als „International Union for the Protection of Nature“ (IUPN) gegründet und ist eine internationale Nichtregierungsorganisation. Ihr Ziel ist die Sensibilisierung der menschlichen Gesellschaften für den Natur- und Artenschutz. Eine nachhaltige und schonende Nutzung der Ressourcen soll sichergestellt werden. 1956 änderte sie ihren Namen in „International Union for Conservation of Nature and Natural Resources“ (IUCN), welcher heute rechtlich immer noch gültig ist. Auf der Nationalpark-Weltkonferenz 1972 wurden die erarbeiteten Richtlinien von den IUCN-Mitgliedern bestätigt.

Als wir diese internationalen Regelungen als Grundlage für unsere Argumentation zur Einschränkung der Holznutzung benutzten, wurde dies von Ministerialdirektor Hermann Haagen abgelehnt: *„Rechtsgrundlage für den Nationalpark Bayerischer Wald ist der Landtagsbeschluss. Solange dieser nicht geändert wird, werden internationale Richtlinien für den Nationalpark Bayerischer Wald nicht akzeptiert.“*

Das bekamen die Nationalparkbesucher zu sehen. Auf den Parkplätzen wurden schon 1970 riesige Mengen von frisch geschlagenem Holz gelagert. Entlang des neu geschaffenen Lehrpfades in der Waldabteilung Tanzboden bei Neuschönau wurden mächtige alte Tannen gefällt, obwohl dort auf einem Lehrpfad die naturnahen alten Fichten-Tannen-Buchenbestände des Bayerischen Waldes den Besuchern nahe gebracht werden sollten. Am Waldschmidthaus am Gipfel des Rachel wurden alte Fichten eingeschlagen und lagen den Sommer über dort, wo viele Nationalparkbesucher vorbei kamen. Nicht wenige fragten nach, warum in einem Nationalpark solche alten Bäume nicht stehen bleiben dürften.

Sturmwurf 1972

Im Jahr 1972 riss ein Herbststurm im Nationalparkgebiet ungefähr 5.000 Fichten zu Boden. Wir wollten, dass wenigstens ein paar Hundert davon nicht aufgearbeitet werden sollten, sondern als Biomasse im Wald verbleiben durften. Zur Kennzeichnung umwickelten wir diese mit Plastikschleifen. Obwohl die Forstamtsleiter dem zustimmten, wurden dann in drei Revieren im Forstamt St. Oswald trotzdem viele der markierten Windwürfe aufgearbeitet und als Stammholz verkauft. In einer Vormerkung für das Nationalparkamt schrieb Hartmut Strunz damals: *„Ich vermute, dass es sich um eine „Demonstration“ der betroffenen Revierbeamten gegen meine Außendiensttätigkeit handelt, um zu zeigen, dass sie selbst in ihrem Revier alleinige Ausweisungsbefugnis haben. Revierförster Liegl gebrauchte in einem Gespräch mit einem Dritten bei der Trophäenschau in Freyung den Ausdruck: „Wenn die Deppen vom Nationalparkamt nicht wären...“ “*

Abbildungen rechts:
Ein Windwurf aus dem Jahr 1972 (Bild oben) zeigt, wie in wenigen Jahren auf solchen Flächen neuer, abwechslungsreicher Wald entsteht. 1983 (Bild Mitte) sind Vogelbeeren bereits wieder 2 Meter hoch und darunter siedeln sich Buchen und Fichten an. 1986 (Bild unten) sind die Stämme bereits nahezu niedergebrochen. Der neue Wald wächst auf.
(Fotos: Hans Bibelriether)

Immerhin blieben im Forstamt St. Oswald ungefähr 30 Fichten liegen, und zwar bei der Graupsäge an der Abzweigung von der Nationalparkstraße nach Waldhäuser. Selbst uns im Nationalparkamt war damals noch nicht bewusst, dass durch die Aufarbeitung von Windwürfen mit Maschineneinsatz und dem Abtransport der Stämme fast sämtliche junge Bäumchen vernichtet werden. Auf der nicht aufgearbeiteten Windwurffläche war schon wenige Jahre später zu sehen, welch abwechslungsreicher junger Wald zwischen den nebeneinander und übereinander liegenden Stämmen aufwuchs. Als es zehn Jahre später um die Frage ging, ob im Nationalpark auch großflächig Sturmwürfe als Biomasse im Wald bleiben könnten, überzeugte der kleine Windwurf an der Graupsäge mit seinem jungen Wald und den vielen Weißtannen und Buchen auch Minister Eisenmann: Wo Windwürfe nicht aufgearbeitet werden, kann ein wilder Wald entstehen.

Die Forstreform und ihre Folgen

Im Jahr 1973 wurde in Bayern die erste Forstreform durchgeführt. Die Zahl der Staatsforstämter wurde auf die Hälfte reduziert. Im Nationalparkgebiet wurden fünf Forstämter aufgelöst und zu einem Nationalparkforstamt zusammengefasst. Zum Leiter des Nationalparkforstamtes wurde Hubert Zierl ernannt, mit dem ich schon seit meiner Assistentenzeit am Waldbauinstitut an der Universität München engen Kontakt hatte. Ich überredete ihn, sich für die Stelle zu bewerben, denn er hatte volles Verständnis für die Zielsetzung des Nationalparks. Nach vier Jahren Arbeit im Nationalpark Bayerischer Wald wechselte er am 1. Februar 1977 als Leiter an den neu gegründeten Nationalpark Berchtesgaden. Hubert Zierl war es zu verdanken, dass ab 1973 wesentlich weniger Holz eingeschlagen wurde als die Planung der Oberforstdirektion von 1972 vorgeschrieben hatte. Er ließ naturnahe Altbestände unberührt und verkaufte jährlich nur 40.000 Festmeter Holz, davon 15.000 Festmeter aus

Durchforstungen in jüngeren Beständen. Durchschnittlich 5.000 Festmeter blieben alljährlich im Nationalpark als tote Bäume, einzelne Windwürfe und Schneebruch liegen.

Die Forstreform hatte auch für uns personelle Folgen. Sie war Anlass für Georg Sperber, seinen Dienst als stellvertretender Leiter des Nationalparkamtes aufzugeben und in seine Heimat nach Franken in den Steigerwald zurückzukehren. Uns beiden war bereits 1971/72 bewusst, dass Sperber von dieser Ministerialforstabteilung nie mehr zum Leiter eines Forstamtes ernannt werden würde. Wenn nun auch noch die Zahl der Forstämter um etwa die Hälfte reduziert würde, hätte Sperber keine Chance mehr.

Zwischen Minister Eisenmann und mir hatte sich ein vertrauensvolles Verhältnis entwickelt. Er hatte mich ermuntert, in kritischen Fragen direkt mit ihm Kontakt aufzunehmen. Ihm schilderte ich im Herbst 1972, welche Folgen die Forstreform für meinen Kollegen Sperber haben würde. Ich bat ihn, sich dafür einzusetzen, dass er als Leiter an ein Forstamt versetzt würde, das nach der Forstreform weiter bestehen würde. So wurde Georg Sperber auf Anweisung von Minister Eisenmann die Leitung des Forstamtes Ebrach im Steigerwald übertragen. Er hat dort 25 Jahre lang sehr oft zum Ärger der Ministerialforstverwaltung im besten Sinn und wirklich konsequent naturnahe Waldwirtschaft realisiert, alte Rotbuchenbestände aus der Nutzung genommen und so die Grundlage für die hoffentlich in den nächsten Jahren doch noch stattfindende Ausweisung eines Nationalparks Steigerwald geschaffen.

Die Verwaltungsreform hatte für den Nationalpark weitere Folgen: Die fünf Forstämter wurden wie erwähnt zu einem „Nationalparkforstamt" in St. Oswald zusammengelegt und dieses mit dem „Nationalparkamt" Spiegelau zu einer in zwei Abteilungen gegliederte „Nationalparkverwaltung" zusammengefasst. Im Juni 1973 erließ die Ministerialforstverwaltung eine Dienstordnung für diese neue Nationalparkverwaltung, die als

Sonderbehörde dem Ministerium direkt unterstellt wurde. Die Leitung der Nationalparkverwaltung wurde als Sonderaufgabe dem Leitenden Forstdirektor Dr. Hans-Heinrich Vangerow, Referatsleiter an der Oberforstdirektion Regensburg, übertragen. Als Leiter des Nationalparkamtes wurde ich zum stellvertretenden Leiter der Nationalparkverwaltung vor Ort ernannt. Am 1. September 1976 wurden dann das Nationalparkamt Spiegelau und das Nationalparkforstamt St. Oswald unter ein Dach ins freigewordene Rathaus nach Grafenau verlegt.

Dr. Vangerow kam nur gelegentlich nach Grafenau. Er hielt sich streng an die Vorgaben des Haber-Gutachtens und des Ministeriums. 1978 schrieb er in einer Sonderausgabe der „Allgemeinen Forstzeitschrift“: *„Somit ist es unabdingbar, im Weg der Waldpflege aktive Maßnahmen zu verwirklichen, die auf eine Wiederherstellung des natürlichen Gleichgewichts im dortigen Ökosystem abzielen. Überließe man den gesamten Nationalpark sich selbst, so würde seine Entwicklung zum naturnahen Wald langsamer und ungewisser voranschreiten als unter der behutsamen Hand von Forstleuten.“* Und: *„Wir sollten den jetzt vorgeschriebenen Weg erst einmal einige Jahrzehnte begehen, ehe wir Wechsel auf die Zukunft ausstellen. Auch von daher betrachtet wäre es sicherlich falsch, nach nur sechsjährigem Bemühen im Sinne einer nationalparkgerechten Waldpflege auf ganzer Fläche von einem Urwald als Endziel zu träumen.“*

Vangerow war überzeugt, dass nur Förster in einem Waldnationalpark tätig sein sollten. So wollte er sich dem Ministerium gegenüber auch nicht für die Weiterbeschäftigung unseres Zoologen Wolfgang Scherzinger einsetzen, nachdem dessen Arbeitsvertrag am 1. April 1978 endete. Auf Anweisung von Minister Eisenmann wurde dann zum 1. Januar 1979 eine neue Dienstordnung für die Parkverwaltung vom Ministerium erlassen. Das Nationalparkamt und das Nationalparkforstamt wurden aufgelöst und es gab nur noch eine Nationalparkverwaltung. Vangerow versuchte, meine Ernennung zum Leiter der Nationalparkverwaltung zu verhindern, indem er mir schon in der beamtenrechtlichen Beurteilung vom Januar 1977 die Fähigkeit zu einer Amtsleitung schriftlich absprach. Meine Beschwerde dagegen beim Ministerium hatte Erfolg und die Beurteilung wurde korrigiert. Am 1. Dezember 1979 wurde Vangerow von seiner Aufgabe entbunden und ich wurde zum Leiter der Nationalparkverwaltung ernannt. Maximilian Waldherr, seit 1977 Nachfolger von Hubert Zierl, wurde mein Stellvertreter als Nationalparkforstamtsleiter.

Es war ein Glücksfall, dass zu der Zeit im Nationalparkamt schon Herbert Altmann als Büroleiter tätig war. Er stammte aus Kirchdorf vorm Wald bei Klingenbrunn, arbeitete in der Bezirksregierung in Landshut und nutzte 1973 die Gelegenheit, als wir die Stelle eines Leiters für das Verwaltungsbüro besetzen durften, in seine Heimat zurückzukehren. Er entwickelte für die neue Nationalparkverwaltung einen sachbezogenen Geschäftsbetrieb, für dessen Struktur es ja noch kein Vorbild gab. Außerdem wurde er als Mitglied des „Verein der Freunde des ersten deutschen Nationalparks Bayerischer Wald“ (siehe nächstes Kapitel) 1982 zu dessen Schatzmeister gewählt. Er arbeitete an der Optimierung von Projekten im Nationalpark mit, die vom Verein finanziell unterstützt wurden, und kümmerte sich um den Einsatz von Zivildienstleistenden, Praktikanten und ABM-Kandidaten. Mit seinem Kollegen Helmut Jordan aus der Ministerialforstverwaltung, der ebenfalls Vereinsmitglied war, arbeitete er eng zusammen. Von Seiten der Kassenprüfer gab es nie irgendwelche Beanstandungen. Als 1995 die Diskussion um die Nationalparkerweiterung begann, lag das Heimatdorf von Herbert Altmann im potentiellen Erweiterungsgebiet und er konnte als Kreistagsmitglied im Landkreis Regen, später noch als Bürgermeister von Kirchdorf dort wichtige Kontakte mit Persönlichkeiten pflegen. Rückblickend bestätigt sich für mich immer wieder, was ich in meiner so vielfältigen beruflichen und ehrenamtlichen Tätigkeit erfahren habe, dass dann, wenn ein Netzwerk von Persönlichkeiten zusammenarbeitet, die sich für die gleiche Sache engagieren und kein Eigeninteresse verfolgen, wirklich auch schwierige Vorhaben umgesetzt werden können.

Nationalparke bezwecken keine „wirtschaftsbestimmte Nutzung“

1973 wurde neben der Forstreform auch ein Bayerisches Naturschutzgesetz erlassen, das die vor allem verwaltungsinternen Auseinandersetzungen über den Umgang mit dem Wald im Nationalpark neu entfachte. In den sechziger Jahren lernte ich Alois Glück kennen, den späteren Fraktionsvorsitzenden der CSU und Präsidenten des Bayerischen Landtages, der damals Vorsitzender des Umweltausschusses war und schon ab 1972 das neue Bayerische Naturschutzgesetz vorbereitete. Wir kamen in engen Kontakt und sind heute noch in Freundschaft verbunden.

Landtagsabgeordneter und späterer Landtagspräsident Alois Glück unterstützte von Anfang an exzellent, dass die Entwicklung des Nationalparks Bayerischer Wald den internationalen Qualitätskriterien entspricht. *(Foto: Hans Bibelriether)*

Erstmals wurde durch seinen Einsatz in Deutschland die Schutzgebietskategorie „Nationalpark“ in einem Naturschutzgesetz verankert. Im Naturschutzgesetz vom 1. August 1973 ist in Artikel 8 nachzulesen: *„Landschaftsräume, die wegen ihres ausgeglichenen Naturhaushaltes, ihrer Bodengestaltung, ihrer Vielfalt oder ihrer Schönheit überragende Bedeutung besitzen, die eine*

Mindestfläche von 10.000 Hektar haben sollen (...) können durch Rechtsverordnung mit Zustimmung des Landtags zu Nationalparken erklärt werden.“ Und: *„Nationalparke dienen vornehmlich der Erhaltung und wissenschaftlichen Beobachtung natürlicher und naturnaher Lebensgemeinschaften sowie eines möglichst artenreichen heimischen Tier- und Pflanzenbestandes. Sie bezwecken keine wirtschaftsbestimmte Nutzung. (...) Nationalparke sind der Bevölkerung zu Bildungs- und Erholungszwecken zu erschließen, soweit es der Schutzzweck erlaubt. ...“*

Der entscheidende kurze und prägnante Satz: *„Sie bezwecken keine wirtschaftsbestimmte Nutzung“*, war von Alois Glück ganz bewusst am Ende von Absatz 2 eingefügt worden, um die Naturschutzziele in Nationalparken umsetzen zu können. Damit war die Grundlage geschaffen, gegen jede Art von Nutzung der natürlichen Ressourcen im Nationalpark zu argumentieren und vorzugehen. Ohne diesen Satz wäre es uns nicht möglich gewesen, die für einen Nationalpark international geltenden Naturschutzziele schrittweise umzusetzen. Alois Glück war über 28 Jahre die politisch wohl stärkste Stütze des Nationalparks. Der Nationalpark wäre ohne Alois Glück heute nicht das, was er ist. Aber Alois Glück war ja auch in anderen Politikfeldern eine der relativ wenigen profilierten Führungspersönlichkeiten, die nicht nur gegenwartsbezogen, sondern auch in und für die Zukunft denken. Im 1976 beschlossenen Bundesnaturschutzgesetz wurde zwar auch ein Nationalparkparagraph aufgenommen, die wichtige Regelung, dass wirtschaftsbestimmte Nutzungen nicht zulässig sind, fehlte aber darin.

Professor Wolfgang Haber hatte, wie erwähnt, 1970 vom Ministerium den Auftrag bekommen, einen Entwicklungsplan für den Nationalpark Bayerischer Wald zu erarbeiten, den er vor Ort mit Unterstützung von Michael Haug – seit 1970 Mitarbeiter im Nationalparkamt – im Herbst 1975 abschließen konnte. In seinem Entwicklungsplan ist entsprechend dem Naturschutzgesetz von 1973 nachzulesen: *„Alle Naturkräfte sollen uneingeschränkt* *wirken können und die Abläufe der physikalischen, chemischen und biologischen Prozesse von Menschen nicht beeinflusst werden.*" Allerdings wurde damals noch generell die Meinung vertreten, dass naturferne Zustände von Ökosystemen, insbesondere auch von Waldbeständen die aktive Mithilfe von Fachleuten brauchen, um in einen naturnahen Zustand zurück entwickelt zu werden, was, so schrieb Haber, *„ohne menschliche Hilfseingriffe nicht möglich ist"*. Erst 1983 kam es dann zu einer tatsächlichen Kehrtwende weg vom „aktiven" Naturschutz im Nationalpark hin zu einem Zulassen der natürlichen Entwicklungen.

Nationalpark - „ein Etikettenschwindel"

Nach der gesetzlichen Festlegung: *„Nationalparke bezwecken keine wirtschaftsbestimmte Nutzung"* entwickelte sich die öffentliche Diskussion über die Holznutzung im Nationalpark deutschlandweit. Im Magazin „Stern" vom 14. Juli 1977 wurde 20 Seiten lang unter dem Titel „Wald an der Grenze" über den Nationalpark Bayerischer Wald berichtet, was im Ministerium einen gewaltigen Ärger hervorrief. Vangerow sagte zu mir: *„Es müssen dienstliche Untersuchungen gegen alle Mitarbeiter des Nationalparkamtes durchgeführt werden, die die Journalisten betreut haben.*" Aus dem Text ginge ja hervor, so meinte er, dass hier Mitarbeiter mehr gesagt haben, als ihnen erlaubt war und Informationen gegeben hätten, zu denen sie nicht berechtigt gewesen seien.

Auf dem Titelbild des Beitrags im „Stern" war zu lesen: *„Die Natur sollte eine Chance bekommen zwischen Rachel und Lusen, im Nationalpark Bayerischer Wald. Dort kämpfen ein paar Forstleute um die Unberührtheit einer Landschaft, die so abgelegen ist, dass der Mensch sie noch nicht hat ruinieren können. Im Streit gegen Holzhacker und Bürokraten stoßen sie nunmehr jedoch an die Grenzen des Waldes.*" Auf den darauffolgenden Seiten wurde die damalige Situation detailliert beschrieben: *„Die gefräßige Holzindustrie reklamiert das Stammkapital der Natur für sich und diktiert dem Wald die Grenzen des Wachstums. Im*

Bayerischen Nationalpark sollte das nun anders werden. Die Voraussetzungen waren da: ein Team engagierter Forstbeamter jener jungen Generation, die der Natur mehr landschaftsgestaltende Fähigkeiten zutraut als der Motorsäge; ein Landwirtschaftsminister, der nicht nur von Etat zu Etat lebt, sondern sich um die Erhaltung naturnaher Lebensräume sorgt; und eine Landschaft schließlich, die so unwegsam ist, dass 150 Jahre Holznutzung sie noch nicht zerstören konnten. Warum also im Bayerischen Wald nicht der Natur die Regie überlassen? Warum nicht Baumriesen wachsen und sterben und faulen lassen, damit neues Leben darauf wächst? ... Ein Nationalpark, in dem die Vorschriften des Bayerischen Naturschutzgesetzes erfüllt werden, könnte weiterwachsen in die Vergangenheit. ... Der Nationalpark hat dieser Region einen gewaltigen Zustrom an Touristen gebracht ... Was einige Nationalparkbesucher nicht verdauen und die meisten Touristen gar nicht merken, ist, dass sie einem Etikettenschwindel aufgesessen sind. Denn nur ein Bruchteil des Parks wird wirklich als Urwald in Ruhe gelassen. Das mutige Bayerische Naturschutzgesetz entpuppt sich hier als Naturschutzgeschwätz. Im Nationalpark röhrt die Motorsäge länger als anderswo. Und das Holz, das im Zuge dieser „waldbaulichen Maßnahmen zur Landschaftspflege" produziert wird, geht an die holzverarbeitende Industrie, wie anderswo auch. ... Natürlich haben die jungen Förster und Wissenschaftler im Nationalpark gegen dieses vom Landwirtschaftsministerium verordnete Plansoll protestiert. Aber die Forstbürokraten in Regensburg und München nutzten die Chance, endlich die aufsässigen Urwald-Förster zu züchtigen. Es würde Zeit, den jungen Herren, die sich sogar erdreisteten, kritische Aufsätze für Fachzeitschriften zu schreiben, einmal den Unterschied zwischen Biologie und Bürokratie einzubleuen. Die Obrigkeit verordnete Schweigen im Walde. Den Beamten wurde untersagt, öffentlich zur Problematik der Holznutzung Stellung zu beziehen."

Im „Stern“-Artikel war Ulrich Wotschikowsky abgebildet. Er war am 1. Dezember 1972 als Nachfolger von Georg Sperber an das Nationalparkamt versetzt worden und dort für die Öffentlichkeitsarbeit zuständig. Er hatte in den zurückliegenden Jahren auch das Konzept für den Umgang mit Rotwild und Rehwild im Nationalpark mit erarbeitet und Journalisten vom „Stern“ in den Nationalpark begleitet. Die Folge war, dass er umgehend als Stellvertreter an das Forstamt Tirschenreuth in der Oberpfalz versetzt wurde, obwohl eine Bürgerinitiative aus Neuschönau und Spiegelau sich schriftlich an das Ministerium wandte mit der Bitte, diesen sehr beliebten Mitarbeiter des Nationalparkamtes nicht wegzuversetzen. Kurze Zeit später schied er dann aus dem Staatsdienst aus und wechselte zur „Wildbiologischen Gesellschaft“ in München über, die von Wolf Schröder 1977 gegründet worden war und in deren Kuratorium Horst Stern, Bernhard Grzimek, Hubert Weinzierl und Heinz Sielmann aktiv waren.

Vangerow teilte uns mit, dass vom Nationalparkamt grundsätzlich keine Auskünfte mehr an Medienvertreter gegeben werden dürfen. Er allein sei künftig für Kontakte mit der Presse – von Regensburg aus! – zuständig. Dass wir uns daran nicht hielten und enge Kontakte zu Journalisten von der „Süddeutschen Zeitung“, der „Passauer Neuen Presse“, aber auch der „Stuttgarter Zeitung“ und zu verschiedenen anderen Magazinen weiter pflegten, war aber selbstverständlich. Eine ganz wichtige Rolle spielte in dieser Zeit auch die 1974 in Grafenau im Bayerischen Wald gegründete Zeitschrift „Nationalpark“, in der Kollegen und Freunde fachliche Beiträge veröffentlichten, die die Situation und die Entwicklung im Nationalpark unmissverständlich beschrieben und dokumentierten. (Ihrer zentralen Bedeutung für die positive Entwicklung des Nationalparks ist ein eigenes Kapitel gewidmet.)

Auf einer Pressefahrt des Ministeriums am 1. August 1977 wurde als Reaktion auf den „Stern“-Artikel öffentlich verkündet: *„In dem 13.000 Hektar großen Nationalpark Bayerischer Wald* *findet keine wirtschaftsbestimmte Holznutzung mehr statt.*" Eine glatte Lüge! Der Nationalpark bekam nun aber auch Unterstützung von wissenschaftlicher Seite. So schrieb Professor Richard Plochmann von der forstlichen Fakultät in München bereits 1976 in der Zeitschrift „Nationalpark": *„Die zwangsläufigen und unvermeidbaren Folgen einer Holznutzung schließen ihre Fortführung auf Dauer aus. ... Die endgültige Verwirklichung des Nationalparks darf nun nicht an Ideenlosigkeit, Kleinmut und Egoismus scheitern! An diesem Entschluss, die Holznutzung einzustellen, wird man nicht vorbeikommen, solange man guten Gewissens von einem Nationalpark im Bayerischen Wald sprechen will."*

Die internen und externen Diskussionen gingen weiter. Nach dem Ausscheiden von Vangerow aus der Nationalparkverwaltung und der Übertragung der Leitung an mich 1979 gelang es dann, trotz auch amtsinterner massiver Widerstände, die Holznutzung wirklich einschneidend zu reduzieren. Im Jahr 1981 wurde sie auf 24.000 und 1982 auf 18.000 Festmeter verringert. Die „Springprozession" ging zu Ende.

5| ZUR RECHTEN ZEIT AM RECHTEN ORT

DER VEREIN DER NATIONALPARK-FREUNDE E.V.

Im Juli 1969 reiste ich mit Karl-Oskar Koenigs durch Jugoslawien. Der Mitinhaber der Metzeler-Bank und 13 Jahre Präsident der Frankfurter Börse, Mitbegründer von SOS-Kinderdorf und Mäzen in der Frankfurter Kunstszene war ein langjähriger Freund. Wir hatten uns 1965 in meiner Heimat in Mittelfranken kennengelernt, als er Schloss und Gut Dutzenthal kaufte. Ich erzählte ihm damals abends in Ljubljana, dass ich vielleicht im Herbst in den neu gegründeten Nationalpark Bayerischer Wald versetzt werden würde. Es war seine Idee, dann sofort einen Förderverein zu gründen. Ich sollte mich in der Region nach einem geeigneten Ersten Vorsitzenden umsehen, der jederzeit direkten Zugang zum zuständigen Minister hätte. Er als „Nicht-Bayer“ käme dafür nicht in Frage.

Mein Vorschlag war Regierungspräsident Johann Riederer von der Regierung von Niederbayern in Landshut. Er hatte sich schon in den Anfangsdiskussionen ab 1967 für einen Nationalpark im Bayerischen Wald eingesetzt. So kam es, dass am Vorabend der Eröffnung des Nationalparks, am 6. Oktober 1970, im Hotel Tannenhof in Spiegelau der „Verein der Freunde des ersten deutschen Nationalparks Bayerischer Wald e.V.“, mit Johann Riederer als Vorsitzendem des Vorstandes gegründet wurde. Das war, wie sich bald herausstellte, ein absoluter Glücksfall.

„Wo der Staat nichts tun kann oder nichts tun will, da werden wir tätig“, so fasste Johann Riederer das zentrale Anliegen des Vereins zusammen. Nachhaltiges Engagement – unter dieser Prämisse brachte der Verein nicht nur den Nationalpark Bayerischer Wald, sondern auch die Nationalparkidee in Deutschland entscheidend voran. Schon bald wurde klar, wie hilfreich und wichtig das innovative Engagement des Vereins war.

Die Erfolgsbilanz reicht von der Nachzucht und der Wiederansiedlung ausgestorbener Vogelarten über finanzielle Förderung der Umweltbildung, den Einsatz von Praktikanten und Zivildienstleistenden in Nationalparken und der Verbreitung neuer Naturschutzpositionen in der Zeitschrift „Nationalpark" bis hin zur Hilfe beim Aufbau der ersten hauptamtlich besetzten Geschäftsstelle der „EUROPARC Federation" in Grafenau, dem bis heute wohl entscheidenden Impuls für die Zusammenarbeit zwischen Großschutzgebieten in Europa.

Ideengeber, Förderer und unabhängige Schlüsselpersönlichkeit im Verein war vom ersten Tag an Karl-Oskar Koenigs. Von 1970 bis zu seinem Tod 1997 war er zunächst Vorsitzender des Kuratoriums und ab 1992 auch Vorsitzender des Vorstandes des „Verein der Freunde des ersten deutschen Nationalparks Bayerischer Wald". Minister Reinhold Bocklet ehrte ihn am

Karl-Oskar Koenigs 1969 in Jugoslawien, wo er mir die Einrichtung eines Fördervereins für den Nationalpark vorschlug, der dann am 6. Oktober 1970 durch seine Initiative in Spiegelau gegründet wurde. *(Foto: Hans Bibelriether)*

6. Oktober 1995 zum 25jährigen Jubiläum des Vereins mit den Worten: *„Als Dank für Ihr unermüdliches Engagement möchte ich Ihnen unser Wappentier, den Bayerischen Löwen, überreichen. Er ist Symbol für Stärke und noble Haltung und er passt ausgezeichnet zu Ihnen."* Sein Lebenswerk zur Förderung der Nationalparkidee krönte Koenigs mit der Begründung der „Karl-Oskar Koenigs-Stiftung-Nationalparke" im Jahr 1997.

Förster können nicht alles

Das Nationalparkamt war im ersten Jahr nach seiner Gründung 1969 mit seinen drei Forstleuten hoffnungslos unterbesetzt. Die Ministerialforstabteilung wollte keine „Nichtfachleute". Ohnehin ging man davon aus, dass der Nationalpark – das ungeliebte Kind – schon nach wenigen Jahren das Zeitliche segnen würde. Da half der Verein.

Unter dem Erwartungsdruck der Öffentlichkeit, der vor allem durch Bernhard Grzimek und seine populären Fernsehsendungen in Zusammenhang mit der Gründung des Nationalparks entstand, musste rasch für seltene, gefährdete Tierarten im Park etwas geschehen. Dazu war die Fachkenntnis eines Zoologen unverzichtbar. Da die Ministerialforstabteilung eine Einstellung ablehnte, sprang der „Verein der Nationalpark-Freunde" (seit 2010 trägt er diesen Namen) ein und beschäftigte ab 1971 den Zoologen Dr. Wolfgang Scherzinger. Dessen Einsatz führte zu diversen Wiederansiedlungsprogrammen von Vogelarten, die früher im Bayerischen Wald heimisch gewesen waren. Bald konnten die ersten frei fliegenden Kolkraben im Park beobachtet und Bruterfolge von Habichtskauz und Uhu, Haselhühnern und Auerhühnern registriert werden. Schauvolieren für Sperlingskauz und Raufußkauz wurden auf Vereinskosten im Tierfreigelände gebaut, später auch ein Projekt zum Schutz des Fischotters finanziell unterstützt. Dieses Projekt reichte schon damals über die Grenzen des Bayerischen Waldes bis ins österreichische Mühlviertel. Ohne die personelle und finanzielle Unterstützung durch den „Verein der Nationalpark-Freunde“ wären diese Vorhaben in den Anfangsjahren undurchführbar gewesen.

Nicht nur ein Zoologe wurde engagiert und 16 Monate bezahlt, bis das Ministerium erlaubte, ihn als Angestellten des Nationalparkamtes weiter zu beschäftigen. Ähnlich lief es mit der Beschäftigung von zwei Pädagogen, um die Umweltbildung und Umwelterziehung voranzutreiben. Erst zahlte der Verein die Gehälter, dann als Erfolge vorzuweisen waren, wurden zwei staatlich finanzierte Planstellen bei der Nationalparkverwaltung geschaffen. Der Gymnasiallehrer Alois Zechmann entwickelte das erste, auf die Natur ausgerichtete Konzept „Projekttage für Schulklassen“ und setzte es in die Praxis um. So wurde der Nationalpark Bayerischer Wald deutschlandweit zum Vorreiter in Sachen Umweltbildung.

Auch die EDV-gestützte Datenbank, die Arbeit des Mathematikers Joan Selegean-Lehrer und der EDV-Spezialistin Freya Lang, finanzierte Jahre lang der Verein. Darin wurden nicht nur wichtige Informationen über die Naturausstattung, über die Pflanzen- und Tierwelt des Nationalparks gespeichert, sondern ebenso die gesammelten Daten unterschiedlichster praktischer Aufgabenfelder, vom Kartenbestand bis zur Fotodokumentation, aufbewahrt. Naturkundliche Feldforschung ist ein aufwendiges und teures Unterfangen. Der Verein finanzierte über Jahre ein gutes Dutzend Dissertationen und Diplomarbeiten zu wichtigen Themen.

Als sehr wichtig für die Entwicklung des Nationalparks erwiesen sich wissenschaftliche Gutachten. Die umfassende Analyse der Auswirkungen des Nationalparks auf den Tourismus in der Nationalpark-Region durch Professor Gerhard Kleinhenz von der Universität Passau war im Ergebnis äußerst hilfreich. Im Ministerium wurde es als „Gefälligkeitsgutachten“ bezeichnet, das den Anschein hätte, einer bestimmten Richtung dienen zu sollen. Minister Eisenmann nutzte es aber als entscheidendes Argument, die international gültigen

Nationalparkzielsetzungen bei der zweiten Zehnjahresplanung für die Zeit von 1983 bis 1992 durchzusetzen.

Zigtausend D-Mark wurden für umfangreiche Erhebungen zum Thema „Sanfter Tourismus – Urlaub am Nationalpark“ ausgegeben, die im Auftrag des Vereins vom „Studienkreis für Tourismus“ in Starnberg unter Herbert Hamele erarbeitet wurden. Als Mitarbeiterin auf Zeit wurde Christina Wibmer-Schmid eingestellt, die das Konzept „Igelbus-System“ entwickelte und realisierte (siehe Kapitel 13). Sie gab sich große Mühe, um die Nationalparkgemeinden zu einer besseren Zusammenarbeit miteinander zu veranlassen – eine äußerst schwierige Aufgabe, standen doch persönliche Ressentiments oftmals im Vordergrund. Nach Jahren kam es endlich zur Gründung des „Zweckverbandes der Nationalparkgemeinden“, der allerdings außer gemeinsamen Prospekten und das schließlich auf Drängen der Nationalparkverwaltung etablierte „Schaufenster der Region“ über viele Jahre nicht allzuviel zustande brachte.

Logo des „Verein der Freunde des ersten deutschen Nationalparks Bayerischer Wald e.V.“, später unbenannt in „Verein der Nationalpark-Freunde e.V.“.

Der Verein erbt ein Vermögen

Im März 1979 wurde ich zu einem Gespräch ins Ministerium bestellt, um das Dr. Niehaus aus Düsseldorf als Vertreter des Bankhauses „Trinkhaus und Burghardt“, gebeten hatte. Er teilte als Testamentsvollstrecker mit, dass Erblasser Wilhelm Richarz neben dem „Komitee gegen Vogelmord“, dem „Bund gegen Missbrauch der Tiere“ und weiteren vier Organisationen den „Gründungs- und Verwaltungsfonds (oder deren zwei) der ersten Nationalparke der Bundesrepublik Deutschland“ als Erben eingesetzt hätte. Allerdings, betonte Dr. Niehaus, habe Wilhelm Richarz keinesfalls vorgehabt, einer staatlichen Behörde Geld zu vermachen. Zum Ärger des Ministeriums wies ich darauf hin, dass es im Bayerischen Wald den „Verein der Nationalpark-Freunde“ gäbe. So wurde der Verein zum Erben von rund einer Million D-Mark. Dieses großzügige Erbe war mit die Grundlage, dass der Verein in den ersten 30 Jahren den Nationalpark mit über zwei Millionen D-Mark unterstützen konnte.

Starthilfe für das Hans-Eisenmann-Haus

1982 wurde das in seiner Konzeption damals in Deutschland einzigartige Informations- und Besucherzentrum des Nationalparks Bayerischer Wald eröffnet und 1988 nach dem 1987 verstorbenen bayerischen Landwirtschaftsminister in Hans-Eisenmann-Haus umbenannt. Doch auch hier fehlte es der Nationalparkverwaltung an Geld für qualifiziertes Personal zur Besucherbetreuung. Wieder half der „Verein der National-park-Freunde“ und richtete im Foyer einen Laden mit Informationsmaterial und nationalparkbezogenen Geschenkartikeln ein. Nicht zuletzt dank des Engagements und der Fachkenntnis von Marion Schneider wurde er gleichzeitig wichtige Anlaufstelle für die Besucher des Zentrums – auch für solche, die nichts kaufen wollten. Der Umsatz erreichte in Glanzzeiten mehrere hunderttausend D-Mark im Jahr.

In Verbindung mit wissenschaftlichen Forschungen und Fachgutachten gab der Verein eine ganze Reihe von Publikationen heraus, unter anderem auch in der Nationalpark-Schriftenreihe. Eine umfassende Dokumentation der Entstehungsgeschichte und Entwicklung des Nationalparks wurde in der Schrift „Eine Landschaft wird Nationalpark“ im Jahr 1983 publiziert und 1995 die 190-seitige Publikation „25 Jahre auf dem Weg zum Naturwald“ veröffentlicht. (Beide Schriften können beim Verein heute noch bezogen werden.)

Internationale Zusammenarbeit mit dem Europarat

Ende der 70er Jahre entwickelte sich parallel zum Aufbau des Nationalparks Bayerischer Wald eine lebhafte öffentliche Diskussion über die Errichtung weiterer Nationalparke. In vertraglicher Zusammenarbeit mit dem Europarat wurde 1985 bis 1987 eine mehrbändige Studie über potentielle Waldschutzgebiete beziehungsweise Waldnationalparke in Europa erarbeitet. Der Verein war für die Analyse der Möglichkeiten in Deutschland zuständig. Er engagierte dafür Gerhard Heiss, der eine gründliche, fachlich kompetente Untersuchung über potentielle Waldnationalparke in der Bundesrepublik Deutschland erarbeitete. Die Studie von Gerhard Heiss war unter anderem Auslöser für die Diskussion um die Errichtung eines Laubwald-Nationalparks in Hessen, des 2004 gegründeten Nationalparks Kellerwald-Edersee.

Der Aufenthalt von Fachleuten aus europäischen und überseeischen Nationalparken und Naturschutzorganisationen schon in den 70er Jahren wurde ebenso vom „Verein der Nationalpark-Freunde“ unterstützt wie Studienreisen von Mitarbeitern in Nationalparke in anderen Ländern, um von den dortigen Erfahrungen zu lernen. Dabei wurde immer deutlicher, dass Mitarbeiter der Nationalparkverwaltung Bayerischer Wald und anderer neu gegründeter Nationalparke ganz generell dringend fachlichen Erfahrungsaustausch brauchten. Dem Kuratoriumsvorsitzenden Karl-Oskar Koenigs und dem langjährigen Bezirkstagspräsidenten von Niederbayern, Karl Freiherr von Moreau, der nach dem Tod von Johann Riederer 1980 den Vorstandsvorsitz übernahm und den Verein bis 1992 souverän repräsentierte, lag dieser Aufgabenbereich besonders am Herzen. Ich selbst war seit der Vereinsgründung 1970 an der Arbeit in Vorstand und Kuratorium stets aktiv beteiligt, war seit 1984 Mitglied im Kuratorium und seit 1990 im Vorstand. Seit 1995 bis heute bin ich Vorsitzender des Vorstandes.

Im Jahr 1986 entschloss sich der Verein, die Errichtung einer hauptamtlich besetzten Geschäftsstelle der „Föderation der Natur- und Nationalparke Europas“ in Grafenau finanziell zu unterstützen. (In Kapitel 9 „Miteinander arbeiten – Voneinander lernen“ wird über die internationale Zusammenarbeit von Nationalparken ausführlich berichtet.) Nach dem Fall des „Eisernen Vorhangs“ Ende 1989 wurde kurzfristig eine Schwerpunktverlagerung der Arbeit des Vereins beschlossen, um die Umsetzung des Nationalparkprogramms der DDR und die dort geplanten Nationalparke zu unterstützen.

Vom Wert der kleinen Dinge

Für den Nationalpark Bayerischer Wald selbst war von Anbeginn auch die Förderung vieler kleiner Vorhaben von großer Bedeutung. Das fing bei der Gästebetreuung schon in den 70er Jahren an, ein Aufgabenbereich, der vor allem in den 90er Jahren mit dem zunehmenden Fachbesucherstrom aus Mittel- und Osteuropa eine immer größere Rolle spielte. Aber auch die nationalparkspezifische Fortbildung von Mitarbeitern, für die Ende der 70er Jahre die Mittel von der Ministerialforstverwaltung bewusst begrenzt wurden, konnte zumindest über eine Teilfinanzierung durch den Verein fortgeführt werden. Im Ausland von anderen lernen, eine neue Dimension der Nationalparkidee erfahren und sie vielleicht im Bayerischen Wald umsetzen zu wollen, dies war eben leider nicht im Sinne der Ministerialforstabteilung.

Weitere „kleine Dinge“ kamen hinzu. Als unter der Hand die ersten „Ranger“ – umgeschulte Waldarbeiter – Deutschlands, im Bayerischen Wald eingesetzt wurden, mangelte es zum Beispiel an einfachsten Dingen wie Skiausrüstungen und Bestimmungsbüchern. Der Umbau des für diese Mitarbeiter erforderlichen Gebäudes wurde mitfinanziert. Für das Gästehaus in Waldhäuser, in dem Praktikanten, Diplomanden und „Zivis“

untergebracht waren, wurden Einrichtungen gekauft. Mehrmals wurde ein internationaler Jugendaustausch finanziert. Von der ersten derartigen Aktion stammen die inzwischen immer wieder restaurierten Holzstege durch den Großen Filz bei Riedlhütte. Dass ohne Unterstützung durch den „Verein der Nationalpark-Freunde" weder internationale Fachtagungen im Bayerischen Wald noch die zahlreichen Vortragsveranstaltungen in den 90er Jahren vor Ort hätten organisiert werden können, geschweige denn ein angemessenes kulinarisches Angebot für die Gäste bei der Eröffnung der zahlreichen Kunstausstellungen im Hans-Eisenmann-Haus möglich gewesen wäre, sollte ebenfalls nicht vergessen werden. Ein anderes, recht teures Aufgabenfeld lag im Ankauf von Grundstücken. Auch hier war der Verein mehrfach aktiv, als Anfang der 90er Jahre der Nationalparkverwaltung der Ankauf von Grundstücken am Rande des Nationalparks untersagt wurde.

Auch die Funktion des Vereins als „Mittler" zwischen Sponsorenfirmen und der Nationalparkverwaltung sollte nicht vergessen werden. Ohne ihn hätten viele innovative Konzepte und Umweltbildungsprogramme keine Chance gehabt. Ein Beispiel ist das Projekt „Praktikum für die Umwelt" der Commerzbank. Nach langwierigen Verhandlungen, unterstützt durch das Vorstandsmitglied des Vereins, Götz Knappertsbusch, der damals Vorstandsmitglied der Commerzbank war, konnte 1990 das Projekt ins Leben gerufen werden. Im Bayerischen Wald kamen jährlich bis zu sechs Praktikanten zum Einsatz. Bis Mitte der 90er Jahre übernahm der „Verein der Nationalpark-Freunde" die vertraglichen Regelungen. Danach wurde das Projekt durch die EUROPARC-Geschäftsstelle auf zahlreiche weitere Nationalparke und Schutzgebiete erweitert, in denen bis heute jährlich 60 bis 70 Praktikanten unterwegs sind.

Links: Anfang der 70er Jahre finanzierte der „Verein der Nationalpark-Freunde" den Bau des Bärengeheges im Tierfreigelände bei Neuschönau. *(Foto: Hans Bibelriether)*

Rückblick und Ausblick

Der „Verein der Nationalpark-Freunde“ war in den zurückliegenden Jahrzehnten nie an öffentlicher Selbstdarstellung interessiert. Er wirkte im Hintergrund und im Stillen und war dabei umso effektiver. Schon 1972 bezog er Stellung gegen die von der Forstverwaltung geplante Minilösung für das Informationszentrum Hans-Eisenmann-Haus oder für die Zusammenlegung der Staatsforstämter und ihre Integration in die Nationalparkverwaltung oder gegen ein Hotelgroßprojekt unweit des Hans-Eisenmann-Hauses.

Heute haben seine Aufgaben und seine Arbeitsfelder längst die Grenzen des Nationalparks Bayerischer Wald und seines Vorfeldes überschritten. Deshalb die Namensänderung: vom „Verein der Freunde des ersten deutschen Nationalparks Bayerischer Wald“ zum „Verein der Nationalpark-Freunde“ im Jahr 2010. Seit 1974 fördert der Verein die Zeitschrift „Nationalpark“, die sich zur einzigen unabhängigen Stimme für Großschutzgebiete in Deutschland entwickelte. Im Jahr 1998 übernahm der Verein sie vom Morsak-Verlag in Grafenau, ebenso wie im Jahr 2000 die Zeitschrift „Schöner Bayerischer Wald“, die in vorbildlicher Weise das Bewusstsein der Werte der Kultur und der Natur dieser Region stärkt. Beide Zeitschriften bilden heute den Schwerpunkt der Vereinsarbeit. Hauptanliegen des Vereins ist es heute, den Beitrag der Nationalparke und anderer Wildnisschutzgebiete für den Schutz des europäischen Naturerbes sowie den Wert ursprünglicher Natur noch bekannter zu machen.

Karl-Oskar Koenigs hat mit seiner Initiative, 1970 einen Förderverein für den Nationalpark Bayerischer Wald zu gründen, eine Entwicklung angestoßen, deren Bedeutung damals noch nicht vorstellbar war. Das Beispiel hat Schule gemacht. Unser Förderverein wurde Vorbild für ähnliche Vereinsgründungen in den 16 bestehenden Nationalparken Deutschlands.

6 | DAS UNABHÄNGIGE SPRACHROHR

DIE ZEITSCHRIFT „NATIONALPARK" WIRD GEGRÜNDET

„Es gibt in der Bundesrepublik einen Wald, der steht mitnichten still und schweiget zu den vielfältigen Eingriffen einer auf wirtschaftlichen Nutzen programmierten Gesellschaft in seine Substanz. Er hat sich, zu allem anderen, nun noch in eigener Sache eine Zeitschrift zugelegt, die hier vorzustellen ich das Vergnügen habe: Besser kann man das Papier aus dem Holz der Bäume nicht nutzen.

Die Rede ist natürlich vom Bayerischen Wald, konkreter: vom Nationalpark Bayerischer Wald. Und wenn ich sagte, zu allem andern habe er sich eine eigene Zeitschrift zugelegt, so meine ich damit, dass noch mehr Neues aus diesem ökologischen Krähwinkel kam. Zu nennen sind zuvörderst Idee und Wirklichkeit eines ersten Nationalparks auf deutschem Boden. Wie unfertig er nach knapp vier Jahren Pionierarbeit noch ist, wie sehr noch immer dem ökonomischen Nutzungsdenken Interessierter unterworfen, das weiß niemand besser als die Handvoll junger Forstleute und Biologen, die ihn verwalten. Deshalb begibt sich das Redaktionskollegium mit dem noch schwachen Licht dieser Zeitschrift auf die Suche nach engagierten Gleichgesinnten, nach Menschen, denen Natur angeborenes, gelebtes Bedürfnis ist, nicht Ware."

(Horst Stern, Nationalpark Bayerischer Wald 1/74)

In Grafenau gab es, als der Nationalpark beschlossen wurde, den Morsak-Verlag, der vor allem Bücher und Schriften über den Bayerischen Wald herausgab. 1969 erschien dort ein erstes Buch von Hubert Weinzierl über den geplanten Nationalpark im Bayerischen Wald. In einem Gespräch im Herbst 1973 mit dem Eigentümer des Verlags, Erich Stecher, griff er unsere Idee auf, eine Spezial-Zeitschrift herauszugeben. Darin sollten

Titelseite der ersten Ausgabe der Zeitschrift „Nationalpark Bayerischer Wald“, 1974.

vor allem Fachleute umfassend über den Nationalpark berichten, über die natürliche Vielfalt seiner Lebensgemeinschaften, die dortigen Planungen und Einrichtungen und über die Probleme und Auseinandersetzungen bei seinem Aufbau. Die Idee dazu hatte sich in internen Gesprächen im Nationalparkamt entwickelt: Wir suchten nach einer Möglichkeit, über das alltäglich Neue, das im Nationalpark geschah, zu informieren. Dabei wollten wir die einheimische Bevölkerung in die Entwicklung einbeziehen ebenso wie die Besucher und die interessierte Öffentlichkeit in ganz Deutschland.

So erschien im Frühjahr 1974 die erste Ausgabe der neuen Zeitschrift unter dem Titel „Nationalpark Bayerischer Wald". Hubert Weinzierl war bereit, mit mir und Erich Stecher in der Redaktionsleitung mitzuarbeiten. Horst Stern, der damals wohl bekannteste Tierfilmer im Deutschen Fernsehen, mit dem wir vom Nationalparkamt seit dem „Hirschfilm", wie in Kapitel 3 berichtet, engen Kontakt hielten, unterstützte die Redaktion von Anfang an mit Kolumnen und Fachbeiträgen. Schon in Nummer 2/1974 erweiterten wir den Titel auf „Nationalpark Bayerischer Wald - Königssee". Denn die Diskussion um einen möglichen zweiten bayerischen Nationalpark im Berchtesgadener Land war gerade voll entbrannt. Als dann Ende der 70er Jahre auch ein Nationalpark im Wattenmeer zur Debatte stand, wurde der Titel abermals und diesmal endgültig zu „Nationalpark" geändert.

Mit der Zeitschrift erhielten wir die Möglichkeit, die Nationalparkthematik und die damit verbundenen Auseinandersetzungen bundesweit bekannt zu machen – ohne Kontrollmöglichkeit durch die Oberforstdirektion Regensburg oder das Ministerium in München. Von Anfang an lieferten engagierte Mitarbeiter des Nationalparkamts Aufsätze zu aktuellen Themen, aber auch positive und kritische Kurzmeldungen. Schon im ersten Heft wurde von Ulrich Wotschikowsky die Rotwildproblematik ausführlich dargestellt. Klaus Thiele analysierte das Thema „Betreten verboten" auf Teilflächen des Nationalparks. Es bestand die Gefahr, dass frei im Gelände umherstreifende Besucher, deren Zahl ständig wuchs, empfindliche Tierarten wie Auerhuhn und Haselhuhn vertreiben und in ihrem Bestand womöglich gefährden könnten.

Doch nicht nur die Gefährdung von Vogelarten wurde erläutert. Auch andere Gründe für das notwendige, aber umstrittene Wegegebot wurden aufgezeigt: *„Drei Schwammerlsucher machen eine gute Mahlzeit – dreihunderttausend Schwammerlsucher machen einen Wald zur Wüste.“* Diese Thematik wurde in den darauffolgenden Jahren immer wieder aufgegriffen, z.B. im Zusammenhang mit ungeregeltem Skilanglauf in den Hochlagen des Parks. Da Nationalparke nicht nur im Bayerischen Wald große Besuchermengen anzogen und anziehen, wurde es nötig, Betretungsverbote für Teilflächen zu erlassen. Durch die Zeitschrift „Nationalpark“ wurde dieses Thema schließlich in allen deutschen Nationalparken aktualisiert. So gelang es, Wegegebote schrittweise umzusetzen, die heute im Allgemeinen auch von Nationalparkbesuchern als notwendig anerkannt sind. Bereits ein Jahr nach dem Inkrafttreten des Betretungsverbots im Kerngebiet des Nationalparks Bayerischer Wald ergaben Besucherbefragungen, dass 94 Prozent der Besucher die Notwendigkeit der Wegegebotsregelung akzeptierten.

In den ersten Jahren war auch die Konfrontation zwischen Jagd und Naturschutz ständig aktuell. Immer wieder versuchten Jagdverbandsfunktionäre die Nationalparkverwaltung zum Schweigen zu bringen. Es gelang ihnen nicht. Der damalige Präsident des Landesjagdverbandes Bayern, Dr. Gerhard Frank, schrieb im Dezember 1981 an Minister Eisenmann, dass Verlag und Redaktion der Zeitschrift ihren Sitz am Ort der Nationalparkverwaltung hätten und deshalb eine enge Verbindung zu vermuten sei. Der Landesjagdverband Bayern sei nicht länger gewillt, massive Vorwürfe in einer *„dem Anschein nach offiziellen Zeitschrift einer Behörde“* hinzunehmen. Minister Eisenmann antwortete, dass *„unser Haus auf die Redaktion keinen Einfluss* *hat"* und *„im Rahmen des Grundrechts auf freie Meinungsäußerung Beamten nicht untersagt werden kann, sich an der öffentlichen Diskussion über Themen von allgemeiner Bedeutung zu beteiligen."* Wir konnten uns dank der schützenden Hand von Minister Eisenmann in „Nationalpark" gegen die zumeist unsachlichen Angriffe der Jagdverbände – sie bezeichneten z.B. die Wintergatter als „Todesgatter" – erfolgreich wehren.

Auch Politikern, die für das Thema Naturschutz zuständig waren, räumten wir in jedem Heft Platz für einen eigenen Beitrag ein. Der „Verein der Nationalpark-Freunde" spendete für alle Bayerischen Forstämter ein Abonnement. An der Thematik und über den Umgang mit Wald und Wild im Nationalpark interessierte Forstkollegen konnten so aus erster Hand erfahren, was im Bayerischen Wald geschah.

Neue Naturschutzaufgaben werden bekannt gemacht

Wer heute Beiträge nachliest, die in der Zeitschrift „Nationalpark" in den letzten Jahrzehnten veröffentlicht wurden, stellt fest, dass wichtige Themen und neue Aufgaben, die im Natur- und Landschaftsschutzbereich sichtbar wurden, in unserer Zeitschrift grundsätzlich und zielführend vorgestellt und diskutiert wurden. Entscheidende Änderungen und die Umsetzung neuer Ziele wurden angeschoben. Auch über politisch besonders brisante Themen wurde kritisch berichtet. Dies war auch deshalb möglich, weil die Redaktion und der Herausgeber niemals irgendwelche staatlichen Fördermittel erhielten, die auch Naturschutzverbände manchmal dazu veranlassen, zu politisch brisanten Themen inhaltlich entweder zurückhaltend oder gar nicht Stellung zu nehmen.

Die Besucher, die nach seiner Eröffnung 1970 in immer größerer Zahl in den Nationalpark Bayerischer Wald strömten, mussten betreut werden. Deshalb wurde in Deutschland im Bayerischen Wald 1972 der erste „Ranger" nach dem Vorbild der englischen und amerikanischen Nationalparke beschäftigt. Über

„Nationalpark" wurde es möglich, diesen neuen Beruf bundesweit bekannt zu machen und ihm zur Anerkennung zu verhelfen. Unsere Leser wurden zu möglichen Namen für diesen neuen Beruf befragt: „Parkwächter" – „Ranger" – „Hüter" – „Aufseher" ... Dass es heute einen „Bundesverband Naturwacht" in Deutschland gibt, hat seinen Ursprung im Bayerischen Wald.

Eine ebenfalls sehr wichtige Thematik, die über „Nationalpark" in die Öffentlichkeit gebracht wurde, war die Umweltbildung. Hierzulande wurden in den 70er Jahren zwar zunehmend Lehrpfade angelegt, aber Umweltbildung im umfassenden Sinn gab es noch nicht. So wurde 1975 das Thema „Environmental interpretation" nach amerikanischen Vorbild vorgestellt und in den darauffolgenden Jahren vor allem auch von Professor Wilfried Janssen verfasste, grundsätzliche Beiträge publiziert. Durch „Nationalpark" wurde die Umweltbildung deutschlandweit vorangebracht und regelmäßig über Aktivitäten der Umweltbildung im Nationalpark Bayerischer Wald, so z.B. wiederholt über neue Einrichtungen und die Angebote und deren Weiterentwicklung im Jugendwaldheim, berichtet.

Es gab in den 70er Jahren in Deutschland keine Zeitschrift, die über die Ziele und Aufgaben des Naturschutzes in Biotopen und Ökosystemen ausführlich informierte. Der Begriff Ökologie und dessen Inhalt war damals noch kaum im öffentlichen Bewusstsein vorhanden. „Nationalpark" veröffentlichte zu dieser Thematik regelmäßig gut lesbare und allgemein verständliche Aufsätze von bundesweit anerkannten Experten wie dem Wildbiologen Professor Dr. Wolf Schröder, dem Forstpolitiker Professor Dr. Richard Plochmann von der Uni München oder Professor Dr. Hermann Remmert aus Marburg, der damals einer der führenden Ökologen Deutschlands war.

Erstmals wurde auch der Begriff „Naturerbe", der zu der Zeit noch in keinem Lexikon zu finden war, über „Nationalpark" in die Öffentlichkeit gebracht. Selbstverständlich schützt ein Kulturvolk sein Kulturerbe. Dass der Schutz des Naturerbes aber ebenfalls eine Kulturaufgabe ist, war damals noch kein Thema. Natur hatte hierzulande bis in die 80er Jahre keinen eigenständigen Wert. Nicht genutzte Natur war „Unland“ oder „Ödland“, lästige Pflanzen oder Tiere „Unkraut“ oder „Ungeziefer“. Über

Redaktionssitzung 1976: v.l.: Richard Plochmann, Georg Meister, Horst Stern, Wolfgang Scherzinger, Erich Stecher.
(Foto: Hans Bibelriether)

„Nationalpark“ gelang es schrittweise, den Eigenwert der Natur, der heute auch in Gesetzen verankert ist, der Öffentlichkeit nahe zu bringen. Darüber hinaus wurden Fragen der „Umwelt-Ethik“ kompetent behandelt.

Das zentrale Thema für Nationalparke war und ist jedoch der Inhalt ihrer Naturschutzziele. Bereits 1977 wurde erstmals in einem Beitrag festgestellt, dass Natur sich in Nationalparken ungestört nach ihren eigenen Gesetzen entwickeln soll und es dort nicht um Artenschutz geht, sondern um den Schutz der natürlichen Entwicklung von Lebensgemeinschaften, um den Schutz der Evolution. Die weltweit anerkannten Kriterien für Nationalparke wurden auf der Grundlage der IUCN-Richtlinien von 1972 veröffentlicht. Dass zum zentralen Naturschutzziel in Waldnationalparken auch das „Liegenlassen“ von Windwürfen und das „Nichtbekämpfen“ von Borkenkäfern gehört, ist bis heute noch aktuell.

Neben Fachartikeln wurde in den Anfangsjahren in jedem Heft ein typisches, im Nationalpark heimisches Tier und eine Pflanze vorgestellt, und zwar im Zusammenhang mit dem jeweiligen Lebensraum. Dies war das eigentlich Neue. Modernes naturwissenschaftliches Denken in ökologischen Bezügen, also die Abwendung von einer isolierten Tier- und Pflanzenbetrachtung, war ja charakteristisch für die Arbeit im Park und damit auch Grundlage für die Beiträge in der neuen Zeitschrift. Außerdem wurden in jedem Heft positive Kurzmeldungen, aber auch negative Entwicklungen unter der Rubrik „Schattenseiten“ abgedruckt.

Ärger mit dem Ministerium war vorprogrammiert!

In Heft 1/1975 druckten wir einen Brief von Minister Eisenmann ab, in dem er schrieb: „ ... *Das ansprechende Heft ist – ebenso wie die ersten Folgen – eine gelungene Werbung und Information über die Nationalparkidee. Bei Ihrer weiteren Arbeit möchte ich Ihnen, allen Redaktionsmitgliedern und Mitarbeitern viel Erfolg wünschen.*“

Trotzdem versuchten Ministerialrat Baumgart aus München und Nationalparkverwaltungsleiter Vangerow aus Regensburg Druck auszuüben. Zum Beispiel in einem Gespräch am 11. April 1975 in München ging es um das zentrale Thema „Holznutzung im Nationalpark“. Auch Minister Eisenmann nahm daran teil. Baumgart und Vangerow sprachen am Schluss auch meine Mitarbeit in der Redaktion von „Nationalpark“ an. In Vangerows Gesprächsprotokoll ist nachzulesen, dass Minister Eisenmann äußerte: *„Die Zeitschrift „Nationalpark“ werde in der Öffentlichkeit zumindest als offiziöses Organ des Nationalparks betrachtet. Wegen der bisherigen Tendenzen dieser Zeitschrift stelle sich die Frage, wie sich die künftige Mitwirkung des Leiters des Nationalparkamtes in der Redaktion dieser Zeitschrift gestalten soll.*

Die Leitung dieses Amtes lasse sich nicht mit der Stellung eines Redakteurs einer Zeitschrift vereinbaren, die gegen den Staat polemisiert“ ... „Er hält es für selbstverständlich, die Arbeit der Nationalparkverwaltung positiv darzustellen. Die Zeitschrift soll jedoch den Gegnern des Nationalparks unter seiner gegenwärtigen Organisation keine zusätzliche Munition liefern. Er betonte, er halte nichts vom „Maulkorberlassen“, sondern baue auf das Verantwortungsbewusstsein.“ Die weitere offizielle Mitarbeit in der Redaktion wurde mir von der Ministerialforstabteilung nach diesem Gespräch untersagt.

Es gelang mir jedoch, Horst Stern ab Heft 4/1975 als Herausgeber zu gewinnen. Hubert Weinzierl übernahm die Redaktionsleitung. Damit hatte sich der Versuch des Ministeriums, Einfluss zu nehmen, erledigt. Gegen Horst Stern trauten sie sich nicht vorzugehen. In seiner ersten Kolumne als Herausgeber schrieb Horst Stern unter „Wir an Sie“: *„Es ist jetzt nahezu*

„NATIONALPARK ist die erste und einzige Naturschutz-Zeitschrift, die genau die Mitte hält zwischen Emotion und Wissenschaft: in den naturwissenschaftlichen Fakten zuverlässig, im Engagement für die bedrohte Natur unübertroffen. Dabei lesbar wie von Profis gemacht - ein Blatt, das nach wenigen Nummern schon Pflichtlektüre in grünen Kreisen ist“.

Horst Stern

Zitat von Horst Stern, aus der Zeitschrift „Nationalpark“.

zwei Jahre her, anders gesagt: acht Hefte der Zeitschrift „Nationalpark“, *dass ich ihr an dieser Stelle die Taufrede hielt. Keine sehr christliche, fürchte ich, denn sie gab zwischen den Zeilen zu verstehen, dass wir Naturschützer und Ökologen, von den Vermarktern der Natur auf die linke Wange geschlagen, künftig nicht auch noch die rechte hinhalten würden. ... Machte dieses*

Blatt in beamtlichem Wohlverhalten, beschränkte es sich darauf, mit krummem Buckel fleißig zu botanisieren, die Natur defensiv zu beschreiben, statt sie offensiv zu verteidigen, ihren Rückgang namenlos zu bejammern, statt ihn unter Nennung der Schuldigen zu einem Politikum zu machen – es ginge ihm wohl besser. Staat und Wirtschaft haben für verschlossene Lippen eine offenere Hand. ... Ich weiß nicht, ob es das im deutschen Blätterwald noch einmal gibt: schreibende Beamte mit dem Mut, wenn`s denn sein muss, auch mal nach oben statt immer nur nach unten zu treten; schreibende Wissenschaftler, die ihr Deutsch bis zur Lesbarkeit disziplinieren, und Journalisten, die nicht nach dem Honorar fragen ...“

In „Nationalpark“ wurde auch „Wildnis“ – bis dahin hierzulande ein absolut negativer Begriff – erstmals gegen Ende der 70er Jahre als wertvoller und schöner Zustand der Natur vorgestellt. Dass es dazu kam, dass heute Wildnisgebiete auch in Deutschland von der großen Mehrheit der Bürger gewünscht werden, daran war von Anfang an die Berichterstattung in „Nationalpark“ intensiv beteiligt.

Wie sich die Zeiten doch ändern können, zeigte sich im 20. Jahr nach der Gründung von „Nationalpark“. Im November 1993 beschwerte sich der Chef der Landesforstverwaltung Mecklenburg-Vorpommerns Schrötter beim Landwirtschaftsministerium in München wegen meines kritischen Beitrags über den Umgang mit dem Darß-Wald im Nationalpark Vorpommersche Boddenlandschaft: „Forstliches Denken von gestern in einem Nationalpark von heute“. Meine Antwort auf seine Beschwerde wurde vom Ministerium nicht nur akzeptiert, sondern es wurde mir sogar pro Monat eine zweistündige unentgeltliche Nebentätigkeit für die „wissenschaftliche Beratung“ der Redaktion der Zeitschrift „Nationalpark“ erlaubt. In einem Schreiben an die Ministerialforstabteilung vom 2. Februar 1994 hatte ich festgestellt, dass Mitarbeiter der Nationalparkverwaltung in unregelmäßigen Abständen zu bestimmten Themen Kurzbeiträge und

Fachaufsätze verfassen, bei denen es sich um eine schriftstellerische Tätigkeit handele, die nicht genehmigungspflichtig sei. Nach der Pensionierung von Ministerialrat Baumgart hatte im Ministerium Reinhold Erlbeck die Zuständigkeit für den Nationalpark übernommen und unterstützte zusammen mit meinem Studienkollegen Ministerialdirigent Steinle den Ausbau des Nationalparks aktiv und zielführend.

Wenn ich heute auf die Zeit des Anfangs zurückblicke, wird mir immer wieder klar, dass die Gründung der Zeitschrift „Nationalpark" 1974 in den schwierigen Jahren des Aufbaus des Nationalparks Bayerischer Wald ein ganz wichtiger Baustein war, um einen Paradigmenwechsel im Waldnaturschutz vom Arten- und Biotopschutz hin zum Zulassen der natürlichen Entwicklung von Wäldern ohne pflegende oder lenkende Eingriffe durchzusetzen. Aber auch in der Zeit nach der Wiedervereinigung hat „Nationalpark" in ganz Deutschland weiter wesentlich dazu beigetragen, aktuelle Naturschutzthemen bekannt zu machen und Projekte voranzubringen.

Im Jahr 2014 konnte die Zeitschrift „Nationalpark" ihren 40. Geburtstag feiern. In der Jubiläumsausgabe (4/2014) ist nachzulesen, was mit der Zeitschrift angeschoben und erreicht wurde. Seit über 25 Jahren leitet Eva Pongratz bereits die Redaktion. In ihrem Editorial zum 40jährigen Jubiläum ist die Bedeutung von „Nationalpark" zusammengefasst: *„Es gibt sie immer noch, die „kleine Zeitschrift mit der großen Wirkung", die der Nationalparkidee in Deutschland den Weg bereitete, die sich eingesetzt hat für die Neugründung von Nationalparken im deutschsprachigen Raum, die das Prinzip Natur Natur sein lassen propagierte, Naturerziehung in Deutschland hoffähig machte, den Einsatz von Rangern in Schutzgebieten einforderte und als eines der ersten Magazine für mehr Wildnis in Deutschland warb. Nach 40 Jahren geduldiger Bewusstseins- und engagierter Meinungsbildung, in denen auch ein Stück deutscher Naturschutzgeschichte abgebildet und kommentiert wurde,* *können wir stolz sein auf das gemeinsam Erreichte ... Mein persönlicher Rückblick fällt durchwegs positiv aus, bei aller Kritik und den gelegentlich auch persönlichen Anfeindungen aus verschiedensten Lagern. Den Anspruch es allen recht zu machen, haben wir, die „üblichen Verdächtigen“, jedenfalls zu keiner Zeit erhoben, unserer Linie im Naturschutz sind wir treu geblieben. ... Gegen die Zerstörung der Natur anzukämpfen und für das Zulassen ihrer natürlichen Dynamik zu streiten, ist allemal ein lohnendes Ziel, für das die Zeitschrift „Nationalpark“ auch in Zukunft aktiv arbeiten wird. Und so halten wir es mit unseren Kollegen im Steigerwald und dem italienischen Dichter Dante Alighieri: „Der eine wartet, dass die Zeit sich wandelt. Der andere packt sie kräftig an – und handelt!““*

7| EIN URWALD FÜR UNSERE KINDER UND KINDESKINDER

DER WINDWURF VON 1983 UND SEINE FOLGEN

Als ich Ende 1979 zum Leiter der Nationalparkverwaltung in Grafenau bestellt wurde, stand neben der Vorbereitung der 10-Jahres-Feier im Herbst 1980 die Erarbeitung von Unterlagen für einen Nationalparkplan für den Zeitraum von 1983 bis 1992 an. Wichtigster Teilbereich war ein „Waldpflegeplan", in dem der weitere Umgang mit dem Wald im Nationalpark festgelegt werden sollte. Als Grundlage dafür war eine zeitaufwendige detaillierte Zustandserfassung der Waldbestände und ihre ökologische Bewertung notwendig. Es musste festgelegt werden, ob und, wenn ja, welche Eingriffe in den einzelnen Waldabteilungen durchgeführt werden konnten oder sollten. Dabei musste auch die Sicherung der Holzversorgung der Sägewerke im Umland des Nationalparks berücksichtigt werden.

Die Vorbereitung und Koordination der Arbeiten für diese 10-Jahres-Planung wollten wir Dr. Klaus Thiele übertragen, der schon seit 1972 als Sachgebietsleiter für Bildung und Forschung, für die Dokumentation der Ökosysteme und die Koordination der Forschungsprojekte, sehr konstruktiv im Nationalpark gearbeitet hatte. Deshalb wollten ihn aber auch Ministerialdirektor Bauer und Ministerialrat Baumgart 1979 an die Forstliche Forschungsanstalt nach München versetzen, um von ihm ein Fachgutachten über die optimale Schalenwilddichte in den Bayerischen Staatsforsten erarbeiten zu lassen. Mit der Unterstützung von Minister Eisenmann gelang es, die Versetzung auf ein halbes Jahr Abordnung zu reduzieren. Die Vorbereitung und Ausarbeitung des neuen Nationalparkplans wäre ohne den Einsatz von Klaus Thiele nur begrenzt möglich gewesen.

In einem Gespräch im April 1980 mit Ministerialdirektor Bauer – er stand dem Nationalpark positiver gegenüber als sein Vorgänger Hermann Haagen – und Ministerialrat Baumgart gelang es, sie davon zu überzeugen, dass eine „integrierte Planung“ für den Nationalpark erstellt werden müsse, wobei der Teilbereich Waldpflegeplan für den Naturschutz der wichtigste Teil der Planung sei. Wir schlugen vor, dass bereits 1980 mit der Arbeit begonnen werden sollte. Dies wurde akzeptiert und es gelang zudem, das Ministerium davon zu überzeugen, dass für die Federführung der Gesamtplanung Professor Ulrich Ammer, seit 1970 Professor für Landschaftstechnik an der Universität München, gewonnen werden sollte.

Professor Ammer übernahm den Auftrag und sein Assistent Forstrat Dr. Hans Utschik wurde im Herbst 1980 nach Grafenau abgeordnet. In enger Zusammenarbeit mit der Nationalparkverwaltung erstellte er den Waldpflegeplan für den Zeitraum von 1983 bis 1992 als zentralem Teil der „Entwicklungsplanung Nationalpark Bayerischer Wald“. In präzisen Karten wurde der ökologische Wert der Waldbestände in neun Stufen dargestellt sowie ein Reservatsvorschlag erarbeitet. Im Entwicklungsplan wurde u. a. auch gefordert, in Reservatsgebieten die Forststraßen aufzulassen, die wir dann später renaturierten: Ein Wegegebot sollte umgesetzt und mit Ausnahme an angrenzende Privatwälder keine Forstschutzmaßnahmen mehr durchgeführt werden. In den zur Waldpflege vorgesehenen Waldbeständen sollte die Holzrückung durch Pferde wieder eingeführt werden, um die Böden vor Zerstörung durch Großmaschineneinsatz zu bewahren.

Am 22. März 1983 diskutierte der Fachbeirat die Planungsergebnisse, konnte sich jedoch nicht einigen, ob der „Waldpflegesatz“ für die nächsten zehn Jahre auf 30.000 Festmeter Holzeinschlag pro Jahr oder auf nur 25.000 Festmeter festgelegt werden sollte. In einer gemeinsamen Sitzung des Landwirtschafts- und Ernährungsausschusses und des Ausschusses für Landesentwicklung und Umweltfragen im Landtag im April wurde positiv zur Kenntnis genommen, dass sich in den ersten zehn Jahren im Nationalpark der Holzvorrat auf 338 Festmeter pro Hektar erhöht hatte. Im „Ammer-Gutachten" war festgestellt worden, dass der potentielle Vorrat allerdings bei 550 Festmeter pro Hektar liegen könnte.

Der Vorsitzende des Ausschusses für Landesentwicklung und Umweltfragen Alois Glück schlug vor, dass die Obergrenze des Holzeinschlages für die nächsten zehn Jahre nicht über 25.000 Festmeter pro Jahr liegen sollte. Dies würde auch ausreichen, um die örtlichen Sägewerke entsprechend zu versorgen. Insbesondere wies er darauf hin, dass das Staatliche Sägewerk in Spiegelau wirtschaftlich keine besondere Bedeutung mehr hätte und die dortigen Arbeitsplätze schrittweise in die Nationalparkverwaltung überführt werden könnten, was dann auch geschah. Der Abgeordnete Erwin Huber bezeichnete das Experiment „Nationalpark" als gelungen und empfahl die Reservatsflächen erheblich auszudehnen und die ökologisch wertvollen Flächen gänzlich aus jeder Bewirtschaftung zu nehmen. Auch er schlug eine Obergrenze von 25.000 Festmeter pro Jahr vor, die im Laufe der Jahre weiter abnehmen müsse. Davon überzeugt hatte ihn Regierungsdirektor Rolf Weber von der Regierung von Niederbayern in Landshut, mit dem ich seit Anfang der 70er Jahre eng zusammenarbeitete und der die Nationalparkidee voll unterstützte. In einem Brief an Ministerialdirektor Bauer schrieb er: *„Wir wollen die Bäume stehend an die Touristen und nicht als Bretter nach Nordrhein-Westfalen verkaufen."* Rolf Weber hatte auch, wie bereits erwähnt, ein Gutachten zum Thema „Fremdenverkehr und Nationalpark" von Professor Kleinhenz an der Universität Passau, mit finanzieller Unterstützung des „Verein der Nationalpark-Freunde" erarbeiten lassen. Darin wurde nachgewiesen, dass über den durch den Nationalpark angeschobenen Fremdenverkehr für die Region eine wesentlich höhere Wertschöpfung als über die Holzproduktion erreicht würde.

Im Nachgang zur Beiratssitzung und zur Diskussion im Bayerischen Landtag teilte die Ministerialforstabteilung der Nationalparkverwaltung am 19. Juli 1983 schriftlich mit, dass Minister Eisenmann den Waldpflegesatz für den Zeitraum bis 1992 auf 28.000 Festmeter pro Jahr festgesetzt hatte und dass Eingriffe in die ökologisch wertvollsten Bestände nicht mehr stattfinden dürften. Die Reservatsflächen wurden auf 6.400 Hektar festgelegt. Damit wurde nach zwölf Jahren die Hälfte des Nationalparks von der Holznutzung befreit. Nur zwölf Tage (!) nach dieser Entscheidung traf ein Gewittersturm den Nationalpark und riss großflächig Fichtenbestände zu Boden. Ein Zufall? Ein Glücksfall! Wäre das vor Abschluss der neuen 10-Jahres-Planung passiert, wäre es kaum dazu gekommen, die Hälfte der Parkfläche von jedem Eingriff freizustellen.

Gewittersturm am 1. August 1983

Als sich am Vormittag des 1. August 1983 turmhohe schwarze Gewitterwolken über dem bayerisch-böhmischen Grenzkamm zusammenballten, konnte noch niemand ahnen, dass dieser Tag für die Zukunft des Nationalparks von größter Bedeutung werden sollte. Innerhalb von nur einer Stunde warf der Sturm im Westteil des Nationalparks auf 87 Hektar rund 30.000 Festmeter Fichtenstammholz zu Boden. Davon lagen 64 Hektar in dem zwei Wochen zuvor ausgewiesenen nutzungsfreien Reservatsbereich. Die Flächengröße der Sturmwürfe betrug – vor allem auf den Nassböden der Talauen an der Straße von Spiegelau zum Rachelparkplatz – durchschnittlich vier bis fünf Hektar.

Nicht nur Förster, sondern auch Naturschützer waren damals davon überzeugt, dass man nur mit einer „aktiven Rückführung" naturnähere Ökosysteme schaffen könnte.

Rechts: Der Sturmwurf am 1. August 1983 riss rund 30.000 Festmeter Fichtenstammholz zu Boden.
(Foto: Hans Bibelriether)

Ministerialdirigent Josef Weining, der Waldbaureferent des Ministeriums, schrieb 1973: *„Wald ist ohne Pflege nicht begehbar und erlebbar“* und *„...viel weniger kann Wald ohne Pflege aufwärts entwickelt werden.“* Forstleute hatten konkrete Vorstellungen, wie naturnahe alte Waldbestände aussehen sollten, und versuchten, sie durch gezielte Eingriffe zu schaffen. Und auch in den Köpfen vieler Naturschützer existierten Bilder, wie ein Naturschutzgebiet aussehen sollte, damit bestimmte Pflanzen- und Tierarten dort geschützt werden könnten. Dass aber in der Natur nichts statisch ist, war den meisten Verantwortlichen nicht bewusst oder wurde schlichtweg ignoriert.

Wir, die wir für den Naturschutz im Nationalpark verantwortlich waren, waren von unserer Ausbildung her ebenfalls von solchen Vorstellungen geprägt und brauchten einige Jahre, um zu lernen, dass der Versuch, künstlich mehr wilde, ursprüngliche Natur zu schaffen, der falsche Weg ist. Als wir das erkannt hatten, haben wir im Nationalparkentwicklungsplan von Professor Haber 1976 den Satz untergebracht: *„Alle Naturkräfte sollen uneingeschränkt wirken können und die Abläufe der physikalischen, chemischen und biologischen Prozesse vom Menschen nicht beeinflusst werden.“* Im heute für den Naturschutz in Nationalparken uneingeschränkt anerkannten Leitsatz: *„Natur Natur sein lassen“* habe ich diese Erkenntnis zusammengefasst.

Die Erfahrungen und Beobachtungen in den ersten Jahren waren der Grund, weshalb wir uns in der Nationalparkverwaltung einig waren, dass eine Windwurfaufarbeitung in den neu ausgewiesenen Reservatsflächen mit den Naturschutzzielen des Nationalparks nicht zu vereinbaren sei. Denn zur natürlichen Waldentwicklung gehören auch Stürme, die zu einer Walderneuerung beitragen und die – wie ich es einmal formuliert habe – aus „instabilen Försterforsten stabile Naturwälder“ machen. Tatsache ist, dass bei liegengelassenen Windwürfen die Strukturvielfalt zunimmt. Die Wurzelteller bieten, wenn man sie nicht einebnet, neue Lebensräume mit im Wirtschaftswald nicht vorhandenen Strukturen. Insekten nutzen sie und einige Vogelarten brüten gerne im wirren Wurzelwerk. Die Lichtverhältnisse auf diesen Wurzeltellern sind ganz unterschiedlich. Löcher im Boden und Wassertümpel entstehen. Auf dem aufgerissenen Rohboden verläuft die Naturverjüngung anders als auf mit Moos oder Gras bedecktem Waldboden.

Die natürliche Baumartenmischung wird differenzierter und die Altersunterschiede werden größer. Letzteres liegt vor allem auch daran, dass zwischen den umgeworfenen Bäumen die vorhandene Naturverjüngung ungestört weiter wachsen kann, ohne durch Rehe oder Hirsche verbissen zu werden, die dort nicht hinein steigen können oder wollen. Hinzu kommt, dass das tote Holz als Biomasse im Wald liegen bleibt. In den Zerfallsphasen, die Jahrzehnte dauern, lebt dort eine Vielzahl von Tierarten. Heute ist nachgewiesen, dass 20 Prozent der Tierarten, die im Wald leben, direkt vom Totholz abhängig sind. Auch für viele Pilzarten ist vermoderndes totes Holz die Lebensgrundlage. Dass liegengelassene Windwürfe angrenzende Bestandsränder stabilisieren, haben wir ebenfalls beobachtet.

Natürlich setzte sofort eine massive öffentliche Diskussion ein und es wurde nicht nur von Sägewerken, sondern auch von Forstkollegen gefordert, dass die Windwürfe möglichst rasch aufgearbeitet werden müssten. Nur zwei Tage nach dem Sturmwurf bat ich in einem Rundschreiben die 24 Beamten und Angestellten der Nationalparkverwaltung, wenn sie angesprochen würden, mitzuteilen, dass mit der Aufarbeitung des Windwurfholzes zunächst außerhalb der Reservate begonnen würde. Ob und wie weit im Reservatsbereich die Windwürfe aufgearbeitet werden, würde in den nächsten Wochen entschieden. Besucher sollten darauf aufmerksam gemacht werden, dass einzelne Wanderwege derzeit nicht begehbar seien. Sperrschilder oder Umleitungen würden in den nächsten Tagen angebracht und die Besucher sollten Sturmwurfgebiete, sobald mit der Aufarbeitung begonnen würde, wegen der drohenden Gefahren meiden.

Entscheidung für die Zukunft

Minister Eisenmann besuchte zusammen mit Bürgermeistern, Vertretern des Nationalparkbeirates und Kommunalpolitikern Ende August den Nationalpark, um sich ein Bild von den Sturmwürfen zu machen. Wir führten die Besucher zunächst zu der Windwurffläche von 1972 an der Graupsäge (siehe Kapitel 4 „Zwei Schritte vor – ein Schritt zurück"). Dort wurde inzwischen offenkundig, von welch zentraler Bedeutung für die Zukunft des Nationalparks es war, dass wir damals gegen den Protest der Kollegen

Minister Eisenmann (links) besichtigte mit Bürgermeistern und Beiratsmitgliedern Windwurfflächen von 1972 und 1983 und entschied, dass die Windwürfe in den Naturzonen des Nationalparks liegen bleiben.

aus den Forstämtern durchsetzen konnten, dass etwa 30 sturmgeworfene Fichten liegen blieben. An der Graupsäge konnte man sehen, dass innerhalb von nur zehn Jahren ein differenzierter, abwechslungsreicher neuer Wald heranwuchs, wie ihn sich kaum jemand hätte vorstellen können (Abb. Seite 57). Der Hauptgrund dafür lag darin, um es nochmal zu betonen, dass durch das Nicht-Herausrücken des Stammholzes und das Liegenlassen der Baumkronen eine Zerstörung des Jungwuchses vermieden worden war. Minister Eisenmann war außerordentlich beeindruckt von diesem neu entstehenden Wald. Als wir dann an der Rachelstraße bereits ausgeräumte Windwurfflächen vom 1. August besichtigten, wo jedermann die Boden- und Jungwuchszerstörung sehen konnte, und anschließend dann im Reservatsgebiet liegengelassene Windwürfe aufsuchten, traf Minister Eisenmann die für die Zukunft des Nationalparks zentrale Entscheidung. Er sagte:

„Die Windwürfe bleiben liegen. Wir wollen hier einen Urwald für unsere Kinder und Kindeskinder.“

(Hans Eisenmann)

Das war für mich Anlass, nach seinem Tod im Jahr 1987 dem Ministerium vorzuschlagen, das Besucherzentrum in Neuschönau in „Hans-Eisenmann-Haus“ umzubenennen und eine Bronzetafel mit seinem damaligen Kernsatz anzubringen. Neben der Ehrung von Minister Eisenmann war ein weiterer Grund, damit auch zu verhindern, dass vielleicht einer seiner Nachfolger die Entscheidung, Windwürfe liegen zu lassen, wieder revidieren würde.

Das „Waldsterben“ - ein Zwischenereignis

Anfang der 70er Jahre begann die zunehmende Luftverschmutzung massive Schäden an der Natur, vor allem an Wäldern in Deutschland und Mitteleuropa hervorzurufen. Die besorgniserregende Situation fand jedoch zunächst keine Beachtung. Erst Ende der 70er und Anfang der 80er Jahre, als nicht nur im Erzgebirge und im Riesengebirge in der damaligen Tschechoslowakei großflächig Bergfichtenwälder abstarben, sondern auch im Fichtelgebirge und im Bayerischen Wald mehr und mehr Fichten und Tannen starben, wurde das „Waldsterben“ in den Medien aktuell. Auch Politiker begannen nun, sich mit der Problematik zu beschäftigen.

Im Bayerischen Wald hatten wir beobachtet, dass bereits im Frühjahr 1971 nach der Schneeschmelze massenweise Forellen – mit weißem Bauch nach oben – im Reschbach schwammen. Das waren erste Anzeichen einer katastrophalen Bedrohung des Nationalparks durch Luftverschmutzung und saure Niederschläge. Doch das war nur der Anfang. Es sollte noch schlimmer kommen. In einem Beitrag für die „Welt am Sonntag“ vom Juli 1983 berichteten Klaus Thiele und ich, dass zu dieser Zeit in den größeren Bächen des Nationalparks die Fische – Bachforelle und Mühlkoppe – bereits entweder ganz oder fast ganz verschwunden seien:

„Das Wasser der Quellbäche in den niederschlagsreichen Hochlagen erreichte selten PH-Werte über 5, die tödliche Grenze für Bachforellen. Im Jahr 1976 begannen die Tannen zu sterben. Sie verloren ihre älteren Nadeljahrgänge, bildeten zusätzliche Triebe am Stamm, sogenannte Wasserreiser aus und wurden immer schütterer. Das Tannensterben dauert bis heute (1983) an und bedroht eine ohnehin nur spärlich vorhandene Art in ihrem Bestand. Über 90 Prozent der Tannen zeigen deutliche Krankheitssymptome. Auch die Fichten begannen ab 1980 zu sterben. Wie die Tannen verloren sie zunächst die älteren Nadeljahrgänge, die Kronen wurden schütter und durchsichtig. Heute sind nach Infrarotaufnahmen 40 Prozent der Fichten im Nationalpark krank, an einzelnen Stellen auf mehreren hundert Hektar lösen sich flächenweise Fichtenbestände auf und sterben ab. … Durch die Umweltbelastung ist der Nationalpark extrem gefährdet: Die Böden versauern, die Nährstoffe werden aus dem Boden ausgewaschen. Das Bodenleben ändert sich – und damit die Kreisläufe der wichtigsten Nährelemente – Stickstoff und Phosphor.“ …

Wir schrieben abschließend:

„In Urwäldern werden die Tannen und Fichten über 400 Jahre alt, die Buchen bis zu 300 Jahre. Die Qualität so alter Bäume reicht aber offenbar nicht mehr aus, die schädlichen

Einflüsse zu neutralisieren: So gehen im Bayerischen Wald besonders die ältesten, die naturnahesten und im Sinne des Nationalparks die wertvollsten Bestände heute zu Grunde ... War es bei den anfänglichen Konflikten noch möglich die Probleme zu lösen, so ist dies bei dieser neuen, verheerenden Bedrohung nicht mehr möglich. Die Nationalparkverwaltung selbst kann nicht mehr helfen. Nur sofortige gesetzliche Maßnahmen können noch retten, was vom Park geblieben ist.“

Karikatur von Horst Haitzinger 1982 in der „Süddeutschen Zeitung“.

Tatsächlich erließ die damalige Bundesregierung dann auf zunehmenden Druck der Öffentlichkeit entsprechende Gesetze und das Waldsterben konnte Schritt für Schritt eingedämmt werden. Aber selbst heute leiden die Wälder in Deutschland noch unter von Menschen verursachten Belastungen. 1997 drehte Horst Stern im Nationalpark Bayerischer Wald für „Spiegel TV“ den Film „Bemerkungen über einen sterbenden Wald“, der die Folgen der Luftverschmutzung für die Fichtenhochlagenwälder im Nationalpark deutlich machte und zeigte, dass nicht nur der Borkenkäfer Ursache für das großflächige Sterben der alten Fichten war.

Die bundesweite Waldinventur stellte 2014 fest, dass sich der Waldzustand 2013 gegenüber dem Vorjahr nur geringfügig verbessert habe. Im Durchschnitt aller Baumarten betrug der Anteil von Bäumen mit deutlichen Schäden 23 Prozent. Das heißt, sie hatten einen Verlust von mehr als 25 Prozent der Nadeln oder Blätter in den Baumkronen. 2015 gab es kaum Veränderungen.

Tote Bäume – ein emotionales Problem

Im November 1984 riss ein Wintersturm im Ostteil des Nationalparks bei Finsterau unweit der tschechischen Grenze erneut mehrere tausend Fichten im Reservatsbereich im Bergfichtenwald zu Boden. Sie wurden dort selbstverständlich nicht mehr aufgearbeitet. Anders unmittelbar jenseits der Landesgrenze auf tschechischer Seite im militärischen Sperrgebiet. Dort entstanden durch die Aufarbeitung große Kahlflächen. Im Frühsommer 1985 lud ich den Bürgermeister und die Gemeinderäte aus Mauth und Finsterau zu einem Waldbegang in den Bergfichtenwald an der Grenze ein. Im Nationalpark standen auf den Windwurfflächen überall bereits junge Fichten, die nun Licht erhielten und weiterwachsen konnten. An der Grenze fragte ich die Gemeinderäte: *„Was gefällt Ihnen denn jetzt besser? Das da drüben bei den Tschechen, die ausgeräumten Kahlflächen, oder die liegengelassenen Windwürfe mit der Naturverjüngung im Nationalpark?“* Ich vergesse nie, dass einer der Gemeinderäte sagte: *„Des da drüb`n!“* Ich fragte ihn: *„Warum?“* und er antwortete: *„Weil des grün is!“* Und dann fügte er hinzu: *„Und Sie, Sie müssen keine Angst vorm Sterben hab`n, weil Sie sowas zulassen.“* Damit hatte er auf den Punkt gebracht, welche Einstellung zum Wald, welche Vorstellung von Wald die Waldler damals hatten und welche moralische Begründung für ihre Ablehnung, Bäume sterben zu lassen.

Die Ablehnung toter Bäume im deutschen Wald galt damals aber auch landauf, landab ganz generell. Nach meiner Einschätzung gab es kein Land weltweit, in dem der Wald damals so

„aufgeräumt“ wurde wie in Deutschland. Auf Reisen von Alaska bis Feuerland, von Australien bis China oder Afrika aber auch in Europa von Finnland bis in die Pyrenäen, in Polen, dem früheren Jugoslawien und selbst in England habe ich überall in Wäldern stehende und liegende tote Bäume gesehen. Die Menschen, die dort wohnten, störten tote Bäume nicht, das habe ich immer wieder in Gesprächen erfahren.

Haben wir Deutsche ein besonderes Verhältnis zum Wald? Obwohl in den 80er Jahren vor allem in Tschechien, im Erzgebirge und im Riesengebirge durch die Luftverschmutzung großflächig Waldbestände abstarben, wurde das Thema europaweit erst bekannt, als in Deutschland vom „Waldsterben“ gesprochen wurde. Das deutsche Wort „Waldsterben“ wurde sogar von den Franzosen für das Absterben von Bäumen durch die Schadstoffe in der Luft übernommen. Offenbar waren unsere Vorstellung und unsere Bilder vom Wald ausschließlich durch die Begegnungen mit Wirtschaftswäldern in unseren Kulturlandschaften geprägt. Das Wort „Wildnis“ war damals absolut negativ besetzt. Eine Landschaft und ein Wald mussten aufgeräumt sein. Dies hat sich in den letzten 20 Jahren verändert. Eine Erklärung könnte sein, dass heute die meisten unserer Mitbürger in Städten und Ballungszentren aufwachsen und keine Kindheitsprägung mehr durch die Kulturlandschaft haben, die ohnehin großräumig in eine Agrarindustrielandschaft umgewandelt wurde.

Im Jahr 2002 begleitete ich eine Studentengruppe aus Augsburg in den Nationalpark. Wir besuchten aufgeräumte Windwurfflächen und liegengelassene Windwurfflächen. Ich versuchte zu erklären, welch differenzierter Wald auf den liegengelassenen Windwurfflächen entsteht, und erzählte auch, dass das Totholz dort liegen bleiben müsste. Ich tat dies offensichtlich in einer Weise, die von den Studenten als „entschuldigend“ aufgefasst wurde. Es meldete sich einer und sagte zu mir: *„Sie entschuldigen sich für das liegengelassene Totholz. Uns stört das nicht.“*

In der 2014 erschienenen Dokumentation des Bundesministeriums für Umwelt- und Naturschutz „Naturbewusstsein 2013“ ist nachzulesen, dass inzwischen 65 Prozent der Befragten die Natur umso besser gefällt, je wilder sie ist. 79 Prozent wünschen sich mehr Wildnis, vor allem in den Wäldern. 30 Prozent meinen, dass tote Bäume und Totholz in die Wälder gehören, und nur ein Drittel meint heute noch, dass der Wald „ordentlich“ aussehen soll.

Die 1983 liegengelassenen Windwürfe waren jedoch nur eine Vorstufe für die Auseinandersetzung um die natürliche Entwicklung des Waldes im Nationalpark. Die Massenvermehrung und das Nichtbekämpfen der Borkenkäfer ab 1986 und die in den Folgejahren großflächig durch den Borkenkäfer abgetöteten Fichtenbestände im Nationalpark führten in den Auseinandersetzungen um dessen Zukunft zu einer völlig neuen Dimension.

8 | IST DER ROTHIRSCH WERTVOLLER ALS DER BORKENKÄFER?

DIE MASSENVERMEHRUNG DES BORKENKÄFERS UND IHRE FOLGEN

Das Jahr 1986 begann im Bayerischen Wald mit einem außerordentlich warmen und trockenem Frühjahr. Ein erster, nur ganz geringer Borkenkäferbefall war schon 1985 zu beobachten. Jetzt kam es schon zu Pfingsten Ende Mai/Anfang Juni zu Borkenkäfer-Massenvermehrungen an den Rändern der Windwürfe von 1983.

Nach dem Sturmwurf 1983 hatten wir den Forstzoologen Professor Vité von der forstlichen Fakultät der Universität Freiburg zu einer fachlichen Beratung eingeladen. In einem Gespräch sagte er uns, dass eine Massenvermehrung des Insekts zwei bis maximal drei Jahre andauern und dann wieder zusammenbrechen würde. Außerdem wies er darauf hin, dass wegen der niedrigen Temperaturen in den Hochlagen des Bayerischen Waldes oberhalb 800 bis 900 Meter eine Massenvermehrung nicht zu erwarten sei. Als in den 80er Jahren die Sommermonate immer heißer wurden – 1988 war das bis dahin wärmste Jahr des Jahrhunderts – schloss er die Massenvermehrung auch in den Fichtenwäldern der Hochlagen nicht mehr aus.

Und so kam es. Die Massenvermehrung begann 1986 in den Fichtenbeständen, die sowohl an die ausgeräumten als auch an die liegen gelassenen Windwurfflächen angrenzten, vor allem im Westteil des Nationalparks entlang der Gfällstraße zum Rachelparkplatz. Wir begannen dort, wo viele Einheimische und Gäste unterwegs waren, auf Flächen, die nicht zum 1983 festgelegten Reservatsgebiet gehörten, mit der Borkenkäferbekämpfung. Befallene Fichten wurden gefällt, entrindet und die Rinde verbrannt. Wir befürchteten, dass dann, wenn wir nicht bekämpften, die für die Reservate so mühsam erstrittenen Naturschutzregelungen wieder aufgehoben würden. Grundsätzlich wollten wir aber den Borkenkäfer nicht bekämpfen, weil uns inzwischen klar geworden war, dass es in einem Wald keine „Katastrophen“, sondern nur natürliche Entwicklungen gibt.

Der Nationalpark erhält das Europadiplom

Ein Glücksfall für unsere Naturschutzarbeit war, dass dem Nationalpark Bayerischer Wald vom Europarat im Juni 1986 das Europadiplom/Kategorie A verliehen wurde. Damit wurde er für fünf Jahre bis zum 18. Juni 1991 *„unter den Schutz des Europarates“* gestellt. In der „Resolution 18 zur Verleihung des Europadiploms“ ist nachzulesen:

„I. An die Verleihung werden folgende Bedingungen geknüpft, deren Missachtung zu einer Rücknahme des Diploms führt:

1. *Allmähliche Reduktion der genehmigten Höhe des Holzeinschlages um etwa 50% in den forstlich genutzten Gebieten, spätestens bei der Erstellung des nächsten 10-Jahresplans und Ausweitung der Reservatszonen im Verhältnis zur Einschränkung der Holzfällung.*
2. *Hierbei soll den Bergmischwäldern Vorrang eingeräumt werden; Zusammenführung der bestehenden Reservate mit den neu entstehenden Schutzzonen zu großen zusammenhängenden Waldschutzgebieten;*
   Verbot der Holzfällung, Jagd (Schusswaffengebrauch) und anderer Aktivitäten, die mit den Zielen eines strengen Naturschutz unvereinbar sind.
3. *Verbot des Einsatzes von Bioziden auf der gesamten Nationalpark-Fläche.“*

Die Verleihung des Europadiploms erfolgte gerade noch rechtzeitig, bevor die heftigen Auseinandersetzungen über die

Borkenkäferbekämpfung begannen und spielte dabei eine wichtige Rolle. In seiner Festrede anlässlich der Übergabe des Europadiploms am 24. Oktober 1986 in Grafenau erinnerte Minister Eisenmann in bewegenden Worten an die Verpflichtung, die der Freistaat Bayern mit der Gründung des Nationalparks eingegangen war:

Hans Eisenmann und Jean Pierre Ribaut mit der Europa-Diplom-Urkunde am 24. Oktober 1986.

„Mit der Verleihung des Europadiploms der Kategorie A hat der Nationalpark Bayerischer Wald die höchste und wertvollste Auszeichnung erhalten, die es in Europa für Leistungen im Bereich des Naturschutzes gibt. Ich freue mich, dass damit unsere Bemühungen, ein Waldgebiet von mehr als 13.000 Hektar uns und unseren Nachkommen als Urwald zu erhalten, international Anerkennung gefunden haben. Ich danke dem Europarat für diese hohe Auszeichnung. Sie ist gleichzeitig eine Verpflichtung für uns, auf dem eingeschlagenen Weg weiterzugehen. (...) Seit seiner Gründung vor über 16 Jahren wird konsequent das Ziel verfolgt, einen natürlichen Wald in seinen Urzustand

zurückzuführen und zu bewahren. Bei der Errichtung und beim Aufbau des Nationalparks erwies es sich als sehr günstig, dass der größte Teil seiner Fläche von 13.000 Hektar dem Freistaat Bayern – Staatsforstverwaltung – gehört. Trotzdem fiel die Entscheidung nicht einfach, auf die Holznutzung in diesen schönen und wertvollen Wäldern zu verzichten. Die Waldarbeit stellte ja für die ortsansässige Bevölkerung jahrzehntelang die Lebensgrundlage dar. Die Entscheidung, Bäume wachsen zu lassen, bis sie von selbst einmal umfallen, forderte ein hohes Maß an Verständnis. Als im August 1983 ein Sturm rund 30.000 Festmeter Holz auf den Boden geworfen hatte, ist auch mir die Zustimmung nicht leicht gefallen, dieses schöne und wertvolle Holz einfach liegen und verfaulen zu lassen. Ich bin davon überzeugt, dass diese Entscheidung richtig war. Wer einen Nationalpark will, muss auch dann konsequent sein, wenn es einmal schwer fällt." Und: „Im Nationalpark Bayerischer Wald wird ein Teil der Schöpfung um ihrer selbst willen erhalten. Unsere Mitbürger und künftigen Generationen haben hier die Möglichkeit, ursprüngliche Natur zu erleben."

Wird der Nationalpark überleben?

Wie es der Zufall so wollte, standen im Herbst 1986 Landtagswahlen in Bayern an und es war zu befürchten, dass der „Borkenkäfer" im Umfeld des Nationalparks zum Wahlkampfthema werden und der öffentliche Druck wachsen würde. Dass der damalige Ministerpräsident Franz Josef Strauß für die Erhaltung der Naturschutzziele im Nationalpark eintreten würde, war nicht zu erwarten. Ministerpräsident Strauß hatte Minister Eisenmann bereits massiv kritisiert, als dieser 1983 zugestimmt hatte, dass Windwürfe liegenbleiben durften. *„Den kann man ja nicht mal mehr im Bierzelt reden lassen"*, beurteilte Strauß seinen Minister. Es kam, wie es kommen musste: Die Borkenkäferbekämpfung wurde im Bayerischen Wald ein zentrales Thema und die Stimmung – nicht nur im Nationalparkvorfeld – kochte hoch!

Minister Eisenmann kam auf Ersuchen der Nationalparkgemeinden im September 1986 zu einer Aussprache nach Spiegelau. Auf seinen Wunsch nahm ich an der Diskussion in der Spiegelauer Sporthalle teil, obwohl die Bürgermeister mich nicht dabei haben wollten. Von den Vertretern der Gemeinden am Nationalpark wurde massiv die Bekämpfung des Borkenkäfers gefordert. Minister Eisenmann fragte mich, ob – (aber nicht wo!) – wir denn den Borkenkäfer bekämpfen würden. Ich sagte: *„Ja, wir bekämpfen ihn.“* An der Gfällstraße, dort, wo man viele befallene ältere Fichten sehen konnte, hatten wir ja schon im Juni, wie bereits erwähnt, mit der Bekämpfung begonnen. Minister Eisenmann erklärte dann, dass aber die entrindeten Stämme im Wald liegen bleiben sollten. Noch heute kann man am „Seelensteig“ an der höchsten Stelle einzelne, damals zur Borkenkäferbekämpfung entrindete Stämme liegen sehen.

Kritisch wurde die Situation, als Minister Eisenmann am 1. September 1987 unerwartet starb. Sein bisheriger Staatssekretär Simon Nüssel wurde neuer Landwirtschaftsminister. Bereits im Sommer 1987 hatte Nüssel auf einer Versammlung in Waldkirchen vor Bauern und Waldbesitzern gesagt, dass *„der Nationalpark nicht eingerichtet worden sei, damit der Borkenkäfer ihn auffresse.“* Die Ministerialforstverwaltung versuchte nun durchzusetzen, dass die Bekämpfung des Borkenkäfers auch im Reservatsbereich des Nationalparks stattfinden sollte. Es wurde eine Sondersitzung des Nationalparkbeirates einberufen.

Sie begann mit einer Fahrt nach St. Oswald. Ich werde nie vergessen, wie wir mit Minister Nüssel oberhalb von St. Oswald standen und über Siebenellen auf den Nationalpark blickten. Die Befallsflächen an der Gfällstraße im Westen konnte man von dort oben nicht sehen. An einer einzigen Stelle unterhalb des 1376 Meter hohen Plattenhauserriegels existierte ein größerer brauner Fleck, eine Windwurf- und Borkenkäferbefallsfläche. An diesem Tag waren kleine Wolken unterwegs und der Schatten einer Wolke fiel genau auf diese Fläche, die deshalb praktisch nicht zu erkennen war. In der anschließenden Sitzung engagierten sich Professor Wolfgang Schwenke und Professor Richard Plochmann von der Universität München nachdrücklich für die konsequente Umsetzung der Naturschutzziele im Nationalpark. Schwenke erinnerte daran, dass nach derzeitigem Wissensstand spätestens in zwei bis drei Jahren die Borkenkäfervermehrung auf natürliche Weise zusammenbrechen würde. Minister Nüssel entschied,

Karikatur von Horst Haitzinger, 1997.

Karikatur von Christian Schütze.

dass dieser Zeitraum noch abzuwarten sei und der Borkenkäfer im Reservatsbereich nicht bekämpft werden sollte. Tatsächlich trafen die Vorhersagen von Professor Schwenke ein. Im Jahr 1989 gab es im Westteil praktisch keinen Befall mehr. Lediglich im Ostteil, nördlich von Finsterau an der tschechischen Grenze, wo ein Sturmwurf im November 1984 seinen Schwerpunkt hatte, vermehrten sich die Borkenkäfer noch einmal stark und erst 1990 brach auch dort die Population zusammen.

„Der Nationalpark Bayerischer Wald ist mir in den 20 Jahren seines Bestehens regelrecht ans Herz gewachsen. Er zeigt insbesondere auch, welche Kräfte die Natur entfaltet und welches Maß und welche Schönheit ihr innewohnen, wenn sie der Mensch sich selbst überläßt und sie nicht einfach seinem Willen unterwirft. Dadurch hilft der Nationalpark dem Menschen, zugleich seine Grenzen zu erkennen und zu sich selbst zu finden.“

(Dr. Hans-Jochen Vogel, Vorsitzender der Sozialdemokratischen Bundestagsfraktion, 1990)

Eine Dokumentation durch Luftbildaufnahmen aus diesen Jahren zeigt, dass insgesamt nur knapp ein Prozent, also rund 110 Hektar der Nationalparkfläche, vom Borkenkäfer befallen worden waren. Der Totholzanteil im Nationalpark betrug rund 90.000 Festmeter, das waren nur zwei Prozent des Holzvorrats von grünen Bäumen im Park – ein winziger Anteil, wenn man sich vergegenwärtigt, dass der Totholzanteil in natürlichen Bergwäldern in der Regel zehn bis 20 Prozent beträgt.

Parallel zu den Diskussionen vor Ort engagierte sich der Fremdenverkehrsverband Ostbayern nachdrücklich für den Nationalpark und für das Zulassen natürlicher Entwicklungen in den Wäldern. Womöglich, so schlug der Verband vor, sei der Nationalpark beim Umweltministerium besser aufgehoben, wenn Landwirtschaftsminister Nüssel die Naturschutzziele in Frage stelle. Das aber wollte das Ministerium für Landwirtschaft und Forsten auf keinen Fall. Wie richtig diese Entscheidung war, zeigt sich heute bei einem Blick auf die tschechische Seite. Dort wurden die Windwürfe aufgearbeitet und der Borkenkäfer bekämpft, so dass große Kahlflächen entstanden, auf denen heute gleichaltrige junge Fichtenbestände wachsen, die in wenigen Jahrzehnten wieder von Stürmen und vom Borkenkäfer bedroht sind.

Im Juni 1989 war der Borkenkäfer erneut zentrales Thema der 20. Sitzung des Nationalpark-Fachbeirates. Im 53-seitigen Tonbandprotokoll dieser Sitzung sind viele interessante Äußerungen zu dieser Thematik nachzulesen. Die Sitzung im „Waldgeschichtlichen Museum" St. Oswald stellte im positiven Sinn die Weichen für die Weiterentwicklung des Nationalparks. Ministerialdirigent Adolf Zerle sagte in der Sitzung, dass *„man nicht damit gerechnet hat bei der letzten Planung, dass Bestände so schnell und so groß zusammenbrechen. ... Wenn man das gewusst hätte, dass der Ablauf so kommt, hätte man mit der Ausweisung der Reservatsflächen etwas vorsichtiger gehandelt."* Ich antwortete ihm: *„Wenn hier wie in einem Forstbetrieb gearbeitet würde, dann hätte der Wald etwa eine 130-jährige Umtriebszeit. Das würde bedeuten, dass auf der Gesamtfläche des Nationalparks von 13.000 Hektar pro Jahr ca. 100 Hektar verjüngt würden. In sechs Jahren zwischen 1980 und 1986 wären also 600 Hektar verjüngt worden." „Wir haben tatsächlich totes Holz nur auf insgesamt 189 Hektar in sechs Jahren, das sind 1,5 Prozent der Gesamtfläche. Von einer Gefährdung des Waldes kann in der heutigen Situation aus ökologischer Sicht überhaupt keine Rede sein. Es ist in Gang gekommen, dass die Natur aus den gleichförmigen Beständen, die durch die Forstwirtschaft gleichaltrig geworden sind, nun kleinflächenweise einen naturnäheren Wald entstehen lässt."*

Trockene, heiße Sommer – ideal für den Borkenkäfer

Im nächsten Jahr stand die Feier zum 20-jährigen Jubiläum des Nationalparks an. Bundesweit berichteten die Medien bereits über seine Entwicklung. In „Bild am Sonntag“ war zum Beispiel nachzulesen, dass die Wälder im Nationalpark wachsen, wie sie wollen, und dass dort ein Urwald entsteht. In der Beiratssitzung im Juni 1989 bekräftigte Wolfgang Schwenke erneut seine Prognose, dass im Westteil des Nationalparks in diesem Jahr die Borkenkäfer-Massenvermehrung zusammenbrechen würde und im Ostteil, wo die Entwicklung ein Jahr später begonnen hatte, dies dann 1990 der Fall sein würde.

„Das Lebendige soll leben können, nicht nur um der Nützlichkeit für den Menschen willen, sondern um der Fülle und der Schönheit der Schöpfung willen, einfach um zu leben und da zu sein.“

(Deutsche Katholische Bischofskonferenz 1980)

Er wies aber ausdrücklich darauf hin, dass sich die Situation inzwischen insofern verändert hätte, als *„wirklich säkulare Trockenperioden, die wir Anfang der 80er Jahre hatten, früher nicht vorhanden waren“* und die Folge sei, dass *„gerade die sehr flach wurzelnden, bezüglich der Feuchtigkeit sehr empfindlichen Fichten, deren Wasserhaushalt dort sehr gestört ist, wo die Trockenheit am stärksten ist, dies dann die für den Borkenkäfer disponierten Bäume sind.“*

Damit wurde erstmals auf die Klimaänderung und ihre Folgen im Nationalpark aufmerksam gemacht. Ich erinnere mich noch sehr gut daran, dass ich am 1. Mai 1970 mit meiner Frau auf Langlaufskiern im Klosterfilz bei Riedlhütte in den Tallagen am Südrand des Nationalparks unterwegs war. Wer kann sich das heute noch vorstellen? Seit Jahren gibt es um diese Jahreszeit dort keinen Schnee mehr. Ähnliche Erfahrungen machte ich auch nach dem Einzug in das alte, in 750 Metern Höhe stehende Forstamt in Spiegelau. Die 70er Jahre verlangten eine Plackerei schlimmster Art, um im Winter die 20 Meter lange Zufahrt zur Garage einigermaßen befahrbar zu halten und die Zufahrt auf die Straße frei zu schaufeln. Eineinhalb Meter Schnee, die sich im

Januar und Februar ansammelten, waren keine Seltenheit. Das änderte sich Ende der 80er und vor allem in den 90er Jahren rasant. Es regnete in Spiegelau dann regelmäßig auch in den ersten beiden Monaten jeden neuen Jahres. Das Schneeräumen hielt sich von da an in Grenzen.

In Waldhäuser hatte das Nationalparkamt Anfang der 70er Jahre eine Klimastation aufgebaut. Damals wurde registriert, dass es weniger als zehn sogenannte „Sommertage", Tage mit über 25 Grad Höchsttemperatur, gab, während ihre Zahl in den 80er Jahren bereits bis zu 25 betrug. Oben im Bergfichtenwald an der tschechischen Grenze lag damals in der Regel noch Ende Mai/ Anfang Juni eine geschlossene Schneedecke. Die gibt es nun schon seit Jahren nicht mehr. Am Winterweg zum Lusen kann man beobachten, dass Buchen heute ihre temperaturbedingte frühere Höhengrenze überschritten haben und wohl bald den Gipfel erreichen werden. Inzwischen wurde im Nationalpark zudem nachgewiesen, dass 57 Vogelarten ihre Verbreitungsgrenze im Schnitt um 160 Meter höher hinauf in Richtung Gipfel ausgedehnt haben. Auf Grund des Temperaturanstiegs durch den Klimawandel hat die Fichte in weiten Teilen unseres Landes wohl keine Zukunft mehr.

Tote Bäume zerstören das Bild der Heimat

In der Diskussion während der Beiratssitzung 1989 wurde deutlich, dass es vielen Teilnehmern weniger um die natürliche Entwicklung des Waldes im Nationalpark ging, sondern um deren Akzeptanz durch die Bevölkerung. Minister Nüssel meinte: *„Auf der anderen Seite möchte natürlich die Bevölkerung hier ihren Wald in dieser Kulturlandschaft. Er soll ein bestimmtes Bild haben und, wenn man zu viele braune Flächen sieht, dann ist dieses Bild natürlich geschädigt und das will man wahrscheinlich nicht sehen."*

Bürgermeister Leo Graf von der Gemeinde Mauth, zu der auch Finsterau gehört, erläuterte in der Beiratssitzung ausführlich die seiner Meinung nach stattfindende Zerstörung des Waldes um den Siebensteinkopf an der tschechischen Grenze:

„An der Reschbachklause steht eine verdorrte große Fichte, die anklagend für den Wald der Umgebung ihre dürren Äste nach oben reckt. Diese Fichte ist voriges Jahr noch gesund in ihrem grünen Kleid dort gestanden. Auf der Straße von der Reschbachklause zur Schwarzbachklause stehen alle 50 bis 100 Meter links und rechts ganze Gebiete mit 30, 40 und noch mehr Bäumen, die vom Käfer zerfressen, befallen sind und wo nur mehr die Gerippe nach oben schauen" ... „Unsere Bevölkerung, die seit 40 Jahren, vor allem die Männer, die bei uns ihre Häuser gebaut haben für ihre Familien, werden aber nie wieder bauen, wenn die Grundlagen der eigenen Heimat zunichte gemacht werden. Wenn der Wald stirbt, dann stirbt mit ihm meine Gemeinde. Und deshalb, und nur deshalb, Herr Staatsminister, ersuche ich Sie, hier irgendwie einzugreifen. Man kann das nicht einfach mehr dem Zufall überlassen, was aus diesem Wald nun wird. ... Was nutzen uns die Medaillen, was nutzen uns denn die Fremden, die Hamburger, die kommen, einmal, zweimal vielleicht fünf- oder zehnmal, aber die brauchen nicht hier leben. Wir müssen hier leben, unsere Heimat stirbt. Und wenn der Wald stirbt, ich sage es noch einmal, dann stirbt meine Gemeinde und nicht nur meine Gemeinde, sondern die ganzen anliegenden Gemeinden, die sterben einfach weg. ... Es muss eingegriffen werden und es muss dieser Käfer bekämpft werden und dazu, Herr Staatsminister, bitte ich Sie herzlich."

Landrat Franz Schumertl aus Freyung antwortete ihm und stellte fest, dass *„der Nationalpark von der Bevölkerung akzeptiert wird, das ist ganz klar. Was hier geschieht sind örtliche Sorgen."* (Schon bei der Festveranstaltung „15 Jahre Nationalpark" 1985 hatte Schumertl erklärt: *„Es lässt sich auch als Waldler gut mit dem Nationalpark leben."*) Minister Nüssel antwortete Bürgermeister Graf: *„Ich glaube, wir müssen uns da heute schon etwas auf der Ebene des Nationalparks unterhalten*

...Optik allein, das kann`s nicht sein. Ein Nationalpark ist keine Angelegenheit der Optik allein, das muss man einfach mal zur Kenntnis nehmen.“ Und: *„Dass mal an einem Gebäude ein dürrer Baum steht, das wird man im Nationalpark öfters noch sehen, nicht nur einen, wenn sich da ganze Bestände umbauen. Das müsst ihr akzeptieren und darauf müssen wir auch die Bürger aufmerksam machen. Ich muss das noch einmal ausdrücklich betonen, dazu ist der Nationalpark auch mit geschaffen worden.“* Tatsächlich führte diese Beiratssitzung zur Entscheidung, dass die Borkenkäferbekämpfung im Reservatsbereich nicht wieder angeordnet wurde. Festzuhalten ist auch, dass die massenhafte Vermehrung der Borkenkäfer und das großflächige Absterben alter Fichtenwälder im Kerngebiet 1987 keinerlei negative Auswirkung auf die Tourismuszahlen hatten.

„Besser der Borkenkäfer als die Motorsäge im Nationalpark.“

(Horst Stern)

1991 waren die Borkenkäferpopulationen im ganzen Nationalparkgebiet praktisch zusammengebrochen. Gerade dort, wo die größten Windwürfe am Boden lagen, vor allem in den unteren Hanglagen, wurden 1990 und 1991 nur noch wenige Käferbäume gefunden. Nur in den mit Schadstoffen belasteten Hochlagen-Fichtenwäldern war noch eine geringe Ausbreitungstendenz zu beobachten. Nach den Erfahrungen der Jahre 1986 bis 1990 wurde die Bekämpfung nun auf einen 500 Meter breiten Streifen zu angrenzenden Privatwäldern beschränkt, damit der Borkenkäfer sich nicht dorthin ausbreitet. Das hat sich als absolut ausreichend erwiesen. Denn über eine solche Entfernung fliegen nur wenige Borkenkäfer, so dass die Insekten es nicht schaffen, große Fichten umzubringen. Professor Wolfgang Schopf, Vorstand des „Lehrstuhls für Angewandte Zoologie“ der Universität München, stellte nach mehrjähriger Forschung 1995 sogar fest, dass es *„unnötig war, einen 500 Meter breiten*

Sicherheitsstreifen am Rand des Nationalparks abzugrenzen ... Jede Borkenkäfermassenvermehrung ist standortbürtig („hausgemacht").“ In der 1992 erlassenen Rechtsverordnung über den Nationalpark wurde dann der Prozessschutz, das heißt der Schutz der natürlichen Entwicklung des Waldes, als Naturschutzziel erstmals rechtlich festgelegt.

Ab 1995 entwickelte sich dann der Borkenkäferbefall nach den Stürmen „Vivian“ und „Wiebke“ vor allem als Folge extrem trockener und heißer Frühjahrs- und Sommermonate durch die Klimaerwärmung in einem damals noch nicht vorstellbarem Tempo und Ausmaß. Niemand hätte zu der Zeit ein Sterben der alten Fichtenwälder im Nationalpark bis zum Jahr 2012 auf mehreren tausend Hektar Fläche vorhersehen können. Blickte man in den letzten Jahren vom Vorfeld aus auf den Nationalpark, erschien er in den höheren Lagen großflächig braun. Die Mischwälder, in denen die Fichte nicht dominierte, blieben grün. Nur wenn so viele Borkenkäfer den Stamm einer Fichte anfliegen können, dass die aus den unter die Rinde gelegten Eiern ausgeschlüpften Larven die Wasserversorgungsbahnen von den Wurzeln in die Krone unterbrechen, sterben die alten Fichten ab. Das passiert Fichten nicht, die an Waldrändern stehen und tief beastet sind, so dass nicht genug Borkenkäfer die Stämme anfliegen können, oder in Naturwaldresten so einzeln wachsen, dass ebenfalls die Baumkronen tief herunterreichen. Aber auch einzeln im Bergmischwald stehende Fichten können vom Borkenkäfer nicht in ausreichender Zahl angeflogen werden und bleiben am Leben. Erst durch den landesweiten Anbau gleichaltriger Fichtenbestände seit Ende des 19. Jahrhunderts außerhalb ihres natürlichen Verbreitungsgebietes wurden für den Borkenkäfer landesweit Möglichkeiten zu großflächigen Massenvermehrungen geschaffen.

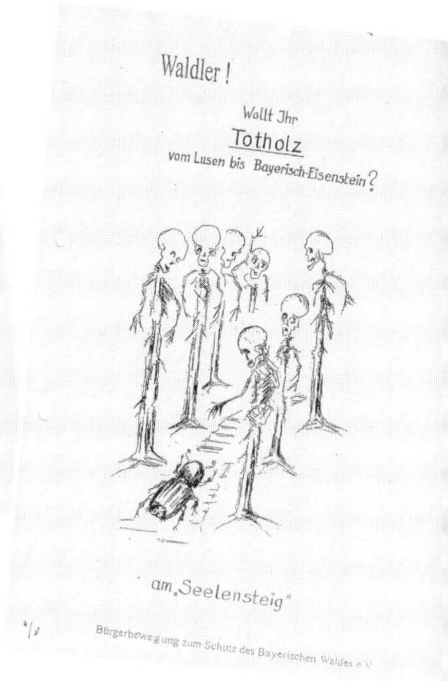

Flugblätter vom Verein
„Bürgerbewegung zum Schutz des Bayerischen Waldes e.V."
mit Karikaturen von Joachim Weller.

Die Kämpfe gehen weiter

Was wir ebenfalls nicht erwartet hatten war das Tempo, mit dem auf den von Borkenkäfern abgetöteten Flächen ein junger, vielfältiger und abwechslungsreicher neuer Wald heranwuchs. Schon nach zehn Jahren war dies zu erleben auf den Borkenkäferflächen der 80er Jahre, z.B. am Westhang des Lusen am Weg zu den „Blauen Säulen". Heute haben sich dort ehemals großflächig braune Waldbilder wieder in grüne gewandelt.

Als 1995 die Diskussion um die Erweiterung des Nationalparks begonnen hatte, besuchte 1996 der Umweltausschuss des Landtags den Nationalpark. Am Tag vorher ging ich den geplanten

Faschingsumzug 1996 in Neuschönau.

Begang auf dem Holzsteg in den Borkenkäferflächen unterhalb des Lusen noch einmal ab. Überall wuchsen schon Birken, Vogelbeeren, einzelne Bergahorne und kräftige junge Fichten und Tannen, geschützt durch stehendes und liegendes Totholz, der Sonne entgegen. Als wir am nächsten Tag mit den Abgeordneten dort eintrafen, waren entlang des Holzstegs Dutzende junger Bäume – vor allem junge Fichten – von Nationalparkgegnern ausgerissen und teilweise unter dem Steg versteckt worden. Man wollte beweisen, dass der Nationalpark den Wald zerstört!

Die Auseinandersetzung mit den Gegnern nahm eine neue, äußerst unerfreuliche Dimension an. Ich erhielt anonyme Morddrohungen und wurde als *„Totengräber des Bayerischen Waldes"* bezeichnet. Eine ältere Frau beschimpfte mich am Telefon: *„Sie züchten Borkenkäfer, Sie Schwein!"* und ein Freyunger Holzhändler sagte: *„Der Bibelriether ist ein nationales Unglück"*. Auf dem Faschingszug in Neuschönau wurde eine mit meinem Namen versehene Puppe mit einem Strick um den Hals, am *„letzten dürren Baum"* des Nationalparks aufgehängt.

Heute ist das alles Geschichte. Für die große Mehrzahl der Anwohner am Altpark um Rachel und Lusen ist die *„Zerstörung der Heimat"* kein Thema mehr. Sie sehen den Nationalpark und seine Entwicklung zum Urwald mehrheitlich positiv, sprechen von *„unserem Park"* und bekennen sich öffentlich dazu. Vor allem für die jüngere Generation sind tote Bäume kein Problem mehr.

Paradigmenwechsel im Naturschutz

Im Naturschutz in Deutschland dominierte in der ersten Hälfte des 20. Jahrhunderts der Artenschutz. Seltene, schöne Tier- und Pflanzenarten sollten erhalten werden. Der Naturschutz war generell durch eine statische Betrachtungsweise geprägt. Arten und Zustände sollten erhalten werden, bestimmte Landschaftselemente und Landschaftsbilder bis hin zur jahrhundertealten Wald-/Feldverteilung. Um Artenschutz erfolgreich betreiben zu können, wurde dann der Biotopschutz, das heißt der Schutz der Lebensräume gefährdeter Arten, entwickelt. Er wurde eine zentrale Aufgabe für den Naturschutz.

In Nationalparken ist dagegen der Schutz der Natur um ihrer selbst willen gefordert und nicht ein anthropozentrisches Denken, das oft nur ein Bild schützen möchte, das man sich von der Natur macht. Da Menschen, auch viele Naturschützer, unterschiedliche Wünsche und Vorstellungen haben, wie die Natur aussehen und was dazugehören soll, waren Konflikte immer wieder vorprogrammiert. Natürlich müssen einerseits zum Erhalt der Vielfalt der Arten, Biotope geschützt und auch gepflegt werden. Andererseits sind Nationalparke keine Spielwiesen für Biotoppfleger. In einem Nationalpark haben Rothirsche, Borkenkäfer und Kreuzottern das gleiche Lebensrecht. Schon Johann Wolfgang von Goethe sagte: *„Auch Flöhe und Wanzen gehören zum Ganzen"*.

Heute ist der Eigenwert der Natur in Deutschland gesetzlich festgeschrieben, seit 1994 in § 20a des Grundgesetzes verankert. Dies bedeutet, und darauf werde ich später noch ausführlicher eingehen, dass die Natur wenigstens auf ein paar Prozent der Fläche Deutschlands ihrer natürlichen Entwicklung überlassen bleibt. Hier darf der Mensch nicht eingreifen. Er muss die Natur Natur sein lassen.

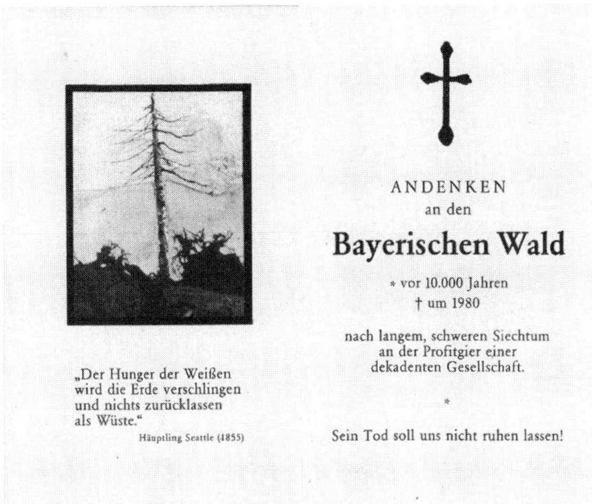

„Sterbebild“ für den Bayerischen Wald.

9| MITEINANDER ARBEITEN – VONEINANDER LERNEN

EIN NATIONALES UND INTERNATIONALES NETZWERK ENTSTEHT

Als wir am 2. November 1969 den Dienst im Nationalparkamt in Spiegelau antraten, hatten, wie bereits erwähnt, weder Georg Sperber, Hartmut Strunz noch ich selbst konkrete Vorstellungen davon, was für Aufgaben und Ziele wir in einem Nationalpark zu erfüllen hätten. Wir wussten noch nicht einmal, dass es die IUCN, die weltweit aktive „Internationale Union zum Schutz der Natur" gab. Was lag also näher als möglichst rasch zu anderen Nationalparken Kontakt aufzunehmen.

So besuchte ich schon Anfang 1970 den 38.000 Hektar großen, 1963 gegründeten Nationalpark Riesengebirge in der damaligen Tschechoslowakei. Wir pflegten dann jahrelang engen Erfahrungsaustausch mit dem dortigen Direktor Jirí Svoboda und seinen Mitarbeitern. Auch nach dessen Pensionierung traf ich mich noch öfter mit ihm und seinem Nachfolger Jan Stursa. Sie besuchten auch uns im Bayerischen Wald. Den 1914 gegründeten ältesten Nationalpark Mitteleuropas, den Schweizer Nationalpark, besuchte ich ebenfalls schon im ersten Jahr. Von meinem Kollegen Robert Schloeth erhielten wir viele wichtige Anregungen, bis er 1990 in den Ruhestand ging. Die Unterschiede im Umgang mit der Natur zu sehen, erweiterte rasch unseren Horizont. Im Schweizer Nationalpark waren die 1969 von der IUCN beschlossenen Empfehlungen für Nationalparke bereits voll umgesetzt. Im Riesengebirge dagegen bemühte sich Jirí Svoboda zwar unermüdlich, hatte aber mit massiven Widerständen der dort für den Wald zuständigen Forstbehörde zu kämpfen.

Bald erkannten wir, dass in Europa ganz unterschiedliche Gebiete als Nationalparke bezeichnet wurden. Ich erinnere mich daran, dass ich als Student in den Semesterferien 1952 und 1955 zweimal acht Wochen zum Erntedienst in England war. Ich verdiente mir Geld für mein Studium, fuhr per Anhalter bis nach Schottland und besuchte damals einige Nationalparke, in denen wertvolle Kulturlandschaften erhalten werden sollten. Eine ganz andere Erfahrung machte ich in Schweden, wo ich 1954 ebenfalls während der Semesterferien als Student, zusammen mit Kollegen aus anderen europäischen Ländern, sechs Wochen als Waldarbeiter schuftete. Wir besuchten einen benachbarten Nationalpark, in dem keinerlei Holznutzung stattfand. Allerdings wurde dort einmal pro Jahr, im Herbst, eine königliche Elchjagd organisiert und wir wurden als Treiber eingesetzt. Ich werde nie vergessen, wie ich ein großes Hochmoor durchqueren musste, Angst vor dem Versinken hatte und zum ersten Mal in meinem Leben zwei Elche in freier Wildbahn sah.

Den absoluten Höhepunkt erlebte ich 1973, als ich an dem vierwöchigen „Internationalen Seminar für Nationalparke und vergleichbare Schutzgebiete“ in den USA, Kanada und Mexiko teilnahm. Die Reise erweiterte mein Blickfeld ganz außerordentlich und war wohl auch der Auslöser, dass meine Frau und ich, soweit möglich auch mit unseren Kindern, immer wieder Nationalparke besucht haben, in Australien, in Südamerika, in Alaska, in Afrika, in Ostasien und in ganz Europa. Das Seminar in Amerika vermittelte, insbesondere was die Umweltbildung anging, wichtige Hinweise für unsere Arbeit im Bayerischen Wald. An den damals von der Universität Michigan organisierten, alljährlich stattfindenden Seminaren nahmen in den darauf folgenden Jahren auch einige Mitarbeiter der Nationalparkverwaltung teil.

Ein enger Kontakt entwickelte sich mit dem italienischen Nationalpark in den Abruzzen. Am 2. Mai 1975 wurde in L'Aquila von Minister Eisenmann und dem Präsidenten der Region Abruzzen Tancredi eine Patenschaft zwischen dem Nationalpark Bayerischer Wald und dem Nationalpark Abruzzen unterzeichnet.

Bei den gegenseitigen Besuchen und dem Erfahrungsaustausch erkannten wir ähnliche Probleme für beide Nationalparke, z. B. die Entwicklung des Massentourismus und seine Folgen. Die Patenschaftsvereinbarung nannte folgende Ziele für die Zusammenarbeit: Wissenschaft und Forschung; Bildung, Erziehung und Erholung; Austausch von Jugendgruppen und Praktikanten; Information der Öffentlichkeit. Wie bereits in Kapitel 3 erwähnt, unterstützten wir die Wiederansiedlung von Rotwild in den Abruzzen. Rotwild nach Italien umzusiedeln wurde in einem Leserbrief in der Zeitung „Bild“ als *„ungeheuerlich, haarsträubend, bestialisch, sadistisch …“* und: *„Wir sind Germanen und keine Romanen! Wir jagen waidgerecht!“*, kommentiert. Vom 14. bis 25. Mai 1978 besuchte die 9. Klasse der Freyunger Hauptschule als Gewinner des Malwettbewerbs mit dem Titel: „Was beeindruckt mich am Nationalpark Bayerischer Wald am meisten“, in den Pfingstferien die Abruzzen. Vom 10. bis 26. Juni waren dann 40 Schülerinnen und Schüler aus den Abruzzen im Jugendwaldheim zum Gegenbesuch im Bayerischen Wald.

Karikatur „Hirschtransport nach Italien“.

In der Jubiläumsausgabe der Zeitschrift „Nationalpark“ zum 10-jährigen Bestehen des Nationalparks Bayerischer Wald ist in einem Bericht von Gernot Stummer nachzulesen: *„Fast alljährlich können wir ausländische Stipendiaten begrüßen, die*

Enthüllung der Patenschafts-Tafel Nationalpark Bayerischer Wald und Nationalpark Abruzzen durch Minister Hans Eisenmann (rechts) und Minister Antonio Tancredi (links).

PATENSCHAFT

NATIONALPARKE
ABRUZZEN
BAYERISCHER WALD

Offizielles Patenschafts-Logo.

sich während eines in der Regel mehrwöchigen Aufenthaltes weiterbilden wollen. Bisher kamen die Stipendiaten aus Bangladesch, Kenia, den Philippinen, Algerien, Kamerun und dem Iran. Für 1980 erwarten wir Gäste aus den USA. Außerdem kamen zahlreiche Besucher und Besuchergruppen kurzzeitig aus dem Ausland, darunter auch aus fernen Ländern wie Japan und neuerdings sogar aus dem „Reich der Mitte", um sich eingehend über unseren Nationalpark zu informieren. Wertvolle neue Kontakte fachlicher, aber auch persönlicher Art werden dabei geknüpft."

Die inzwischen ebenfalls entstandenen engen Kontakte mit dem Nationalpark Plitvice im damaligen Jugoslawien und meinem Kollegen Josip Movcan führten dazu, dass wir gemeinsam deutsche und nach dem Ende der Herrschaft Titos slowenische, kroatische und mazedonische Nationalparke besuchten. Unvergesslich bleiben die „Dienstbesprechungen" mit unseren jugoslawischen Freunden in Plitvice. Was mit einem

Sliwowitz begann, endete oftmals mit einem phantastischen Grillabend, nicht selten in der Nähe von Braunbärvorkommen. Einmal ließ sich sogar einer der Bären blicken. Mit den Jahren verband unsere Familien eine besondere Freundschaft. Wir trafen uns in Spiegelau und in Jugoslawien, „Joschi“ ging mit meinen Kindern zum Fischen und unsere Frauen tauschten Rezepte aus. Noch heute schwärmt die ganze Familie von den „Kremschnitten“ und der Vorrat an exzellentem Sliwowitz ging in Spiegelau nie zu Ende.

Die „Föderation der Natur- und Nationalparke Europas“ führt Schutzgebiete zusammen

Der herausragende Hamburger Mäzen Alfred Töpfer, 1. Vorsitzender des „Verein Naturschutzpark“, der sich erfolgreich für die Rettung der Lüneburger Heide eingesetzt hatte und zum Vater der deutschen Naturparkbewegung wurde, gründete auf der Jahresversammlung des „Verein Naturschutzpark“ im Mai 1973 in Saarbrücken die „Föderation der Natur- und Nationalparke Europas“ (FNNPE). Ziel war es, den Austausch von Fachwissen und Erfahrungen zwischen Natur- und Nationalparken in Ost- und Westeuropa – damals trennte die Schutzgebiete noch der „Eiserne Vorhang“ – voranzubringen, die Schutzgebiete öffentlich bekannter zu machen und grenzüberschreitende Parke zu schaffen. Alfred Töpfer wurde Präsident der „FNNPE“, der Franzose Giacobbi Vizepräsident, der Belgier Egide Moreau Schatzmeister und Herbert Offner, Ministerialrat am Bundeslandwirtschaftsministerium in Bonn und Förderer der Naturparke in Deutschland, Generalsekretär. Die Kosten für die Teilnehmer aus osteuropäischen Ländern und die Tagungskosten vor Ort übernahm Alfred Töpfer. Im Laufe der Jahre hat er Millionen seines Privatvermögens in seine Vision investiert: den großräumigen Schutz europäischer Landschaften. Bundeslandwirtschaftsminister Josef Ertl nannte ihn einmal „Europäer der ersten Stunde“. Ich selbst nahm seit 1975 an den alljährlichen Versammlungen teil. 1979 wurde dann der Nationalpark Bayerischer Wald Mitglied in der Föderation.

Unsere Kontakte zu anderen Nationalparken führten schließlich dazu, dass 1978 begonnen wurde, internationale Fachtagungen auch im Bayerischen Wald durchzuführen. Im Mai 1979 fand das erste Kolloquium über Forschung in mitteleuropäischen Nationalparken statt. Im Juni 1979 dann ein zweites Kolloquium in Zusammenarbeit mit der „FNNPE" zur Thematik „Schutz der Tier- und Pflanzenwelt und ihrer natürlichen Lebensräume". 70 Fachleute aus 15 Ländern nahmen daran teil. Im Juni 1980 organisierten wir ein Kolloquium zum Thema „Natur erleben, Naturerkenntnis, naturkundliche Bildung in Nationalparken und vergleichbaren Schutzgebieten".

Auf der Jahrestagung der „FNNPE" 1980 in Sabaudia in Italien trat Alfred Töpfer mit 85 Jahren als Präsident zurück. Der französische Senator Giacobbi, bisheriger Vizepräsident, wollte neuer Präsident werden, erhielt aber keine Mehrheit. Zum Präsidenten gewählt wurde der Holländer Kuenen. Das führte zu einer Spaltung der Föderation. Mitglieder aus Frankreich, Portugal, Italien, Belgien und Luxemburg trennten sich von der Föderation. Für Deutschland, England, Irland, Holland, Österreich und osteuropäische Länder wurde die weitere Zusammenarbeit von Grafenau aus koordiniert.

Drei Jahre lang organisierte der Belgier Egide Moreau für die frankophonen Mitglieder Jahrestagungen, und ich schickte 1983 meinen französisch-sprechenden Mitarbeiter Reinhold Strobl, bezahlt vom „Verein der Nationalpark-Freunde", auf das Treffen nach Südfrankreich. Er beobachtete, dass Senator Giacobbi an den Zielen und Aufgaben von Schutzgebieten wenig interessiert war. Er wollte vor allem Präsident der „FNNPE" sein. Das veranlasste mich mit Egide Moreau Kontakt aufzunehmen und wir bereiteten zusammen mit Herbert Offner die Wiedervereinigung der Föderation vor. Sie wurde dann 1984, von

Mitgliedern aus ganz Europa einstimmig beschlossen, nachdem wir Senator Giacobbi als neuen Präsidenten vorgeschlagen hatten.

Grafenau wird Zentrum der europäischen Zusammenarbeit

Senator Giacobbi wurde zum Präsidenten gewählt und ich übernahm zunächst als Vizepräsident und dann als Generalsekretär die Geschäftsführung. Rasch wurde mir klar, dass ich als Leiter des Nationalparks Bayerischer Wald die europaweit anstehenden Aufgaben nicht zusätzlich bewältigen konnte. Mit finanzieller Unterstützung durch den „Verein der Nationalpark-Freunde" von insgesamt 72.000 D-Mark über drei Jahre – die „FNNPE" war ohne finanzielle Unterstützung durch Alfred Töpfer praktisch ständig pleite – wollten wir im Rathaus in Grafenau eine Geschäftsstelle einrichten, weil wir dort keine Miete zahlen mussten. Die Suche nach einem Geschäftsführer, der die offiziellen Föderationssprachen Englisch, Französisch und Deutsch spricht, über ein Inserat in der Süddeutschen Zeitung blieb ohne Ergebnis. Dies erzählte ich eines Abends meinem Freund Adalbert Pongratz, Redakteur des „Bayerwald-Boten", der Zwieseler Lokalausgabe der „Passauer Neuen Presse", und er meinte, vielleicht wäre dies eine Aufgabe, die seine Tochter Eva übernehmen könnte. Sie hatte Englisch und Französisch – auch in Frankreich – studiert. Wir stellten sie zum 1. November 1986 ein.

Schon in kurzer Zeit gelang es Eva Pongratz die Zusammenarbeit zwischen Großschutzgebieten in Europa auf Erfolgskurs zu bringen. Die Zahl der Mitgliedsorganisationen in der „EUROPARC Federation", wie die Vereinigung heute heißt, stieg von 50 im Jahr 1986 auf rund 400 in 39 Ländern Europas im Jahr 2007. Sie formulierte die Hauptaufgabe der Föderation mit dem Leitsatz „Miteinander arbeiten – Voneinander lernen", um Aufgaben und Probleme in europäischen Parken gemeinsam zu lösen. Mit Fördermitteln der EU wurde eine Inventur europäischer Großschutzgebiete durchgeführt. Die „Europäische Charta für nachhaltigen Tourismus in Schutzgebieten", ein Dokument, das diesen Aufgabenbereich als vorbildlich bestätigte, wurde nach der Festlegung von Standards erstmals 2001 an sieben Parke vergeben. Heute umfasst das Charta-Netzwerk über 100 Schutzgebiete. Eine ganze Reihe weiterer praxisbezogener Projekte wurde, ebenfalls mit finanzieller Unterstützung der EU aus Brüssel, in den darauf folgenden Jahren von Grafenau aus durchgeführt.

Eva Pongratz hat als Geschäftsführerin 1986 von Grafenau aus entscheidend zum Aufbau der in Europa führenden Dachorganisation der Großschutzgebiete beigetragen.
(Bild: Eva Pongratz mit Präsident Aitken Clark 1995)

Das vielleicht bedeutendste Projekt war „Grenzüberschreitende Parke im Einklang mit der Natur". Als in der Geschäftsstelle in Grafenau die Arbeit aufgenommen worden war, wurde eine Übersicht über die in Europa bestehenden Großschutzgebiete zusammengestellt. An vielen Ländergrenzen gab es bereits Naturparke und Nationalparke. An den Grenzen zwischen Spanien und Frankreich, Italien und Frankreich, Deutschland,

Luxemburg und Belgien, an der Grenze Polens zur damaligen Tschechoslowakei und zwischen Norwegen und Schweden. Es zeigte sich, dass die Zusammenarbeit so unterschiedlich war wie die einzelnen Länder selbst. Sie reichte von gegenseitiger schweigender Tolerierung bis hin zu konkretem, gegenseitigem Miteinander. Häufig waren diese abgelegenen Landstriche in früheren Zeiten Pufferzonen zwischen Volksstämmen, nicht selten auch Schauplätze von Grenzkonflikten gewesen.

Eva Pongratz erkannte, dass die Zeit überreif war, Naturlandschaften an Ländergrenzen als bindende, das gemeinsame Naturerbe bewahrende Gebiete aufzufassen. So wurde von Grafenau aus Mitte der 90er Jahre die Arbeitsgruppe „Grenzüberschreitende Parke – Im Einklang mit der Natur“ gegründet, in der Schutzgebietsexperten aus ost- und westeuropäischen Ländern zusammenarbeiteten. Ein objektives Bewertungssystem

Gemeinsamer Begang im Juli 1989 auf der deutsch-tschechischen Grenze von Persönlichkeiten, die sich für die Zusammenarbeit der Großschutzgebiete im Bayerischen Wald und Böhmerwald einsetzten.

zur Beurteilung von Qualität und Standards grenzüberschreitender Zusammenarbeit zwischen benachbarten Schutzgebieten wurde entwickelt und schließlich als Ergebnis eines zweitägigen Seminars im Nationalpark Thayatal in Österreich, der an den tschechischen Nationalpark Podyji angrenzt, einstimmig verabschiedet. In den folgenden Jahren wurde von „EUROPARC Federation" dann auf dieser Grundlage ein Zertifikat entwickelt, in einigen Pilotparken grenzüberschreitend getestet und nach umfassender Prüfung der Standards vor Ort erstmals am 10. Mai 2003 an die Nationalparke Neusiedlersee-Seewinkel in Österreich und Fertö-Hansag in Ungarn verliehen. Die Nationalparke Bayerischer Wald und Šumava erhielten das Zertifikat 2009. Auf dem Weltnationalpark-Kongress in Durban/Südafrika 2004 wurde das Projekt „Transfrontier Parks" vorgestellt und fand großen Anklang.

2007 beendete Eva Pongratz ihre Tätigkeit bei „EUROPARC Federation" und übernahm neben der Redaktionsleitung der Zeitschrift „Nationalpark", die sie schon seit 1989 inne hatte, nun auch die Redaktion der Zeitschrift „Schöner Bayerischer Wald", die der „Verein der Nationalpark-Freunde" dem Morsak-Verlag im Jahr 2002 abgekauft hatte. In einem Rückblick zum 40jährigen Jubiläum der „EUROPARC Federation" schrieb sie: *„Wenn es EUROPARC nicht gegeben hätte, hätte man es erfinden müssen. Das denke ich auch heute noch und bin stolz darauf, dass ich über 21 Jahre hinweg die Geschäftsstelle der europäischen Dachorganisation für Schutzgebiete aufbauen und als Geschäftsführerin bei der Entwicklung der Organisation in den Jahren 1986 bis 2007 mitwirken durfte. In 40 Jahren ist die „Föderation der Natur- und Nationalparke Europas" zur führenden Dachorganisation von Großschutzgebieten in Europa heran gereift. Sie gab den Nationalparken, Naturparken und Biosphärenreservaten eine Stimme, sie vernetzte die Schutzgebiete im besten Sinn und führte Menschen aus vielen verschiedenen Ländern Europas zusammen, die die gleichen Ideale,* *ähnliche Visionen und identische Ziele im Auge hatten. ... Durch die gemeinsame Arbeit, das gemeinsame Engagement, wuchs bei EUROPARC zusammen, was zusammengehörte.“*

Tafelsilber der Deutschen Einheit

Sofort nach dem Fall des „Eisernen Vorhangs“ im November 1989 wurde in der Noch-DDR ein Schutzgebietskonzept erarbeitet, in dem fünf Nationalparke geplant waren. Entscheidend dazu beigetragen haben die von Wolfgang Roth in der „Süddeutschen Zeitung“ als „Viererbande“ bezeichneten, schon in den 80er Jahren in der DDR sich für den Naturschutz engagierenden Ökologen Dr. Michael Succow, Dr. Hannes Knapp, Dr. Leberecht Jeschke und Dr. Matthias Freude. Michael Succow wurde im Januar 1990 stellvertretender Umweltminister der DDR. Er beauftragte Hannes Knapp mit der Organisation des Nationalparkprogramms, das schon im November 1989, ausgehend von der Bürgerinitiative „Müritz-Nationalpark“, beantragt worden war. Mitte Februar 1990 besuchte Hannes Knapp dann auf Empfehlung des WWF-Deutschland Vorsitzenden Carl-Albrecht von Treuenfels, der von Anfang an die Initiatoren des DDR-Nationalparkprogramms unterstützte, den Bayerischen Wald. Wir besprachen detailliert eine sachbezogene Strategie für das weitere Vorgehen in Sachen Nationalparkprogramm, die sich nach Einschätzung von Hannes Knapp als „entscheidende Weichenstellung“ erweisen sollte. Am 16. März 1990 wurde auf der letzten Sitzung des Ministerrats der DDR-Übergangsregierung die einstweilige Sicherung von insgesamt 24 großen Schutzgebieten beschlossen. Aufgrund dieses Beschlusses konnten in den Schutzgebieten Aufbauleitungen eingesetzt und bezahlt werden.

Im Mai 1990 kamen dann 22 im Schutzgebietsprogramm aktive „DDRler“ auf Einladung unseres „Verein der Nationalpark-Freunde“ für drei Tage in den Bayerischen Wald. Die Euphorie war groß. Es herrschte Aufbruchstimmung. Wir waren im Nationalpark unterwegs, diskutierten über die Zielsetzungen und verbrachten einen feucht-fröhlichen gemeinsamen Abend der Wiedervereinigung in der Stiegenhütte, den keiner wohl je vergessen wird! Daraus entwickelten sich dauerhafte Freundschaften, die bis heute Bestand haben. Hartmut Strunz, Hans Kiener, Michael Held und Klaus Thiele nahmen Urlaub und fuhren, wiederum finanziert vom „Verein der Nationalpark-Freunde", in die geplanten ostdeutschen Nationalparkgebiete. Vor Ort unterstützten sie mit ausführlichen Fachgutachten die Aufbaustäbe, die beauftragt waren, bis Ende 1990 konkrete Projektbeschreibungen und Abgrenzungsvorschläge auszuarbeiten. Ich selbst traf mich Anfang Mai 1990 das erste Mal auf der Insel Vilm in der Ostsee mit der „Vitererbande" und weiteren Schlüsselpersönlichkeiten des Schutzgebietsprogramms. In zahlreichen weiteren Gesprächen konnten wir sie davon überzeugen, dass die zentrale Naturschutzzielsetzung in Nationalparken der Schutz der natürlichen Entwicklung von Lebensgemeinschaften ist, in die nicht lenkend eingegriffen werden darf. Am 18. März 1990 gewann die CDU die ersten freien Volkskammerwahlen in der DDR. „Zwischen Hoffnung und Resignation" nannte Hannes Knapp die Zeit zwischen März und der Wiedervereinigung Anfang Oktober 1990 in seiner Dokumentation der Entstehung und Umsetzung des Nationalparkprogramms.

Doch die Hoffnungen der „Vitererbande" erfüllten sich. Ihr „Beutegut" war das Nationalparkprogramm, wie es Wolfgang Roth von der „Süddeutschen Zeitung" bezeichnete. In der letzten Sitzung des Ministerrats der DDR am 12. September 1990 wurde als letzter Tagesordnungspunkt eine Rechtsverordnung für die Errichtung von fünf Nationalparken, sechs Biosphärenreservaten und drei Naturparken beschlossen und dann am 20. September auch in den Einigungsvertrag übernommen.

Im Rückblick schrieb Hannes Knapp nach zehn Jahren: *„Der Nationalpark Bayerischer Wald ist „Geburtshelfer und Pate" des ostdeutschen Nationalparkprogramms. Ohne die* *zielorientierte und organisatorische Unterstützung aus dem Bayerischen Wald hätte das Nationalparkprogramm 1990 sehr wahrscheinlich nicht verabschiedet werden können.*" Der damalige Bundesumweltminister Klaus Töpfer bezeichnete das 1990 beschlossene Schutzgebietsprogramm als *„Tafelsilber der deutschen Einheit"*.

Stark sein durch Gemeinsamkeit

Die Beobachtung, wie unterschiedlich die deutschen Bundesländer die Errichtung von Nationalparken, Biosphärenreservaten und Naturparken betrieben, brachte uns auf die Idee, im Rahmen der „EUROPARC Federation", der Dachorganisation der Schutzgebiete in Europa, deren Generalsekretär ich damals war, auch eine Dachorganisation für die deutschen Großschutzgebiete einzurichten. So wurde im Februar 1991 im Waldgeschichtlichen Museum in St. Oswald im Bayerischen Wald auf Initiative der Geschäftsstelle in Grafenau „EUROPARC Deutschland" die erste nationale Sektion der „EUROPARC Federation" gegründet. Sie wurde eingetragen als gemeinnützig anerkannter Verein, dem als Mitglieder auch staatliche Behörden (!) verschiedener Bundesländer angehörten. Einen solchen „Verein" zu gründen, war sicherlich nur in der Umbruchphase der Wiedervereinigung möglich.

Die heillos unterbesetzte Geschäftsstelle der „EUROPARC Federation" in Grafenau unter der Leitung von Eva Pongratz wurde nun auch noch zum Zentrum der deutschlandweiten Arbeit für Nationalparke und Biosphärenreservate. Es gelang, einige Sponsoren aus der Wirtschaft hinzuzugewinnen, die in den darauf folgenden Jahren ganz unterschiedliche Projekte finanzierten. Um nur ein Beispiel zu nennen: Ein mit Unterstützung des „World Wide Fund For Nature" (WWF) in Angriff genommenes Projekt war auf die Einführung des Rangerberufs in deutschen Schutzgebieten ausgerichtet. Lediglich der Nationalpark Bayerischer Wald hatte zu dieser Zeit 14 hauptamtliche

Mitarbeiter als „Nationalparkwacht“ im Einsatz. Schritt für Schritt wurde in deutschen Großschutzgebieten der Rangerberuf eingeführt. Er wurde zum echten Erfolg.

Es entstand ein Netzwerk von Persönlichkeiten, die sich damals in der „EUROPARC Federation“ für die Schutzgebiete einsetzten. Sie engagierten sich für die Zusammenarbeit der Schutzgebietsleiter und leiteten positive Entwicklungen ein, ohne den leider allzu häufigen Profilierungsehrgeiz. Sie haben den Schutz des Naturerbes ein Stück vorangebracht.

1984 richtete der Vorstand der „EUROPARC Federation“ in der IUCN-Schutzgebietskommission eine Arbeitsgruppe für Nationalparke und Schutzgebiete in Westeuropa ein, als deren stellvertretender Vorsitzender ich bis 1994 aktiv war. Es wurden Richtlinien für das Management unterschiedlicher Schutzgebietstypen erarbeitet, die 1992 auf dem IV. Weltkongress für Nationalparke in Caracas in Venezuela vorgestellt wurden. In nächtelangen Diskussionen gelang es, sie als verbindliche Richtlinien für die einzelnen Schutzgebietstypen, vor allem auch für Nationalparke zu verabschieden. Die sechs Managementkategorien gelten inhaltlich kaum verändert bis heute. Für die Kategorie II (Nationalparke) beschloss die Mitgliederversammlung der „EUROPARC Federation“ im Sommer 1992 in Helsinki unter meinem Vorsitz eine Grundsatzerklärung. Sie stützte sich auf die Ergebnisse von Caracas und konstatiert:

„Die Natur hat sich seit Jahrmillionen unabhängig vom Menschen entwickelt. Auch heute kann sie ohne Pflege durch den Menschen existieren. In natürlichen Lebensgemeinschaften laufen ständig dynamische Prozesse ab.

Schutzgebiete der Kategorie II (Nationalparke) dienen vorrangig dem Schutz natürlicher Lebensgemeinschaften und damit dem Schutz natürlicher Prozesse. Deshalb ist die Nutzung der natürlichen Ressourcen durch Jagd, Forstwirtschaft, Wasserwirtschaft, Fischerei, Weidewirtschaft und anderes grundsätzlich nicht zulässig. Dies gilt für die weit überwiegende Fläche des Schutzgebietes.

In Gebieten, die seit Jahrhunderten genutzt werden, ist aus kulturellen und sozioökonomischen Gründen bis zur Einstellung der Nutzungen eine Übergangszeit zulässig.

In natürlichen Lebensgemeinschaften gibt es keine Katastrophen. Windwurf in Wäldern, Massenvermehrung von Insekten, Lawinen oder Brände sind ökologische Phänomene und erfordern keine Eingriffe, ausgenommen benachbarte Gebiete werden gefährdet.

Ausgerottete Tier- oder Pflanzenarten können nach sorgfältiger Prüfung des Einzelfalles dann, wenn sie nicht auf natürliche Weise zurückwandern, wiederangesiedelt werden.

In Schutzgebieten der Kategorie II sind nichtautochtone Arten unerwünscht. Maßnahmen zu ihrer Beseitigung sind im Einzelfall zu prüfen und sorgfältig die positiven und negativen Folgen abzuwägen.

In Europa soll ein Netzwerk großer Reservate geschaffen werden, das repräsentative Beispiele aller biogeographischen Regionen mit ihren typischen Ökosystemen umfasst.“

„EUROPARC Deutschland“ hat die in Caracas erarbeiteten Managementkategorien ins Deutsche übersetzt und veröffentlicht. Die Schrift ist auch heute noch für deutsche Nationalparke aktuell. Die „EUROPARC Federation“, in der ich im Lauf von 15 Jahren die Funktionen des Generalsekretärs (1984-1996) und Präsidenten (1996-1999) wahrgenommen hatte, wobei ich von 1991-1996 als Erster Vorsitzender zudem an der Spitze von „EUROPARC Deutschland“ stand, arbeitet auch heute noch von Regensburg aus als Dachorganisation für die Großschutzgebiete in Europa.

In den Anfangsjahren des 21. Jahrhunderts, in denen Eva Pongratz die Geschäfte immer noch von Grafenau aus führte, zeichnete sich bereits deutlich ab, dass die nationalen Interessen der großen Mitgliedsstaaten Deutschland, Italien, Spanien, Großbritannien und der Nordisch-Baltischen Staaten, in denen nationale Sektionen existierten, immer stärker in den Vordergrund traten und den Gedanken der grenzüberschreitenden europäischen Zusammenarbeit und der gegenseitigen Unterstützung, aus dem heraus die „EUROPARC Federation" einmal gegründet worden war, allmählich zu verdrängen drohten. Die Mitgliedsorganisationen in den kleineren Ländern Europas hatten immer weniger zu melden und die Geschäftsstelle der europäischen Dachorganisation musste schließlich bei der Beantragung von EU-Fördergeldern mit ihren eigenen nationalen Sektionen konkurrieren.

Heute denke ich, dass die Erosion, die die Europäische Union aktuell auf politischer Ebene erleben muss, auf der Ebene der Großschutzgebiete in Europa damals bereits spiegelbildlich vorweggenommen wurde. Der Zeitgeist des beginnenden 21. Jahrhunderts scheint von nationalen Egoismen geprägt zu sein, in den Verwaltungen der europäischen Großschutzgebiete ebenso wie in der großen Politik.

10 | LERNEN UND ERLEBEN MITEINANDER VERBINDEN

EIN INFORMATIONSZENTRUM WIRD GEBAUT

Auf unseren Vorschlag hin hatte sich der Nationalpark-Beirat schon am 15. Juni 1970 dafür ausgesprochen, bei Neuschönau das Tierfreigelände und ein Informationszentrum einander zugeordnet einzurichten. Dies wurde am 3. September vom Bayerischen Landtag beschlossen. Das Besucherzentrum sollte möglichst schnell schon 1971 errichtet werden können. Welche Aufgaben sollte nun ein solches Zentrum mit seinen Einrichtungen erfüllen? Die Besucher sollten sich hier nicht nur orientieren und informieren können. *„Sie sollen"*, wie es Forstrat Christoph Graf, der erste Leiter des Zentrums, einmal formulierte, *„neugierig gemacht werden auf die Natur draußen, sie sollen Appetit bekommen auf einen Waldspaziergang, auf eigenes Naturerleben, auf ein besseres Naturverständnis, das zu besserem Naturschutz führen soll."*

Es gab damals in Deutschland noch keine vergleichbare Einrichtung, an der wir uns hätten orientieren können, wohl aber in ausländischen Nationalparken, die ich besucht hatte. In meiner Vorstellung sollte dieser Besucherschwerpunkt als wichtiges Bildungsangebot im Nationalpark ziemlich groß sein. Auch deshalb, weil er bei schlechtem Wetter für die Besucher, vor allem auch für Kinder so interessant sein sollte, dass sie sich dort ein paar Stunden aufhalten könnten.

Es war klar, dass ein solches Zentrum nicht in einem Jahr fertig gestellt werden konnte. Deshalb beschlossen wir, mit Unterstützung des Grafenauer Landrats Karl Bayer zunächst ein kleines Ausstellungsgebäude am angrenzenden Parkplatz an der Kreuzstraße zu schaffen. Es sollte Besuchern erste Informationen über die natürliche Vielfalt des Waldes im Nationalpark vermitteln. Das Technische Hilfswerk Regensburg übernahm den Bau und bereits zu Ostern 1971 konnten wir das Blockhaus eröffnen. Dass dann erst zehn Jahre später, am 5. Juli 1982, das heutige Besucherzentrum Hans-Eisenmann-Haus eröffnet werden konnte, hätte damals niemand gedacht.

Wo soll es hin und wie soll es aussehen?

Eine kleine Bergkuppe am Nationalparkrand, nördlich von Neuschönau, hatten wir 1970 als zukünftigen Standort ausgesucht. Der Hügel lag nahe am Tierfreigelände und nahe an der Nationalparkstraße, so dass die Besucher günstige Anfahrtswege hätten. Auch von Grafenau über Neuschönau war der Standort an der Kreuzstraße gut erreichbar. Der dort liegende Sportplatz der Gemeinde Neuschönau sollte als Parkplatz hergerichtet werden. Die Waldbestände und auch die Bodenverhältnisse auf der Bergkuppe waren sehr abwechslungsreich. Es gab Felsen, mächtige alte Bäume und einen schönen Ausblick auf die reizvolle Kulturlandschaft.

Wir schlugen diesen Standort dem Vorsitzenden des Nationalpark-Zweckverbandes Karl Bayer vor und er stimmte dem zu, obwohl damals, auch wegen der zu erwartenden Gebietsreform, ein massiver Streit zwischen den Landkreisen Grafenau und Wolfstein schwelte. Der Landkreis Wolfstein im Gebiet östlich des Sagwassers, das seit dem 12. Jahrhundert dem Fürstbistum Passau gehörte und erst während der Säkularisation an Bayern überging, fühlte sich bei den Nationalparkplanungen benachteiligt. Ich konnte Hans Presl, den Leiter der Direktion für Tourismus im Landratsamt Wolfstein, für den Standort bei Neuschönau, der nur einen Kilometer von der Landkreisgrenze am Sagwassertal entfernt war, gewinnen, weil ich ihm das Projekt „Große Kanzel“ in „seinem“ Landkreis versprach. Über diese „Felswanderzone“ wird noch berichtet. Einen besseren Platz für das Nationalparkzentrum hätte es nicht gegeben. Das wird noch heute anerkannt. Das botanische und geologische Freigelände wurden angrenzend an das Zentrum gestaltet und auch der vor ein paar Jahren dort errichtete Baumwipfelpfad passt gut dazu.

Am 1. Dezember 1972 wurde ein Wettbewerb ausgeschrieben, an dem sich 32 Architekten beteiligten. In der Ausschreibung war vorgegeben, dass das Zentrum im Jahr bis zu 200.000 Besucher aufnehmen sollte und dass – würden die Besucherzahlen weiter zunehmen – ein Erweiterungsbau möglich sein musste. Am 3./4. Mai 1973 entschied das Preisgericht und vergab den ersten Preis an eine Architektengruppe aus Waldsassen. Deren Vorschlag war ein halbkreisförmiges, sehr attraktives Gebäude. Dennoch erschien es uns kaum möglich, mit diesem Bauwerk die Aufgaben eines Nationalparkhauses bestmöglich erfüllen zu können. Außerdem wurden die Baukosten auf zehn Millionen D-Mark veranschlagt.

Wir vom Nationalparkamt und die Regierung von Niederbayern sahen das Konzept des ersten Preisträgers deshalb sehr kritisch. Der mit dem zweiten Preis ausgezeichnete Entwurf gefiel uns besser. Er ähnelte einem niederbayerischen Vierseitbauernhof und passte besser in die Region. Unterstützt wurde unser Anliegen von der obersten Baubehörde, die diesen Vorschlag als deutlich wirtschaftlicher einstufte. Es dauerte Jahre, ehe schließlich die Entscheidung für den Holzbau durchgesetzt werden konnte, dessen Gestaltung vorrangig auf die zu erfüllenden Bildungsaufgaben ausgerichtet war. Am 2. November 1975 wurde der Empfänger des zweiten Preises von Minister Eisenmann mit der Planung beauftragt.

Doch der Baubeginn verzögerte sich weiter. Es gab Streit um eine notwendige Abwasserkläranlage und 1977 wurde der geplante Bau nochmals in Frage gestellt. Bürgermeister Georg Schmutzer von der Gemeinde St. Oswald versuchte Minister Eisenmann umzustimmen und schlug ihm vor, ein leerstehendes Schulgebäude in St. Oswald zum Informationszentrum umzubauen. Er argumentierte, dass seine Gemeinde im Vergleich zu den anderen Nationalparkgemeinden ständig benachteiligt würde. Das Forstamt dort sei aufgelöst und nach Grafenau verlegt worden, während Spiegelau, Neuschönau und Schönbrunn am Lusen bereits attraktive Einrichtungen erhalten hätten. Im Landwirtschaftsministerium machten sich dann Ministerialrat Kilian Baumgart und Ministerialrat Reinhold Erlbeck für den Standort St. Oswald stark und wollten die „Passauer Neue Presse" für einen unterstützenden Artikel gewinnen. Dazu kam, dass das Ministerium das Zentrum von Anfang an nicht in den Wald, sondern in eine der Ortschaften bauen lassen wollte.

Im „Grafenauer Anzeiger", der Lokalausgabe der „Passauer Neuen Presse", gab es wochenlang eine öffentliche Auseinandersetzung. Gerd Brunner vom „Grafenauer Anzeiger" schrieb im November 1977 in einem Kommentar: *„Es ist kaum zu glauben, aber wahr: Das in Neuschönau geplante Informationszentrum für den Nationalpark ist in Gefahr. Jetzt geht es nicht mehr darum, wo und in welcher Form es gebaut werden soll, sondern – man höre und staune – um Sein oder Nichtsein dieser Einrichtung. Allen Ernstes wird die Notwendigkeit dieses Informationszentrums bestritten – soweit hat man`s gebracht."* Hans Presl nannte die Verzögerung einen *„ausgesprochenen Skandal"*. Erst eine kategorische Ablehnung eines Standorts in St. Oswald durch die Regierung von Niederbayern und das Landratsamt Freyung-Grafenau, sowie durch örtliche Abgeordnete und Bürgerinitiativen der Nationalparkgemeinden, führten schließlich dazu, dass der Neuschönauer Standort für das Nationalparkzentrum endgültig festgelegt wurde. Im Mai 1978 konnte endlich mit dem Bau begonnen werden.

Die Gestaltung des Umgriffs

Den Bildungsauftrag für den Nationalpark hatten wir so verstanden, dass die Natur sowie Ausstellungen und Informationen über die Natur möglichst eng miteinander verbunden werden sollten. Dadurch sollte es für Besucher möglich sein, den Wald, die Felsen, Moore und Feuchtgebiete nicht nur erleben, sondern sie auch verstehen zu können. Wir hofften, über das Verstehen der Natur eine höhere Wertschätzung zu erreichen und über eine höhere Wertschätzung einen besseren Schutz.

So planten wir von Anfang an, dem Besucherzentrum ein botanisch-geologisches Freigelände zuzuordnen. Mit der Planung und der Gestaltung des Umgriffs wurde Michael Haug beauftragt. Er war bereits seit Januar 1970 Mitarbeiter im Nationalparkamt und erarbeitete dort gemeinsam mit Mitarbeitern des Nationalparkamtes den von Wolfgang Haber 1976 vorgelegten Landschaftsrahmenplan für den Nationalpark und das Vorfeld. Als Landschaftsplaner und Diplomgärtner brachte Michael Haug die Voraussetzung für diese Aufgabe mit. Er hat sie so hervorragend umgesetzt, dass Nationalparkbesuchern noch heute, über 40 Jahre später, im Freigelände am Hans-Eisenmann-Haus interessante und zugleich landschaftlich reizvolle Informationen und Erlebnismöglichkeiten geboten werden. Michael Haugs besonde Leistung ist das auf einem Hügel angelegte Hochmoor, das Besuchern die botanische Artenvielfalt dieses Biotops nahe bringt.

Schon 1972 wurde, nur rund 100 Meter vom geplanten Zentrum entfernt, an der Nationalparkstraße vom Landkreis-Zweckverband ein kleines Informationshaus errichtet. Dort konnten Besucher sich einen Überblick über die Tourismuseinrichtungen in der Region verschaffen und an einem Stehimbiss eine Kleinigkeit essen. 1983 wurde es wieder abgebaut und die Grafenauer Fremdenverkehrsgemeinschaft errichtete dort ein Nationalparkwirtshaus, dessen Baustil dem Nationalparkzentrum angepasst wurde. Die Parkplätze am Nationalparkhaus wurden waldschonend gestaltet und ein Übergang über die Nationalparkstraße zum Tierfreigelände geschaffen. Darüber gab es lange Zeit Streitigkeiten, bis endlich doch eine Druckampel mit einem Zebrastreifen angelegt werden konnte, eine Einrichtung, die eigentlich nur in Ortschaften oder Städten zulässig ist. Schon

1970 wurde überlegt, einen Holzsteg über die Straße zu bauen. Er war damals zu teuer.

Was wird den Besuchern geboten?

Die Inneneinrichtung des Informationszentrums sollten auf Wunsch des Landwirtschaftsministeriums die Bayerischen Staatlichen Sammlungen in Kooperation mit der Obersten Baubehörde übernehmen. Diese Unterstützung blieb jedoch aus und ein Jahr vor der geplanten Eröffnung wurde die Nationalparkverwaltung mit der Inneneinrichtung beauftragt. Dies war eine außerordentliche Herausforderung. Als Leitgedanken wählten wir nach intensiven internen Diskussionen in der Verwaltung den Satz „Wald erleben – Natur verstehen". Wir gründeten eine Kreativgruppe und ein Produktionsteam. In der Kreativgruppe arbeiteten auch externe Fachleute mit: Rudolf Schreiber, Spezialist für Öffentlichkeitsarbeit, Gerd Müller, ein erfahrener Ausstellungsgestalter, der Wildbiologe Prof. Wolf Schröder, der Umweltpädagoge Prof. Wilfried Janssen und Dr. Walter Madl, Biologielehrer am Gymnasium Vilshofen. Die Leitung beider Arbeitsgruppen übernahm Forstoberrat Klaus Thiele von der Nationalparkverwaltung. Vor allem seinem Einsatz ist es zu verdanken, dass unter massivem Zeitdruck ein wirklich vorbildliches Konzept realisiert werden konnte. Im Erdgeschoss wurden neben den Ausstellungsräumen Informationsmöglichkeiten für Besucher angeboten, z.B. eine Tonbildschau zum Thema „Wozu Nationalparke?" und ein Erlebnisraum für Familien mit Kindern. Im Obergeschoss gab es weitere Ausstellungsräume, dazu einen Filmsaal und eine Bücherei. Hauptthema der Dauerausstellung waren der Wald, der Wirtschaftsforst und der Urwald. Die ersten Wechselausstellungen widmeten wir den Themen „Tödlicher Regen" und „Wald und Rotwild". Es waren unsere Stellungnahmen zum „Waldsterben", das dramatische Dimensionen angenommen hatte, und zur Schalenwildfrage. Im Filmsaal wurde der Nationalpark in seiner natürlichen Vielfalt vorgestellt und in der

Bibliothek konnten sich die Besucher nicht nur informieren, sondern auch ausruhen. Weil wir es nicht schafften, alle Ausstellungsräume bis zur Eröffnung 1982 mit Fachthemen zu gestalten, organisierten wir auf Vorschlag von Ministerialrat Reinhold Erlbeck eine erste Kunstausstellung mit Werken von Künstlern aus dem Bayerischen Wald zum Thema „Künstler sehen den Nationalpark“. Diese „Notlösung“ entwickelte sich so positiv, dass bis heute Kunstausstellungen im „Hans-Eisenmann-Haus“ und im „Haus zur Wildnis“ im Erweiterungsgebiet gezeigt werden.

In seiner Festansprache am 5. Juli 1982 zur Eröffnung des Nationalparkhauses betonte Minister Hans Eisenmann, dass *„die Erholungs- und Bildungseinrichtungen des Nationalparks im Nationalparkhaus einen krönenden Abschluss finden. ... In diesem Haus wird das gezeigt, was man in der Natur nicht ohne weiteres sieht, was man aber wissen muss, um die Natur zu verstehen: etwa das verborgene Leben im Waldboden oder in den Kronen der Waldbäume weit über dem Erdboden ... Im Haus neugierig machen auf das, was man draußen erleben kann, und gleichzeitig die Kenntnis mitgeben, die man draußen für besseres Verständnis braucht, das ist – kurz zusammengefasst – das Anliegen des Hauses.“* 1984 erhielt der Bau ein Diplom der „Europa-nostra“, einem Verbund nicht-staatlicher Denkmalschutzorganisationen, für seine beispielhafte, an die Landschaft angepasste Architektur und Materialauswahl.

Die Besucherzahlen im Nationalpark nahmen nach der Wiedervereinigung und der Grenzöffnung nach Osten weiter zu, so dass in den 90er Jahren eine Erweiterung des Hauses anstand. Im Oktober 1996 war das Richtfest. Für 4,3 Millionen D-Mark wurde der Erweiterungsbau von der gleichen Architektengruppe in einem Jahr errichtet.

Nach zehn hart umkämpften Jahren wurde am 5. Juli 1982 das später in „Hans-Eisenmann-Haus“ umbenannte Besucherzentrum eröffnet.
(Foto: Hans Bibelriether)

11 | NATIONALPARKGEMEINDEN WERDEN UNTERSTÜTZT

EINRICHTUNGEN FÜR BESUCHER

Die Einrichtung des Nationalparks Bayerischer Wald sollte von Anfang an vor allem der Entwicklung des Tourismus in der abgelegenen Grenzregion am „Eisernen Vorhang“ dienen. Weil Professor Haber in seinem als Grundlage dienenden Gutachten jedoch einen Naturpark als Ziel vorsah, waren die Zielsetzungen für Naturparke aufgelistet, die bekanntlich vorrangig Kulturlandschaften für Touristen erschließen sollen. Solche Erschließungsmaßnahmen mit den strengen Naturschutzrichtlinien eines Nationalparks in Einklang zu bringen, stellte uns vor ungeahnte Herausforderungen. Die Bürgermeister, Landräte und Landtagsabgeordneten aus der Region hatten hohe Erwartungen und diese haben sich auch erfüllt. In der Kreisstadt Freyung stiegen die Übernachtungszahlen von 1969 bis 1974 von 30.000 auf 300.000, im Altlandkreis Grafenau von 600.000 auf 1,6 Millionen und in der Nationalparkgemeinde Neuschönau Anfang der 90er Jahre von 20.000 auf 160.000.

Nach dem „Haber-Gutachten“ sollten zwischen Rachel und Lusen, von Neuhütte bei Spiegelau bis Glashütte bei Mauth, mindestens fünf Tiergehege angelegt werden. Dass wir die Gehege dann schon 1970 in der „Gehegezone“ in einem abwechslungsreichen Waldgebiet bei Neuschönau zusammengelegt haben, verursachte einigen Ärger, weil jede Gemeinde ihr eigenes Tiergehege forderte. Wenn Landrat Karl Bayer in Grafenau unser Konzept nicht unterstützt und sogar den Bürgermeistern, die sich untereinander nur als Konkurrenten sahen, schließlich ihre Zustimmung abgerungen hätte, gäbe es heute bei Neuschönau nicht das beliebte Ausflugsziel „Tierfreigelände“ für alljährlich zigtausende Besucher. Dem Tierfreigelände zugeordnet wurde dann, wie bereits erwähnt, das erste Informationszentrum errichtet. Um weiteren Ärger mit den sich benachteiligt fühlenden Gemeinden von Spiegelau bis Mauth und Finsterau möglichst zu vermeiden, entwickelten wir Vorschläge für weitere attraktive Besuchereinrichtungen, über die noch berichtet wird. Das wichtigste Angebot war ein attraktives Wanderwegenetz.

Auf Wanderwegen der Natur begegnen, die Natur erleben und sie verstehen

Die markanten Berggipfel Rachel und Lusen im Nationalparkgebiet waren und sind an schönen Tagen beliebte Ausflugsziele. Dorthin war der Weg leicht zu finden. Für andere Gebiete galt das damals kaum, denn die Wanderwege waren weitgehend in einem miserablen Zustand. Sie waren weder gut markiert noch mit brauchbaren Wegweisern versehen. Wanderer mussten oft die Forststraßen benutzen und im Parkgebiet sogar bis zu 15 Kilometer auf öffentlichen Straßen gehen. Abzweigungen waren oft schwer zu erkennen. Viele Besucher fanden sich im Wald nicht zurecht.

Dass Hartmut Strunz vom ersten Tag an im Nationalparkamt mit dabei war, erwies sich als Glücksfall. In den ersten Monaten war er unermüdlich im Park unterwegs und hat alte Wälder, Felsregionen, Berggipfel, Moore und Bäche im Nationalpark inventarisiert. Seine Beobachtungen und Eindrücke legten die Grundlage für ein Konzept, das die Besucher an die natürliche Vielfalt des Nationalparks heranführen sollte. Neben Wanderlinien, die vom Rand des Nationalparks zum Beispiel auf den Rachel oder zum Lusen führten, wurden zahlreiche neue Rundwanderwege geplant. Bis 1974 wurden über 200 Kilometer (!) neue Wanderwege angelegt und vor allem auch gut markiert. Außerdem wurde ein 40 Kilometer langer Hauptwanderweg von Klingenbrunn-Bahnhof im Westen bis nach Finsterau im Osten des Nationalparks realisiert. Über 1.000 Wegweiser wurden aufgestellt und die Rundwanderwege jeweils mit einem

Tiersymbol, die Wanderlinien mit einem Pflanzensymbol gekennzeichnet.

Natürlich gab es Ärger mit Forstamtskollegen vor Ort. Besonders dort, wo neue Wanderwege durch Gebiete führten, in denen im Herbst die Hirschbrunft stattfindet. Die Förster fürchteten, ihr Jagderfolg und der ihrer Jagdgäste könnte durch Besucher gestört werden. Etwa im Herbst 1974, als Ministerialrat Kilian Baumgart einen Hirsch im Nationalpark schießen wollte.

An den öffentlichen Straßen im Nationalpark wurden über 20 Parkplätze und 30 Rastplätze für Wanderer angelegt und mit über 300 Bänken ausgestattet. Über 20 einfache Schutzhütten und 12 Toilettenhäuschen kamen hinzu. Wir beobachteten, dass die meisten Besucher sich nicht allzu weit von den Park- und Rastplätzen entfernten. Die Behauptung mancher Naturschützer, dass Massentourismus die Landschaft zerstören und die Natur schwer schädigen würde, gilt nur eingeschränkt. In vielen Fällen sind einzelne Touristen oder „selbsternannte Naturfreunde" viel gefährlicher, weil sie sich oft abseits der Wege bewegen, und zwar zu allen Jahreszeiten. Sie stören empfindliche, vom Aussterben bedrohte Tier- und vor allem Vogelarten viel stärker als Scharen von Touristen, die sich fest an beschilderte Routen halten und gewöhnlich nur Gebiete aufsuchen, die, entsprechend gut ausgestattet, ihnen angeboten werden.

Die Erfolgsgeschichte des Nationalparks in den Anfangsjahren war mit dieser „Waldmöblierung" verbunden. Die war aber nur möglich, weil einzelne engagierte Förster und handwerklich begabte Waldarbeiter die Ausstattung der Wanderwege, der Park- und Rastplätze mit Bänken, Tischen, Schutzhütten, Infotafeln, Markierungen und Wegweisern zu ihrer Sache machten. Schon 1970 entwickelte Revierförster Lothar Hopfner vom Forstamt Spiegelau in der Arbeiterhütte an der Grübenbrücke Schritt für Schritt eine Schnitzwerkstatt. Strom gab es dort nicht. Gas und ein Kanonenofen machten es möglich, dass drei Waldarbeiter dort auch im Winter die ersten Tische und Bänke herstellen konnten. Danach übernahm Revierförster Albert Dietz die Werkstatt. Ihm folgte am 1. Juli 1975 Revierförster Rainer Pöhlmann. Unter seiner Führung war dann auch der Wegebautrupp unterwegs, der für die Markierungen, die Wegweiser, das Mülleinsammeln und ganz allgemein für die Instandhaltung der Wege zuständig war.

1972 wird der Nationalpark für Besucher mit Einrichtungen ausgestattet. Wegweiser und Ruhebänke liegen zur Montage bereit.
(Foto: Hans Bibelriether)

In einem angemieteten alten Wohnhaus in Heinrichsbrunn bei Mauth richtete Rainer Pöhlmann eine „Schreinerwerkstatt" ein. Hier fertigten seine Mitarbeiter nicht nur Informationstafeln und Hinweisschilder, sondern später auch ganze Schutzhütten und WC-Anlagen in Blockbauweise. Das dazugehörige Holzlager befand sich einen Kilometer von der Schreinerei entfernt in einer leerstehenden Scheune. In der Schreinerei gab es keine Heizung. Wärme lieferte ein sogenannter Sägespanofen, der mitten im Raum stand. Rainer Pöhlmann wundert sich noch heute, dass weder Staublungen noch Brände zu verzeichnen waren.

Der Betriebshof in Altschönau entsteht

Klar war, dass, sobald wie möglich, eine zentrale Werkstätte errichtet werden musste, die den Sicherheits- und Arbeitsschutzbestimmungen entsprach. Es gelang uns, Altschönau als Standort durchzusetzen. In der dort aufgelösten Forstdienststelle am Rande des Tierfreigeländes existierte schon eine Einrichtung, in der Futtertiere gehalten und Futtervorräte gelagert wurden. Das Landbauamt Passau erteilte uns die Genehmigung, ein von Rainer Pöhlmann erarbeitetes Konzept zu verwirklichen und Schreinerei, Schnitzerei und Wegebautrupp ab 1981 unter einem Dach zu vereinigen. Die Fertigung erreichte einen so hohen Grad von Professionalität, dass auch die Mehrzahl der Einrichtungen für das „Hans-Eisenmann-Haus" dort entworfen und hergestellt werden konnten. Heute haben im Nationalparkzentrum Lusen in Altschönau 20 hochqualifizierte Fachkräfte einen sicheren Arbeitsplatz. Sie alle stammen aus der Region, was bei der einheimischen Bevölkerung zur Beliebtheit des Nationalparks beigetragen hat.

Rainer Pöhlmann war ab 1998 in der Verwaltung in Grafenau für die Öffentlichkeitsarbeit verantwortlich. Dort übernahm er auch die Gestaltung des Info-Magazins „Unser wilder Wald". Bis zu seinem Ruhestand im Jahr 2014 trug er jahrzehntelang engagiert und erfolgreich dazu bei, den Nationalpark aufzubauen und voranzubringen.

In den 80er Jahren nahm die Zahl der Rad- und Mountainbikefahrer stark zu. Auch auf Wanderwegen im Nationalpark. Viele waren sogar auf den Naturerlebnispfaden unterwegs. Mit Zustimmung der Randgemeinden markierten wir damals rund 60 Kilometer Forststraßen im Nationalpark – schon von den Ortschaften ausgehend – als Radwege, um die wichtigen Besuchereinrichtungen in Randbereichen des Nationalparks mit dem Fahrrad erreichen zu können.

Am 9. Oktober 1970 wurde von einem Waldler aus Mauth im Nationalpark-Eröffnungs-Bierzelt über die geplanten

Besuchereinrichtungen in der Nähe der einzelnen Gemeinden ein Gedicht vorgetragen:

„Endlich, endlich is soweit,
begonnen hat die neue Zeit,
für d`Jola-Säg und Neuschönau
ist seit 2 Tag der Himmel blau,
wenn`s auch hagelt, regnet und schneibt,
der blaue Himmel da, der bleibt.
Mit kohlschwarze Mercedes Karr`n
sand herkomme d `Minister-Scharn,
nur der erste, der hat gfehlt,
den hat`s derpreselt, hams erzählt …
Drauf hams dös Zelt o-gschaut, dö Herrn,
dass wiss`n, so und so solls wern,
dös Zentrum kommt nach Neuschönau,
dös andre ist in Spiegelau,
wui man beim Fressen sehn dö Hirschen,
muass man sich zum Rachel pirschen,
nach Grafenau wird a was kömma,
warum soin sich dö gar nix nehma,
dös werd dann gregelt im Fall des Falles,
denn dort sitzt Bayer, und dös sagt alles,
wenn Freyung auch nach etwas ruft,
dann kriagn dö dö guate Luft,
dö vom Lusen abawaht,
und schon sands z`frieden dann und stad,
denn als Nationalparkstreiter
bleim d`Freyunger stets Gastarbeiter …

Dagegen kriagt Schönbrunn was in sein Ranzl,
5 Wildsau kömman nauf auf Kanzl,
ein Murmeltier, dös oben wacht,
und alle Jahr a Maiandacht,

noch lang hams o`gschaut, dö große Kart`n,
als tatens noch auf etwas wart`n,
sie ham sich denkt, hams d`Mauth vergessen
oder hams dö Böhm schon gfress`n,
doch plötzlich sehns dann ganz am Rand
an Abfallkorb, an Buam der zahnt,
für was anders war koa Platz,
uns Mauthler frisst jedsmal dö Katz ...

Da Eisenmann hat an Park eingweiht,
hat gsagt iatzt habts ihn, liebe Leit,
d`Arbat dö müassts selber toa,
i mach dafür dö Forstleut kloa,
alls hat gjubelt, alls hat glacht,
da Grzimek hat an Scheck mitbracht,
hat den an Bibelriether g`schenkt,
und da Herr Doktor hat sich denkt,
dös ghert am Haug für d`Landschaftspflege,
fürn Rest kriagt d`Mauth s`Maulwurfsgehege,
und soll dann noch was übrig sei,
dann kauft er ganz was bsonders ei,
da kriagn dann d`Förster, weils g`wiss drauf wart`n,
vom Nationalparkamt a Beileidskart`n,
drauf steht, Kopf hoch, ihr meine Brüder,
es war einmal und kommt nie wieder.“

„Gehegezone“ und Felswandergebiet

Von Anfang an haben wir in der „Gehegezone“ versucht, den Besuchern nicht nur wie im Zoo ein paar eingesperrte Tiere zu zeigen, sondern ihnen die Waldnatur im Bayerischen Wald nahezubringen und Freude an ursprünglicher Natur zu wecken. Die mehrere Hektar großen Gehege, in denen die Wisente, Hirsche und Luchse von Aussichtskanzeln aus wie in freier Wildbahn beobachtet werden konnten, wurden auch zur bundesweit attraktiven Einrichtung für Wildtierfotografen, die dort vor allem „wilde“ Luchse und Wölfe fotografierten. In den 70er Jahren konnten wir mit Hilfe von Sponsoren und gegen den Willen der Ministerialforstabteilung noch mehr große Gehege für weitere Tierarten einrichten. Ministerialrat Kilian Baumgart hatte 1972 noch den Bau eines Wildschweingeheges abgelehnt. Der „Verein der Nationalpark-Freunde“ finanzierte das Bärengehege. Auch großräumige Volieren für Auerhühner, Haselhühner, Eulen und Greifvögel wurden finanziert. Dank der Nähe der heute als „Tierfreigelände“ bekannten „Gehegezone“ zu Neuschönau und Altschönau entwickelten sich diese Ortschaften zu besonders beliebten Urlaubsorten. Im Jahr 1970 hatte es in Neuschönau noch nicht einmal ein Gasthaus gegeben, das eine Mittagsmahlzeit anbot.

Um die Nationalparkgemeinden im Landkreis Freyung am Aufschwung zu beteiligen, wurde das Waldgebiet um die 1.000 Meter hohe Große und Kleine Kanzel als Felswandergebiet erschlossen. Mächtige Felsbastionen hatten dort den Zugang erschwert, so dass noch viele bizarre alte Tannen, Fichten und Buchen standen, die viele Merkmale des einstigen Urwaldes aufwiesen. Ausgehend vom Wanderparkplatz „Felswandergebiet“ an der Straße von Neuschönau nach Mauth entstand ein drei Kilometer langer Erlebnisweg, der im Kernbereich noch heute ein romantischer Pfad mit Natursteintreppen ist.

Waldgeschichtliches Wandergebiet

Im Jahr 1970 war die in Gedichtform vorgetragenen Klage des Waldlers, in Mauth hätte das Nationalparkamt nur einen Abfallkorb aufgestellt, vielleicht berechtigt. In den darauffolgenden Jahren wurde durch die Gestaltung des Waldgeschichtlichen Wandergebietes und die Einrichtung des Freilichtmuseums Finsterau durch den Bezirk Niederbayern ein Ausgleich geschaffen. An der Ostgrenze des Nationalparks in den Wäldern um Finsterau und an der Straße nach Buchwald in Tschechien, dem

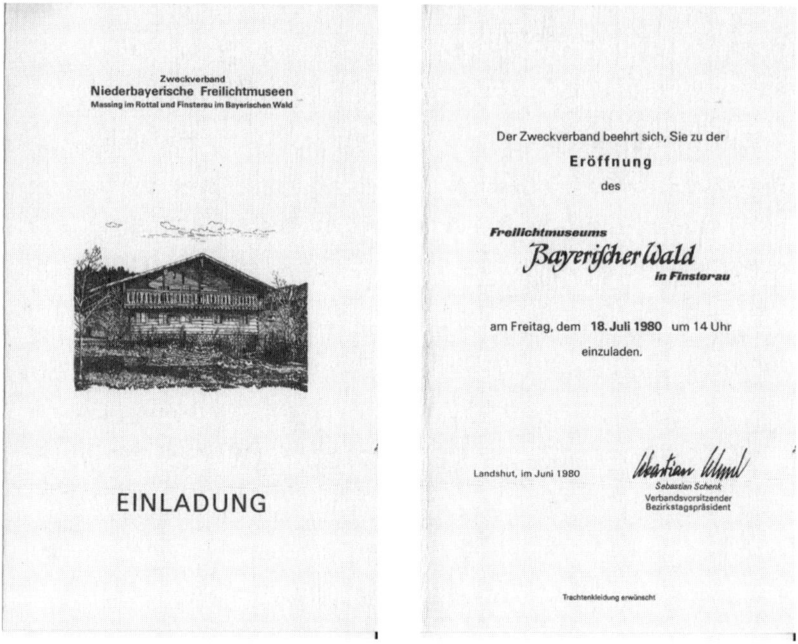
Zweckverband
Niederbayerische Freilichtmuseen
Massing im Rottal und Finsterau im Bayerischen Wald

EINLADUNG

Der Zweckverband beehrt sich, Sie zu der

Eröffnung

des

Freilichtmuseums

Bayerischer Wald

in Finsterau

am Freitag, dem **18. Juli 1980** um 14 Uhr

einzuladen.

Landshut, im Juni 1980

Sebastian Schenk
Verbandsvorsitzender
Bezirkstagspräsident

Trachtenkleidung erwünscht

Einladungskarte zur Eröffnung des
Freilichtmuseums Bayerischer Wald in Finsterau.

einstigen jahrhundertealten „Goldenen Steig", waren noch einige Zeugnisse der frühen Siedlungs- und Nutzungsgeschichte vorhanden, wie z. B. die Reschbachklause, die Alte Klause, die Teufelsklause, ein bis zu zwei Meter hoher Felsensteig zum Siebensteinkopf und die Schwellgräben, über die das Wasser umgeleitet werden konnte. Durch Wanderwege wurden die Natur- und Kulturdenkmäler erschlossen und 1974 erstmals in einem, von Mitarbeitern des Nationalparkamtes im Morsak-Verlag herausgegebenen Wanderführer vorgestellt.

Aber es blieb nicht nur beim „Waldgeschichtlichen Wandergebiet". Das Freilichtmuseum Finsterau kam Ende der 70er Jahre hinzu. Hans Presl, im Landratsamt Wolfstein für den Fremdenverkehr zuständig, mit dem von Anfang an ein enger Kontakt bestand, hatte die Idee, bei Finsterau einen Aussichtsturm bauen zu lassen. In einem Gespräch schlug ich ihm vor, dort vielleicht nach dem Vorbild des kurz vorher eingerichteten Museumsdorfes im niederbayerischen Massing, ein auf die Geschichte und bäuerliche Kultur des Bayerischen Waldes ausgerichtetes Museumsdorf zu gründen. So kam es dann auch. Heute ist das Museumsdorf Finsterau ein Ort, an dem die Siedlungsgeschichte und das Leben im Bayerischen Wald in den letzten Jahrhunderten in einzigartiger Weise nacherlebt werden können. Als dann 1990 der „Eiserne Vorhang" fiel, nahmen wir mit tschechischen Kollegen Kontakt auf, und schon 1992 konnten wir an der Grenze bei Bucina (Buchwald), einen gemeinsam gestalteten zweisprachigen Informationspavillion eröffnen. Die „Deutsche Bundesstiftung Umwelt" förderte das Projekt „Natur und Geschichte erleben" und am 1. Juni 1995 wurde das „Grenzüberschreitende Wandergebiet" durch den damaligen bayerischen Landwirtschaftsminister Reinhold Bocklet in einem Festakt offiziell eröffnet.

Die Gemeinden erkannten, dass auch sie und nicht nur Neuschönau für Feriengäste und Tagesausflügler durch besondere Angebote im Nationalpark attraktiver werden würden. Heute sind das ganze Jahr über viele Besucher unterwegs. Im Waldspielpark und in der Steinbachklamm bei Spiegelau, im Klosterfilz, einer einzigartigen Moorlandschaft bei Riedlhütte, im Felswandergebiet bei Schönbrunn, auf Naturerlebniswegen neben Bergbächen und in urwüchsigen Wäldern, im Waldgeschichtlichen Wandergebiet bis hin zum Großallmeyerschloss in der Nähe von Mauth. 1986 wurde zudem das Waldgeschichtliche Museum in St. Oswald eröffnet, das von Mitarbeitern der Nationalparkverwaltung unter Führung von Wolfgang Bäuml geplant worden war und von ihm bis heute geleitet wird.

Noch eine kleine Geschichte, die auf Besuchereinrichtungen im Park zurückgeht: In den 700 Abfallbehältern, die im Nationalpark für Besucher aufgestellt waren, kamen jedes Jahr Tonnen von unsortiertem Müll zusammen. Ihn zu entsorgen, z. B. vom Lusengipfel, war extrem aufwendig. Die Kosten für die Sauberhaltung des Parks beliefen sich alljährlich auf über

1990 wurden mehrere hundert Abfallkörbe entfernt.
Die Besucher nahmen ihren Abfall mit nach Hause.

100.000 D-Mark. So entschlossen wir uns 1990, als erkannt wurde, dass unsortierter Müll nicht mehr zu verantworten war, alle Behälter abzubauen – ein bayernweit beispielhaftes Vorgehen. Im Herbst 1989 hatten wir auf einer begrenzten Fläche dieses Vorhaben erfolgreich getestet. Durch Infotafeln und Faltblätter forderten wir die Besucher auf, ihren Abfall mit nach Hause zu nehmen und dort in Containern getrennt zu entsorgen und schon beim Einkauf Müll möglichst zu vermeiden. Rund 90 Prozent der Einheimischen und der Besucher waren damit einverstanden. Auch die Anliegergemeinden griffen unsere Vorschläge auf und setzten sich dafür ein, eine umweltbewusste Region zu entwickeln.

An einigen Orten im Nationalpark, wie an der Racheldiensthütte und am Wirtshaus am „Hans-Eisenmann-Haus", hatten wir Container für eine getrennte Müllentsorgung aufgestellt. Michael Held berichtete unter dem Titel „Der Müllhiasl – oder wie der Nationalpark Bayerischer Wald sein Müllproblem zu lösen versucht" ausführlich in der Zeitschrift „Nationalpark", ein Hinweis auf die Machbarkeit dieses Verfahrens auch für andere Schutzgebiete.

12 | RANGER UNERWÜNSCHT!

DIE NATIONALPARKWACHT WIRD AUFGEBAUT

Als im Herbst 1970 im Nationalpark die ersten Luchse und Wisente in den Großgehegen im Tierfreigelände zu beobachten waren, kamen an sonnigen Wochenenden Tausende Menschen dorthin. Die Besucherzahlen im gesamten Park nahmen ständig zu. Rachelsee, Rachel, Lusen und die Felswanderzone wurden immer beliebtere Ausflugsziele. Damals begann ein Trend, der noch heute anhält, dass nämlich immer mehr Menschen aus den Ballungszentren in ihrer Freizeit Natur erleben wollen. Noch heute wächst der Naturtourismus weltweit.

Bei solchen Besuchermassen musste jemand vor Ort sein, der Auskunft geben, Einrichtungen kontrollieren und sauber halten und darauf achten würde, dass zum Beispiel Tiere in den Gehegen nicht gefüttert werden. Wir fragten im Landwirtschaftsministerium an, ob wir geeignete Waldarbeiter als Aufseher im Nationalpark beschäftigen könnten. Unser Antrag wurde mit der Begründung abgelehnt, dass dafür ja die für den Forstschutz verantwortlichen Revierförster zuständig seien.

Bei meinen Besuchen 1970 im Nationalpark Riesengebirge in der Tschechoslowakei und im Schweizer Nationalpark habe ich das erste Mal „Ranger" gesehen, die dort unterwegs waren, sich um die Besucher kümmerten und vor allem auch auf die Einhaltung von Schutzbestimmungen achteten. Im Riesengebirge waren im Sommer auch viele ehrenamtliche Ranger unterwegs. Mir wurde klar, dass wir auch für unseren Nationalpark eine Lösung finden mussten.

Ohne die Ministerialforstabteilung zu informieren, aber in Absprache mit dem Spiegelauer Forstamtsleiter Heinrich Hodl, mit dem wir im Unterschied zu seinen Kollegen von Anfang an gut zusammenarbeiten konnten, beschäftigten wir schon ab Sommer 1972 einen ersten Aufseher: Heiner Matschina aus

Klingenbrunn. Offiziell wurde er weiter als Waldarbeiter geführt. Er machte sich im Laufe der Jahre in vielfältiger Weise um den Nationalpark verdient.

Heiner Matschina aus Klingenbrunn wurde der erste Ranger in einem deutschen Nationalpark, aber auch exzellenter Besucherbetreuer in der Stiegenhütte im Nationalpark Bayerischer Wald.
(Foto: Hans Bibelriether)

Wer die gemütlichen Grillabende an der Stiegenhütte in Erinnerung hat, denkt sicherlich gerne an die am Lagerfeuer von ihm professionell zubereiteten Nackensteaks, die hausgemachten Würste und Salate, die Pilzgerichte und an seine Fassbieranstiche. Und ebenso wenig zu vergessen ist sein später so persönlicher Einsatz an der Pforte der Nationalparkverwaltung in Grafenau, den er dort über 20 Jahre bis zu seiner Pensionierung zeigte.

Ordnungsdienst wird eingeführt

Ab 1974 konnten wir mit dem Einverständnis der Ministerialforstabteilung endlich Waldarbeiter mit der Betreuung der Besucher beauftragen sowie für den Unterhalt der Besuchereinrichtungen im Nationalpark einsetzen. Hartmut Strunz, der in den ersten Jahren das Wanderwegenetz im Nationalpark optimiert hatte, übernahm die Verantwortung für den „Ordnungsdienst" bis zum Jahr 1983. Wir suchten unter den Waldarbeitern der Nationalparkforstämter besonders freundliche und hilfsbereite Mitarbeiter aus, die gut mit den Besuchern umgehen konnten und wollten. Sie sollten Auskünfte erteilen und über die Ziele des Nationalparks informieren, aber notfalls auch Erste Hilfe leisten können. Selbstverständlich sollten sie persönlich von der Nationalparkidee überzeugt sein. Sie stammten alle aus den angrenzenden Dörfern und ihr enger Kontakt zum eigenen Bekannten- und Freundeskreis war wichtig, weil auf diese Weise die Akzeptanz des Parkes gesteigert werden konnte. Die künftigen Ranger wurden als Forstschutzbeauftragte geschult. Von den Waldlern wurden sie als „Grassert-Gendarm" bezeichnet.

1974 wurde mit fünf sogenannten Ordnungsdienstmitarbeitern begonnen, 1979 war die Zahl bereits auf elf gestiegen. Heute sind im Nationalpark 24 Ranger/Innen beschäftigt. Hartmut Strunz berichtete in einem Beitrag zum 10-jährigen Jubiläum des Nationalparks, dass die Ranger allein im Jahr 1979 45.000 Besucherfragen beantwortet hätten. Als Fehlverhalten wurden im Jahr 1979 registriert: 35 mal Feuer machen, 1833 mal Rauchen, 56 unzulässig geparkte Wohnwagen oder aufgestellte Zelte, 37 Diebstähle, 1074 Hunde ohne Leine, 378 mal Fahren und Parken auf gesperrten Wegen, 91 Gegenstände, die in die Gehege geworfen wurden, und 335 mal Füttern von Gehegetieren.

In seinem Beitrag für die Zeitschrift „Nationalpark" schrieb Strunz damals: *„Alljährlich kommt es trotzdem lediglich zu etwa 150 Anzeigen, die zu Geldstrafen, Geldbußen oder Verwarnungsgebühren führen.*

Gemeinsame Öffentlichkeitskampagne 1991 von „EUROPARC Deutschland" und „WWF": „Partner für Mensch und Natur".

Bei 1,5 Millionen Besuchern trifft das also nur einen von 10.000. In der Regel erfüllt ein Gespräch bereits den Zweck, die Besucher sind oftmals lediglich unwissend. ... Die Zahl der festgestellten Fehlverhalten steigt derzeit noch proportional zu der allmählichen Aufstockung des Aufsichtspersonals, was darauf schließen lässt, dass die Dunkelziffern nach wie vor sehr hoch sind. Trotzdem, eine totale Überwachung ist weder sinnvoll noch erstrebenswert. Ob sich das Besucherverhalten infolge des zunehmenden allgemeinen Umweltverständnisses und der Umwelterziehung bessern wird, muss sich zeigen.“

Nach dem Vorbild in anderen Ländern wurde 1979 auch im Bayerischen Wald für die Mitarbeiter im Ordnungsdienst eine einheitliche Uniform eingeführt. Schon in den Anfangsjahren wurde die Umweltbildung im Nationalpark zu einer immer wichtigeren und umfangreicheren Aufgabe und auch die Ordnungsdienstmitarbeiter mussten mit einbezogen werden (Im nächsten Kapitel wird darüber noch ausführlich berichtet.). 1997 wurde die Nationalparkwacht in der novellierten Verordnung über den Nationalpark Bayerischer Wald erstmals in Deutschland rechtlich verankert.

Zu den Aufgaben der Nationalparkwacht gehören auch Kontakte mit der einheimischen Bevölkerung.
(Foto: Hans Bibelriether)

1983 übernahm dann Oberförster Lothar Hopfner die Leitung des Ordnungsdienstes, der 1989 in Nationalparkwacht umbenannt wurde. Lothar Hopfner stammte aus dem Bayerischen Wald und war 1962 im Forstamt Spiegelau Revierleiter geworden. Wir kannten uns seit meiner Referendarszeit im Forstamt Nittenau in der Oberpfalz im Jahr 1958 und waren seither in Freundschaft verbunden. Durch sein außerordentliches Engagement für die Optimierung des Einsatzes der Nationalparkwacht prägte er deren Entwicklung bis zu seiner Pensionierung im Jahr 1996 – und das nicht nur im Nationalpark Bayerischer Wald, sondern darüber hinaus auch in anderen deutschen Nationalparken, die in den 90er Jahren gegründet wurden. Lothar Hopfner bezeichnete es einmal als seine „ganz persönliche Sternstunde“, dass ihm 1983 die „Nationalparkwacht“ anvertraut wurde.

Obwohl die Nationalparkwacht inzwischen nicht nur bei Besuchern, sondern auch bei den Einheimischen hohes Ansehen gewonnen hatte, wurde deren Dienstgebäude, eine Blockhütte am Großparkplatz bei Neuschönau am Tierfreigelände, im Mai 1995 niedergebrannt. Dabei wurde das Büro des Leiters der Nationalparkwacht und die Funkzentrale der Ranger, die im Gelände draußen im Einsatz waren, zerstört. Spezialisten der Polizei stellten fest, dass der Holzbau, der dem Landkreis gehörte, mit Benzin übergossen wurde. Von privater Seite wurden als Belohnung für eine Auffindung des Täters 50.000 D-Mark ausgelobt. Er wurde nie ermittelt. Offenbar war ein Brandstifter unterwegs, denn bereits am 21. Mai 1994 war eine Unterstellhütte am Gfällparkplatz niedergebrannt worden. Dort gingen ein Unimog sowie der PKW des Gastwirtes des Waldschmidthauses in Flammen auf. Zur gleichen Zeit wurde die Beobachtungshütte an der Rotwildschaufütterung an der Neuhüttenwiese angezündet und ein Jahr später dann auch noch die Stiegenhütte, die regelmäßig für unser Besucherbetreuungsprogramm genutzt worden war.

Die Zerstörung der Stiegenhütte war ein besonders herber Verlust. Dort hatten wir regelmäßig nach Exkursionen im Nationalpark mit prominenten Gästen aus ganz Deutschland und Europa zusammen gesessen und hatten so manche gemütliche Grillbrotzeit veranstaltet. Meine Beziehungen zur örtlichen

Feuerwehr waren eher mäßig. Noch heute erzählt mein ältester Sohn die Geschichte, dass der Kommandant ihm einmal zornentbrannt drohte: „Bei eich wenn`s amoi brennt, kemma fei ned zum Löschn!". Ursache dafür war der Ärger, den ich verursacht hatte, als ich Anfang der 80er Jahre einer großangelegten Feuerwehrübung am Waldschmidthaus unterhalb des Rachelgipfels nicht zugestimmt hatte. Ich war überzeugt, dass das Waldschmidthaus im Falle eines Feuers mit Sicherheit abbrennen würde, ehe die großen Einsatzfahrzeuge den weiten und schmalen Weg vom Gfällparkplatz zum Rachelgipfel zurückgelegt hätten. Der Kommandant teilte meine Ansicht nicht.

Ranger in Europa

1989 wurde eine Umfrage über den Rangerberuf in europäischen Schutzgebieten von der Geschäftsstelle der „Föderation der Natur- und Nationalparke Europas" in Grafenau durchgeführt. 37 Parke aus 13 Ländern beteiligten sich. Es stellte sich heraus, dass in den meisten europäischen Ländern die Rangerdienste erst in den 70er und 80er Jahren eingeführt worden waren. Eine der wenigen Ausnahmen war England, wo in den dortigen Schutzgebieten schon jahrzehntelang Ranger unterwegs waren. Ergebnis der Umfrage war, dass als Hauptaufgabe europaweit die Überwachung und Einhaltung von Schutzbestimmungen, die Information und Hilfen für Besucher angesehen werden. Aber wie im Bayerischen Wald wurden die Aufgaben auch in anderen Schutzgebieten schrittweise ausgeweitet.

Interessant war auch, dass es keine einheitliche Ausbildung für Ranger gab. In Ungarn wurde als Voraussetzung für die Einstellung beispielsweise das Abitur verlangt. In anderen Ländern waren dafür keine Vorgaben zu erkennen. Eva Pongratz, Direktorin der Geschäftsstelle der „EUROPARC Federation" in Grafenau, fasste das Ergebnis der Umfrage in Europa zusammen: *„Auch in Europa werden an Schutzgebiete von Seiten der Öffentlichkeit zunehmend größere Ansprüche gestellt. Natur- und*

Umwelterziehung rückt immer mehr auch politisch ins Blickfeld. Ohne zielkonform aufgebaute und konsequent eingesetzte Rangerdienste wird Europa auf Dauer sicher nicht in der Lage sein, zum einen sein Naturerbe auch für künftige Generationen hinreichend zu schützen und zum anderen den noch immer steigenden Touristenstrom, weg von den Ballungszentren der Großstädte hin zu den Naturlandschaften, entsprechend zu lenken und zu betreuen, ohne dass nicht auch noch die letzten Reste ursprünglicher Natur ruiniert werden.“

Naturwacht in deutschen Schutzgebieten

Aufgrund der positiven Erfahrungen im Nationalpark Bayerischer Wald wurde versucht, hauptamtliche Aufsichtsdienste auch in anderen deutschen Schutzgebieten zu etablieren. Das gelang erst mit der Wende, als in der ehemaligen DDR fünf weitere Nationalparke und sechs Biosphärenreservate gegründet wurden. Die dortigen Bundesländer waren für diesen Aufgabenbereich viel aufgeschlossener als die zuständigen Ministerien in den alten Bundesländern. Besonders der einflussreiche „Verband Deutscher Naturparke“ wandte sich kategorisch gegen die Einführung sogenannter hauptamtlicher Naturwächter. Entscheidenden Anteil an der positiven Weiterentwicklung des Rangerberufs hatte dann die deutsche Sektion der „EUROPARC Federation“, die „FÖNAD“. Sie engagierte sich von Anfang an für die Einführung dieses Berufsstandes in den deutschen Großschutzgebieten und organisierte zusammen mit dem WWF Deutschland eine Öffentlichkeitskampagne, die auch mit einer Befragung verbunden war, welchen Namen solche Mitarbeiter in den Schutzgebieten haben sollten.

Insgesamt kamen 1.560 Vorschläge zurück. 44 Prozent aller Absender waren der Meinung, man sollte den Namen „Ranger“ beibehalten. 46 Prozent hatten sich für einen deutschen Namen ausgesprochen. Davon 217 für den Begriff „Wacht“ (Naturschutzwacht, Naturwächter, Ökowacht,...), über hundert jeweils auch für den Oberbegriff „Wart“ (Naturwart, Naturschutzwart, ...) und „Hüter“ (Parkhüter, Umwelthüter,...). Die Vorsitzenden bzw. Präsidenten der großen deutschen Naturschutzverbände, die sich damals alljährlich einmal trafen, sprachen sich dafür aus, das Wort „Wacht“ für diesen neuen Beruf zu wählen. Dieser Begriff lässt sich modifizieren als „Nationalparkwacht“, wie 1989 im Nationalpark Bayerischer Wald schon eingeführt, oder auch „Naturparkwacht“, obwohl in keinem der deutschen Naturparke damals schon hauptamtliche Mitarbeiter im Außendienst unterwegs waren.

Im Dezember 1991 führten wir in St. Oswald im Bayerischen Wald eine mehrtägige Fachtagung zum Thema „Ranger in deutschen Schutzgebieten“ durch, an der über 70 Fachleute aus Schutzgebieten, aus zuständigen Ministerien und großen deutschen Naturschutzverbänden teilnahmen. Aus Sorge um den mangelnden Schutz der vom Gesetz als schutzwürdig ausgewiesenen Naturgebiete wurden am Ende der Tagung Bund und Länder aufgefordert, hauptamtliche Aufsichtsdienste in allen deutschen Schutzgebieten einzuführen. Die Forderung wurde u.a. mit folgenden Argumenten begründet:

„Die großen deutschen Naturschutzgebiete, die meisten Nationalparke, Biosphärenreservate und fast alle deutschen Naturparke sind zwar durch Rechtsverordnungen auf dem Papier mehr oder weniger geschützt, es fehlt ihnen aber in der Landschaft weitgehend jede praktische Betreuung.

- *Immer mehr Menschen wollen in ihrer Freizeit Natur erleben und überfluten dabei völlig ungeordnet die Schutzgebiete, wobei die Mehrzahl von ihnen aus Unkenntnis Schutzbestimmungen verletzt, jedoch dankbar wäre für Hinweise und Informationen, die zu einem richtigen Verhalten führen.*

- *Ehrenamtliches Personal kann trotz größten Einsatzes die notwendige Aufsicht und Betreuung weder qualitativ noch quantitativ ausreichend wahrnehmen.*
- *Von amtlicher Seite wird bestätigt, dass durch unzureichende Betreuung in einem schleichenden Prozess die Substanz der Schutzgebiete zerstört wird.*
- *Der beschämende Betreuungsnotstand in Deutschland führt den hohen Anspruch, im Naturschutz eine führende Rolle zu spielen, ad absurdum.*
- *Es ist unerträglich, dass in einem Rechtsstaat Rechtsverordnungen erlassen werden, sich aber dieser Staat nicht um deren Einhaltung kümmert.*

Folgende Maßnahmen sollten, so wurde gefordert, unverzüglich umgesetzt werden:

- *Bund und Länder müssen bei der Novellierung der Naturschutzgesetze die rechtliche Verankerung der hauptamtlichen Betreuung sicherstellen.*
- *Bei der Bundesforschungsanstalt für Naturschutz und Landschaftsökologie (BFANL) in Bonn ist umgehend eine Koordinationsstelle einzurichten, die Anforderungsprofil, Berufsbild, Aufgabenbeschreibung, Aus- und Fortbildungsgrundsätze sowie tarifrechtliche Einstufung erarbeitet.“*

Auf der 41. Umweltministerkonferenz der Länder 1993 in Saarbrücken wurde dann festgelegt, dass Großschutzgebiete durch hauptamtliche Kräfte betreut werden sollten. 1995 wurde der „Bundesverband Naturwacht e.V.“ gegründet, ein gemeinnützig anerkannter Verein mit ehrenamtlichem Vorstand. Schon mehr als 500 hauptamtliche Ranger sind ihm bis heute als Mitglieder beigetreten. Trotzdem sind noch immer viel zu wenig im Gelände unterwegs, die sich hauptamtlich um den Schutz unseres Naturerbes kümmern und den Menschen, die in ihrer Freizeit die Natur aufsuchen, deren Werte nahe bringen.

Junior Ranger in Europa

Und noch eine letzte kleine Geschichte aus den Ranger-Anfangsjahren im Bayerischen Wald. Eva Pongratz begegnete in amerikanischen Nationalparken „Junior Rangern" und brachte diese Idee mit nach Grafenau. Oberforstrat Hans Kiener, als Sachgebietsleiter der Nationalparkverwaltung damals für die

Die ersten drei Junior Ranger im Nationalpark Bayerischer Wald erhielten 1998 vom Leiter der Nationalparkwacht Hans Höflinger ihr Zertifikat.
(Foto: Hans Kiener)

Nationalparkwacht zuständig, griff die Idee auf und zusammen mit Oberförster Hans Höflinger organisierte er erstmals in den Sommerferien 1998 ein zweiwöchiges Unterwegssein von 14 elf- bis vierzehnjährigen Schülerinnen und Schülern aus der Nationalparkregion mit hauptamtlichen Rangern im Nationalpark. Die Unternehmung wurde vom „Verein der Nationalpark-Freunde" mit Ausrüstung und Taschengeld unterstützt.

In der „Passauer Neuen Presse“ wurde unter dem Titel „Schüler im Schnupperkurs bei der Nationalparkwacht“ darüber berichtet. Einer der teilnehmenden Buben, Michael Denzer, meinte, dass zwar der Weg von Buchenau zu den Schachten für Radfahrer frei sei, er aber *„hier nur noch am Tag radle, weil es abends die Tiere stört“*, und *„das sage ich garantiert auch jedem Erwachsenen, wenn ich ihn gerade dabei sehe.“* Das Interesse und die Begeisterung der Jungen und Mädchen, mit Rangern draußen in der Natur unterwegs sein zu können, war und ist so groß, dass Hans Kiener das Programm weiterentwickelt hat. Inzwischen sind mehr als 2.300 Jungen und Mädchen im Bayerischen Wald „Junior Ranger“ geworden. Oberförster Josef Erhard, inzwischen pensionierter Mitarbeiter in der Nationalparkverwaltung, hatte dieses Team über Jahre aufgebaut und gründete den „Verein der Junior Ranger Nationalpark Bayerischer Wald e.V.“, der heute fast 400 Mitglieder hat.

Von der „EUROPARC Deutschland“ Geschäftsstelle in Grafenau aus wurde die Idee „Internationales EUROPARC Junior Ranger Camp“ unter dem Leitgedanken „Learning by doing“ auf europäischer Ebene weiterentwickelt, 2002 in einem Pilotprojekt erfolgreich getestet und ab 2003 umgesetzt. Am 3. Internationalen Junior Ranger Camp im August 2005 im Bayerischen Wald nahmen 23 Junior Ranger aus acht Ländern teil. Die Veranstaltung fand am letzten Tag an der deutsch-tschechischen Grenze ihren Abschluss bei einer festlichen grenzüberschreitenden Veranstaltung mit mehr als 120 Rangern.

13 | WALD ERLEBEN – NATUR VERSTEHEN

UMWELTBILDUNG WIRD AKTUELL

Nach dem verlorenen Zweiten Weltkrieg wurden 1945 in der britischen Besatzungszone in Niedersachsen und Nordrhein-Westfalen riesige Kahlschläge in den Staatswäldern durchgeführt. Vor allem der Harz war davon stark betroffen. Das führte dazu, dass am 5. Dezember 1947 die „Schutzgemeinschaft Deutscher Wald" gegründet wurde. Von ihr organisiert wurde in den darauf folgenden Jahren die Bepflanzung der Kahlflächen durch Jugendgruppen, wie zum Beispiel den „Wandervögeln", begonnen. Im Forstamt Walkenried im Südharz regte mein Studienkollege Walter Freist die Errichtung einer Unterkunft für die beim Pflanzen der Bäume aktiven Schüler an. Mit der Unterstützung des kriegsblinden Forstassessors Ernst Ilse begründete er schließlich das erste „Jugendwaldheim". Es wurde am 15. Mai 1964 eingeweiht. Heute gibt es 42 Jugendwaldheime in Deutschland.

Auch in Bayern wurde ein Landesverband der „Schutzgemeinschaft Deutscher Wald" gegründet. In den 60er Jahren, als ich noch in München an der Universität tätig war, lernte ich den Geschäftsführer Dr. Erich Hornsmann kennen und trat der Schutzgemeinschaft bei. Verbandsvorsitzender war damals Landtagspräsident Rudolf Hanauer. Hornsmann wollte auch in Bayern ein Jugendwaldheim einrichten. Die Gründung des Nationalparks Bayerischer Wald bot dazu ein ideales Umfeld. Wie es der Zufall wollte, standen an der Straße von Neuschönau nach Mauth zwei leere Forsthäuser, die „Schönbrunner Häuser". Die Ministerialforstabteilung hatte vor, sie zu verkaufen. Ich setzte Erich Hornsmann davon in Kenntnis, denn sie waren für die Einrichtung eines Jugendwaldheims ideal geeignet. Hornsmann beriet sich mit Landtagspräsident Rudolf Hanauer und mit dessen Unterstützung beschloss der Landtag 1970, in den

„Schönbrunner Häusern“ das erste Jugendwaldheim in Bayern zu schaffen.

Das Jugendwaldheim – eine Stätte der Begegnung

Zwei Jahre dauerte der Umbau der Häuser an der Straße nach Mauth und 1,2 Millionen D-Mark wurden dafür ausgegeben. Die beiden Häuser wurden durch einen aus Holz gefertigten, nach Süden großflächig verglasten Zwischenbau verbunden, der als Aufenthaltsraum diente. Im „Gästehaus“ war in getrennten Etagen Platz für bis zu 40 Jungen und Mädchen. Die Lehrkräfte bekamen eigene Räume. Im Erdgeschoss des kleineren Forsthauses wurde die Küche eingebaut und eine Wohnung für den Betreuer vor Ort. Das Jugendwaldheim wurde im Oktober 1974 feierlich eröffnet.

Landtagspräsident Rudolf Hanauer sorgte dafür, dass das erste Jugendwaldheim in Bayern 1974 im Nationalpark eröffnet werden konnte. *(Foto: Hans Bibelriether)*

Landtagspräsident Hanauer dankte Minister Eisenmann ausdrücklich dafür, dass auch er sich für die Errichtung des Jugendwaldheims engagiert hatte. Er betonte in seiner Festrede die Aufgabe dieses Hauses, nämlich die Öffentlichkeit und insbesondere die Jugend für eine verständnisvolle Einstellung zum Wald zu gewinnen, und zitierte Johann Amos Comenius, der im Jahr 1630 erklärt hatte: *„Die Menschen müssen in der Weisheit soviel als möglich nicht aus Büchern unterrichtet werden, sondern aus dem Himmel, der Erde, den Eichen und Buchen…“.* Er schloss mit der Feststellung, dass die Begegnung mit dem

Wald das Gegenstück zum Absolutismus des Technischen sei. Die Leitung des Jugendwaldheims wurde an Hartmut Strunz übertragen, der sie dann 1978 an Oberförster Hans Höflinger übergab.

Der nächste Schritt wäre nun die Einstellung eines Pädagogen gewesen, um die Bildungsarbeit zu organisieren und durchzuführen. Aber das Ministerium lehnte unseren Antrag ab. Uns war jedoch klar, dass eine erfolgreiche Bildungsarbeit, die über Wanderungen im Wald und Pflege- und Aufräumungsarbeiten im Nationalpark hinausgehen sollte, von einem Förster und ein paar Waldarbeitern allein nicht zu schaffen war. Über Jahre halfen vor allem in den Sommermonaten Studenten, Praktikanten und Zivildienstleistende aus. Auch die Volkshochschule des Landkreises Freyung-Grafenau unterstützte das Programm im Jugendwaldheim, bis wir endlich einen entscheidenden Schritt weiter kamen. Alois Zechmann, Gymnasiallehrer aus der Region, konnte zunächst als ABM-Beschäftigter und ab Oktober 1987 mit einem Werkvertrag ganzjährig am Jugendwaldheim ein wirklich umfassendes Konzept entwickeln und dort auch umsetzen. In der Zeitschrift „Nationalpark" berichtete er 1988 detailliert über sein neues Lernprogramm „Naturerlebnis mit allen Sinnen". Als 1991 die Jugendherberge in Waldhäuser als „Umweltstudienplatz" anerkannt wurde, wechselte Alois Zechmann dorthin und setzte über viele Jahre ein umfassendes Programm unter dem Titel „Der Natur auf der Spur" erfolgreich um. Erst Ende 1987 gelang es schließlich, das Bayerische Landwirtschaftsministerium davon zu überzeugen, dass für die Bildungsarbeit im Jugendwaldheim ein fest angestellter Pädagoge unverzichtbar sei. Das Ministerium einigte sich mit dem Kultusministerium darauf, eine Planstelle zur Verfügung zu stellen, auf die ein Biologielehrer jeweils zeitlich befristet in den Nationalpark abgeordnet werden sollte. Hans-Peter Dorn nahm am 1. Oktober 1991 als pädagogischer Leiter des Jugendwaldheims diese Tätigkeit auf und engagierte sich dort bis zu seiner Pensionierung 2008.

Ich vergesse nie das Abschlusstreffen im Kultusministerium, bei dem die Vereinbarung zwischen den beiden Ministerien unterzeichnet werden sollte. Ich begleitete Ministerialrat Reinhold Erlbeck, den zuständigen Referenten für den Nationalpark im Bayerischen Landwirtschaftsministerium, ins Kultusministerium. In einem Sitzungssaal erwarteten uns über 20 Beamte und Angestellte, Ministerialräte und ihre Mitarbeiter, die offensichtlich in der Mehrzahl mit der Sache überhaupt nichts zu tun hatten. Offenbar ging es den Ministerialräten aus den verschiedenen Abteilungen des Kultusministeriums darum, zu dokumentierten, dass sie ein Mitspracherecht hätten. Dieses Treffen war

Das Jugendwaldheim „Wessely-Haus“ 1995.
(Foto: Hans Bibelriether)

eine der Erfahrungen, die ich im Laufe der Jahrzehnte im Kontakt mit verschiedenen Ministerien einzuschätzen lernte: In den Ministerien sind zu viele gut bezahlte Ministerialräte vorhanden, die sich mehrheitlich miteinander beschäftigen und sich für die praktischen Aufgaben und Probleme der nachgeordneten Dienststellen draußen vor Ort im Land zu wenig interessieren. Ich bin seither davon überzeugt, dass es sinnvoll wäre, die Ministerien in ihrem Personalstand auf etwa ein Drittel zu reduzieren und die Entscheidung bei einer Vielzahl von Aufgaben den nachgeordneten Dienststellen zu übertragen.

Im Laufe der Jahre entwickelte sich das Jugendwaldheim zu einem Umweltbildungszentrum. Schulklassen aus der Region erhielten ein Angebot verschiedener Tagesprogramme. Klassen aus anderen Gebieten Bayerns und anderen Bundesländern blieben ein bis zwei Wochen vor Ort und wurden auch für praktische Arbeiten im Nationalpark eingesetzt. Das Jugendwaldheim diente aber nicht nur dem Aufenthalt von Schulklassen. Dort fanden auch Seminare für Grundschullehrer statt sowie Veranstaltungen für die Ausbildung von Lehramts-Referendaren und für Studentengruppen für das Lehramt.

Eine Millionenerbschaft der Familie Wessely aus München Anfang der 90er Jahre versetzte uns in die Lage, das Jugendwaldheim nach zwanzig Jahren nicht nur in seiner Kapazität zu erweitern und umfassend zu modernisieren. Auch was Bildungsinhalte anging, konnten wir es, dem gewandelten pädagogischen Auftrag entsprechend, zu einer „Waldökologischen Bildungsstätte“ weiterentwickeln. Bei seiner festlichen Wiedereröffnung im Juni 1995 wurde es in Wessely-Haus umbenannt.

Das Wessely-Haus bietet derzeit bis zu 58 Schülern und 4 Lehrern eine Übernachtungsmöglichkeit. Eine Solaranlage unterstützt die Warmwasserbereitung und die Heizung des Gebäudes. Eine Schilfkläranlage sichert die vorbildliche Entsorgung der Abwässer des Hauses. Im Zuge der Sanierungsmaßnahmen wurde auch die Wärmedämmung verbessert und der Wasserverbrauch durch den Einbau von Spararmaturen verringert. Auf diese Weise wurde schon Ende des letzten Jahrhunderts ein staatseigenes Gebäude zu einem noch heute vorbildlichen Energiesparprojekt weiterentwickelt. Verschiedene Einrichtungen ermöglichen es den Schülern, zu erkunden, wie die Sonnenenergie genutzt werden kann. So kann den Schülern zum Beispiel an einer Photovoltaikanlage erklärt werden, wie es gelingt, Sonnenlicht in Strom zu verwandeln, der dort eine Lampe zum Leuchten bringt.

Auch das pädagogische Programm wurde ständig weiterentwickelt. Ergänzend zu den Nationalparkerlebniswochen wurden Nationalparkerlebnistage angeboten. Kinder und Jugendliche aus der Nationalparkregion lernten den Nationalpark näher kennen, was zur Verbesserung seiner Akzeptanz beitragen sollte. Unser Anliegen war es, die wichtigsten Ziele und Aufgaben eines Nationalparks zu verdeutlichen. Etwa, warum kein Holz genutzt wird, warum alles so leben, wachsen und sterben darf, wie die Naturgesetze es regeln. Der Nationalpark soll als eine Oase erlebt werden, in der keine wirtschaftliche Nutzung stattfindet und in der die Auswirkungen des Nicht-Nutzens zu besichtigen sind.

Umweltbildung beginnt

In den 60er Jahren begannen verschiedene Bundesländer damit, Lehrpfade, Informationstafeln und kleine Informationshütten für Waldbesucher zu gestalten, vor allem in stadtnahen Waldgebieten. In der Regel wurden Bäume und Sträucher, Pflanzen und Tiere vorgestellt. Auch das „Haber-Gutachten" sah für den Nationalpark Bayerischer Wald fünf Wald- und Wildlehrpfade vor, die den Nationalparkbesuchern die Tier- und Pflanzenwelt des Parks nahe bringen sollten. Solche Kurzinformationen reichten jedoch nicht aus, um Laien die komplexen Lebensgemeinschaften unserer Wälder und Fluren verständlich zu machen. Deshalb versuchten wir im Nationalpark Bayerischer Wald von Anfang an, den Besuchern gezielt die Abläufe und Entwicklungen in natürlichen Lebensgemeinschaften zu erklären, ihnen den Wald aber auch emotional näher zu bringen.

Wir stellten im Tierfreigelände die ersten Informationstafeln auf und bereits 1970 boten wir auch erste Führungen für Nationalparkbesucher an. Ganztagsführungen in die landschaftlich reizvollsten Gebiete des Nationalparks von Finsterau über den Urwald Bärenriegel zum Lusen oder vom Bahnhof in Spiegelau über das Föhraufilz und den Rachelgipfel zum Rachelsee und zur Felsenkanzel fanden ab 1971 und 1972 statt. Wir boten aber auch Moorwanderungen sowie Nachtwanderungen zum Lusen an. Ab 1972 veranstalteten wir abendliche Wanderungen mit Lagerfeuer nach dem Vorbild des „Campfire-Programm“ in amerikanischen Nationalparken. Das Interesse von Nationalparkbesuchern an unseren Veranstaltungen war außerordentlich groß. Daher beantragten wir im Betriebsplan 1972 beim Ministerium finanzielle Mittel für die Beschäftigung von Führungspersonal. Dieser Antrag wurde ein halbes Jahr später mit der Begründung abgelehnt: „Die Organisation und Durchführung von Führungen gehören nicht zu den Aufgaben des Nationalparkamtes.“ Diese Haltung des Ministeriums änderte sich erst, als im Naturschutzgesetz 1973 festgelegt wurde: Der Nationalpark ist zu *„Bildungs- und Erholungszwecken zu erschließen …“*. 1975 verzeichneten wir bereits über 1,4 Millionen Besucher im Nationalparkgebiet. Dr. Hubert Zierl, Leiter des Nationalparkforstamtes, Dr. Klaus Thiele vom Nationalparkamt und ich hatten 1975 zusammen 194 halbe und 55 ganze Arbeitstage mit Führungen zugebracht. Oft hatten wir auch prominente Besucher, die sich für den neu gegründeten Nationalpark interessierten.

Ende Dezember 1973 verbrachte Bundeskanzler Willy Brandt mit seiner Frau und seinem Sohn einen Urlaub in Grafenau. An einem Samstag, an dem in Grafenau noch dichter Nebel herrschte, begleitete ich ihn bei herrlichem Sonnenschein ins Tierfreigelände, zu den Windwürfen bei der Graupsäge und organisierte eine Pferdeschlittenfahrt zur Racheldiensthütte. Er war vom Nationalparkkonzept sehr beeindruckt und bot uns eine jährliche finanzielle Unterstützung von einigen Hunderttausend D-Mark an. Leider lehnte das Bayerische Landwirtschaftsministerium das Angebot mit der Begründung ab, der Bund solle nicht über Ziele und Einrichtungen des Nationalparks mitreden können. Vier Jahre zuvor, als der Landtag 1969 die Gründung des Nationalparks beschlossen hatte, waren noch alle Parteien dafür gewesen, beim Bund eine finanzielle Beteiligung an den Kosten zu beantragen.

Bundeskanzler Willy Brandt besuchte im Winter 1973
den Nationalpark.
(Foto: Hans Bibelriether)

Als ich 1973, wie schon erwähnt, mit 20 Kollegen aus ausländischen Schutzgebieten vier Wochen in den USA, Kanada und Mexiko in einem internationalen Fortbildungsseminar unterwegs war, erfuhren wir, dass in Kanada schon 1930 die Umweltbildung „Environmental Education" ins Leben gerufen worden war. Zwar erklärten die Veranstalter, dass ihre Interpretationsprogramme in den Nationalparken der USA nur etwa zehn bis 15 Prozent der Besucher erreichten, trotzdem wurde mir klar, dass eine weitere Intensivierung und Verbesserung der Umweltbildung im Bayerischen Wald dringend notwendig war.

Ein Waldspielpark ergänzt das Jugendwaldheim

Am 2. Oktober 1978 wurde der Waldspielpark mit Waldschule am Ortsrand von Spiegelau im Nationalpark eröffnet. Die Schirmherrin des Kuratoriums „Mehr Grün für unsere Kinder", Irmgard Eisenmann, Gattin unseres Landwirtschaftsministers, betonte in ihrer Festansprache, dass die Schaffung von Spielplätzen eigentlich nicht zu den Aufgaben eines Nationalparks gehöre. Sie

Im Waldspielplatz bei Spiegelau wird mit Informationstafeln das Ökosystem Wald verständlich gemacht.
(Foto: Hans Bibelriether)

erklärte aber auch, warum wir trotzdem einen Waldspielpark planten, nämlich als Alternative zu einem Hotelkomplex, der dort errichtet werden sollte und der auch eine Teilfläche des Nationalparks überbaut hätte.

Uns ging es vor allem darum, bei Familien mit Kindern und bei Schulkindern Freude am Wald und an der Natur zu wecken. Wenn ich daran zurückdenke, wie oft meine Frau und ich mit unseren eigenen Kindern dort Stunden verbracht haben, ihnen beim Plantschen am Wassergraben und beim Bauen mit Holzklötzen zugesehen haben, bin ich sicher, dass wir unser Ziel erreicht haben. Als unsere Kinder schon größer waren, durften sie allein mit dem Fahrrad in den Waldspielpark fahren. Sie trafen sich dort mit Freunden, spielten in den Holzhütten „Verstecken“ und bauten Dämme, um das Wasser zu stauen – zum Ärger des örtlichen Fußballvereins, dessen Rasenplatz dann manchmal vom abfließenden Wasser „beschädigt“ wurde. Die 37 Hektar große Gesamtanlage gliederte sich in mehrere

Teilbereiche. Für Mütter mit kleineren Kindern waren die sonnigen Plätze am Waldrand vorgesehen. Dort konnten die Kinder rutschen, schaukeln, wippen und auf Holztiere klettern und reiten. Unmittelbar an diesen Bereich schloss sich ein Materialspielplatz an. In großen Kästen lagen Zapfen, Holzstücke, Steine und Rindenstücke, die sich zum Spielen, Basteln, Formen und Gestalten eigneten. Auch ein Gerätespielplatz mit massiven Holzkonstruktionen wie einer Seilbahn und einer Wikingerschaukel wurden eingerichtet. Eine Besonderheit war der sogenannte „Abenteuerspielplatz".

Kernstück dieses Waldspielparks, dessen Gebäude und Einrichtungen in enger Beziehung zum Bayerischen Wald, seiner Kulturgeschichte und seinen Sagengestalten standen, war die sogenannte „Waldschule". Sie bestand aus einem Ausstellungspavillon, einem „Grünen Klassenzimmer" und zwei Lehrpfaden. Spezialthemen wie Wurzelsysteme der Waldbäume, Gestein und Boden und Schäden an Bäumen durch Witterungseinflüsse konnten unmittelbar im „Grünen Klassenzimmer" gesehen und verstanden werden. Diese Waldschule sollte vor allem Schulklassen, aber auch anderen naturkundlich interessierten Besuchern Grundkenntnisse über den Wald als Lebensgemeinschaft und seine Bedeutung für unsere Gesellschaft vermitteln. Aufbau und Ausgestaltung orientierten sich größtenteils an den damals gültigen Lehrplänen und ihren Lernzielen. Schulklassen konnten somit dem Lehrplan gemäß am Objekt Wald draußen in der Natur unterrichtet werden.

Zum 25. Geburtstag des Nationalparks wurde der Waldspielpark um einen zwei Kilometer langen Naturerlebnispfad erweitert. Lukas Laux, inzwischen in der Nationalparkverwaltung als Pädagoge zuständig für den Bildungsbereich, entwickelte für den Pfad eine Kombination von sinnlicher Wahrnehmung und interaktiver Wissensvermittlung. So konnten die Besucher nicht nur mit dem Kopf, sondern auch mit dem Herzen die Natur erleben und ihr begegnen. Er fasste es zusammen in dem Satz:

„Auf spielerische Weise wird das „Begreifen“ natürlicher Abläufe und Gesetzmäßigkeiten vertieft.“

Lehrpfade und Erlebnispfade

Die Erfahrung aus den USA, dass nur maximal 15 Prozent der Besucher von Nationalparken mit dem Bildungsangebot erreicht werden, veranlasste uns im Frühjahr 1974, drei Monate lang einen Lehramtspraktikanten damit zu beschäftigen, im Nationalpark an verschiedenen Orten zu beobachten, wie viele Besucher die Infotafeln im Tierfreigelände oder an Lehrpfaden lasen. Das Ergebnis war ernüchternd. Nur zehn von 100 blieben an den Tafeln stehen und von den zehn nur einer so lange, dass man annehmen konnte, er oder sie hätten den ganzen Text gelesen.

Also verkürzten wir die Texte und stellten die Infotafeln möglichst an Stellen auf, wo die Besucher auch aus anderen Gründen Halt machten, z.B. weil sie nach einem steilen Anstieg etwas stehen bleiben wollten oder weil es eine schöne Aussicht gab. Zusätzlich stellten wir dort oft Sitzbänke auf, von denen aus man die Texte lesen konnte. Vor allem auch im Pflanzen- und Gesteinsfreigelände am Hans-Eisenmann-Haus war das sehr sinnvoll und gut möglich. Von den Lehrpfaden zu Themen wie „Bergbach“, „Hochmoor“, „Urwald am Rachelsee“ oder „Windwurf und Borkenkäfer“, um nur einige zu nennen, wurden manche mehr, manche weniger begangen. Der 1997 eröffnete und in seinem Aufbau als Holzsteg von der Firma Effem finanziell unterstützte „Auwaldsteg“ bei Spiegelau bietet auch heute noch ein Walderlebnis der besonderen Art. Es war aber klar, dass mit den „Lehrpfaden“, die eher als „Naturerlebnispfade“ gestaltet wurden, auch im Bayerischen Wald nur ein Bruchteil der Besucher angesprochen werden konnte.

Der Seelensteig

Gemeinsam mit Karl Oskar Koenigs war ich 1994 vier Wochen lang in Kanada und Alaska unterwegs. Auf Vancouver Island wanderte ich auf einem vier Kilometer langen Rundweg durch einen Urwald des Pacific Rim Nationalparks, der sehr stark auf emotionale Erlebnisse und weniger auf Wissensvermittlung ausgerichtet war. Im Gespräch mit Eva Pongratz, die diesen Rundweg ein Jahr zuvor ebenfalls erlebt hatte, entstand die Idee, auch in unserem Nationalpark einen Rundweg anzulegen, der mit literarischen Texten ausgestaltet werden sollte. Im Sommer 1995 haben wir dann in einem Bergmischwaldbereich mit Urwaldresten, Windwurf- und Borkenkäferflächen und an einen Bergbach angrenzend an der Gfällstraße bei Spiegelau einen Holzsteg angelegt, dessen Technik einem Vorbild im finnischen Pallas Tunturi Nationalpark nachgebaut wurde, den ich von einer Reise in Erinnerung hatte.

Mein Freund Horst Stern war damals öfter bei uns in Spiegelau zu Besuch. Im Mai 1995 ging ich mit ihm die geplante Route ab und, als wir anschließend zusammensaßen, erzählte ich ihm, dass wir noch nicht wüssten, wie wir den Steg nennen sollten. Nach kurzem Nachdenken meinte er, es wäre ein „Seelensteig“. Er formulierte dann auch den Text am Eingang des 1,3 Kilometer langen Holzstegs:

Es braucht nicht nur der Mensch
den Wald.
Es braucht auch der Wald
den Menschen,
der ihn schützt.
Darum dieser Steig.
Er heißt:
Der Seelensteig.
Mögen alle, die ihn gehen,
sich angerührt fühlen
von den Bildern des Lebens
und des Sterbens,
die er ihnen erschließt.

Kurze Texte von Bernhard von Clairvoux, Bert Brecht, Erich Kästner, Hermann Hesse, Rainer Maria Rilke, Henry Thoreau, Theodor Heuss und einige weitere von Horst Stern sind leider heute dort nur noch teilweise nachzulesen:

Wald lehrt uns
die Dankbarkeit
des Beschenkten.

Mehr noch als sein Holz,
mehr noch als die Atemluft,
die er uns kühlt und säubert,
das Wasser, das er uns filtert
und bewahrt,
die Stille, die er uns schafft,
und den Boden, den er festhält,
brauchen wir
seine geistigen Wohlfahrtswirkungen.

Der Wald
nicht nur als grüne
Menschenfreude,
sondern als der Ort,
an dem das uns
verlorengegangene
Naturmaß bewahrt wird.
(Horst Stern)

Als 1995 die Diskussion um die Erweiterung des Nationalparks begann, die Borkenkäfermassenvermehrung bis dahin nicht vorstellbare Dimensionen erreichte und die Zukunft des Nationalparks diskutiert und in Frage gestellt wurde, besuchten immer wieder Journalisten und Fernsehteams den Park. Wann immer die Zeit es erlaubte, ging ich mit ihnen zum Seelensteig. Viele waren von dem seit den 70er Jahren wild wachsenden Wald emotional berührt und manch positiver Artikel über die konsequente Umsetzung des Nationalparkzieles „Natur Natur sein lassen“ ging auf die Erlebnisse und Begegnungen mit dem Wald am Seelensteig zurück.

Nationalparke als Umweltschulen der Nation

Forstrat Siegfried Kutscher, damals in unserer Verwaltung für die Bildungsarbeit verantwortlich, schrieb im Sonderheft zum 10-jährigen Jubiläum der Zeitschrift „Nationalpark“ einen Aufsatz mit dem Titel „Der Bildungsauftrag“. Darunter verstand er den Lernprozess und die Ergebnisse unserer Bemühungen, diese völlig neue Aufgabe der Umweltbildung zu meistern.

Professor Gerhard Kleinhenz von der Universität Passau, der bereits die wirtschaftlichen Auswirkungen des Nationalparks Bayerischer Wald auf den Tourismus in der Region detailliert untersucht hatte, erarbeitete 1987 eine Stellungnahme über die „Bedeutung von Nationalparken als Umweltschulen der Nation“. Die Chance von Nationalparken als „Umweltschulen“ zu dienen, sah er vor allem darin, z. B. in Wäldern naturbelassene Ökosysteme im Kreislauf von Entstehen, Wachsen und Vergehen erlebbar zu machen. Einen weiteren wichtigen Beitrag zur Förderung des Umweltbewusstseins sah er darin, dass die Natur in einem großräumigen Schutzgebiet nicht Attraktionen anhäuft, sondern ihre Schönheit, Artenvielfalt und Schutzwürdigkeit dem geduldigen Betrachter mit dem Blick auf Einzelheiten und Zusammenhänge offenbart. In einer bundesweiten Umfrage wollten 1974 nur 21 Prozent eine wilde Natur erleben, 2013 waren es dann schon 70 Prozent.

1997 fand die alljährliche Fachtagung der „EUROPARC Federation“ zum ersten Mal in Deutschland im Bayerischen Wald statt. Das Thema lautete: „Neue Freunde gewinnen durch Naturerleben und Naturerziehung in Schutzgebieten“. 270 Fachleute aus 34 europäischen Ländern kamen im Bayerischen Wald unter der Schirmherrschaft von Landwirtschaftsminister Reinhold Bocklet zusammen. Als damaliger Präsident der „EUROPARC Federation" fasste ich die Bedeutung der Umwelterziehung in der Begrüßung zusammen:

„Im Rückblick auf mehr als ein Vierteljahrhundert eigener praktischer Arbeit beim Aufbau des Nationalparks Bayerischer Wald bin ich heute mehr denn je davon überzeugt: Umwelterziehung ist neben dem Schutzauftrag die wichtigste Aufgabe von Nationalparken. Parke sind Kristallisationspunkte. Hunderte Millionen von Menschen besuchen sie jährlich weltweit. Ein sorgsames, tatsächlich nachhaltiges Denken und Handeln im Umgang mit der Natur, unserer Lebensgrundlage, zu vermitteln und zu wecken und in möglichst breiten Bevölkerungsschichten lebendig werden zu lassen, ist vielleicht die einzige Chance, ein menschenwürdiges Leben nicht nur gerade noch für unsere Kinder, sondern auch für kommende Generationen zu sichern.

Von den heute Herrschenden, in Politik und Wirtschaft Verantwortlichen, unter denen machtbesessene Männer dominieren, die in weit überwiegender Mehrzahl nicht weiter denken als bis zur nächsten Wahl oder zur nächsten Aktionärsversammlung, ist eine wirkliche Wende im Umgang mit unseren natürlichen Lebensgrundlagen wohl nicht mehr zu erwarten. Wenn es nicht gelingt, wenigstens in der nächsten Generation, bei den Kindern und Jugendlichen von heute, Sensibilität und Verantwortungsbewusstsein und die Bereitschaft zum aktiven Engagement zu wecken, bleibt vielleicht auf Dauer überhaupt keine Chance mehr."

14 | DER NATIONALPARK IST KEINE INSEL

NATIONALPARKVORFELD UND INTEGRATION

Schon 1966 griff Karl Bayer die Idee von Hubert Weinzierl auf, einen Nationalpark im Bayerischen Wald zu schaffen. 1967 gründete der Landtagsabgeordnete (SPD) und Landrat des damaligen Landkreises Grafenau auf Vorschlag der Regierung von Niederbayern parteiübergreifend mit Kommunalpolitikern den „Zweckverband zur Errichtung eines Nationalparks Bayerischer Wald“. Er organisierte Busfahrten mit Waldlern zur Demonstration in den Bayerischen Landtag. So trug Bayer entscheidend dazu bei, dass dort 1969 am 11. Juni einstimmig die Gründung des Nationalparks Bayerischer Wald beschlossen wurde. Sein vorrangiges Ziel war der wirtschaftliche Aufschwung der armen Grenzregion durch die Förderung des Fremdenverkehrs. Er beharrte auch auf dem werbewirksamen Begriff „Nationalpark“, als der „Deutsche Rat für Landespflege“ das Projekt auf einen Naturpark reduzieren wollte. Aber Karl Bayer, studierter Forstmann und in den 60er Jahren hauptberuflicher Leiter des Staatlichen Sägewerks in Spiegelau, war auch ein Freund des Waldes und ein Naturschützer aus innerster Überzeugung. Vermutlich hatte ihn seine Kindheit im Steigerwald geprägt, wo er als Sohn eines Waldarbeiters mit acht Geschwistern aufgewachsen war. Jedenfalls wollte er von Anfang an in einem Nationalpark Wald und Wild in ihrem ursprünglichen Zustand erhalten.

Ländliche Neuordnung im Vorfeld

Minister Hans Eisenmann, dem nicht nur die Entwicklung des Nationalparks ein Anliegen war, sondern auch die des sogenannten Vorfeldes, wusste diese Hilfe aus der Kommunalpolitik vor Ort sehr zu schätzen. Er stellte einmal fest: *„Eine wirksame Unterstützung des Nationalpark-Vorfelds als Lebensraum muss zum Ziel haben, dass die Menschen, die hier wohnen, arbeiten,*

Das alte Rathaus in Grafenau ist seit 1976 Sitz der Nationalparkverwaltung.
(Foto: Hans Bibelriether)

Dienstleistungen verschiedenster Art erbringen und in Anspruch nehmen können, dass die Verkehrserschließung und die Verkehrsbedienung den Ansprüchen der Bürger gerecht wird.“ So ordnete er an, dass in den Vorfeldgemeinden nicht nur eine Flurbereinigung durchgeführt werden sollte, sondern auch Dorferneuerungen, Bauleitplanungen, ein ländlicher Wegebau, wasserwirtschaftliche und landschaftspflegerische Maßnahmen bis hin zu Erholungseinrichtungen überlegt und geplant werden sollten.

Grundlage dafür wurde ein von der 1970 gegründeten Planungsgemeinschaft Nationalparkvorfeld in Auftrag gegebener Landschaftsplan, der 1971 mit Beteiligung der beiden Landkreise Grafenau und Wolfstein sowie 20 Gemeinden fertiggestellt wurde. Unter Mitwirkung von Wolfgang Haber hatten wir im Nationalparkamt diesen „Landschafts-Entwicklungsplan“ erarbeitet, der dann als Grundlage für einen gemeinsamen Flächennutzungsplan für das Nationalparkvorfeld diente. Das Vorfeld wurde in drei Zonen gegliedert: Die Ruhe- und Wanderzone sollte von weiteren Baumaßnahmen ausgenommen bleiben. In der Zone

Im Nationalparkvorfeld wurde keine radikale Flurbereinigung durchgeführt. Hochraine und Steinriegel wurden nicht beseitigt, sondern zusammengelegt. *(Foto: Hans Bibelriether)*

der Erholungsschwerpunkte sollte die Landschaft entsprechend gestaltet werden und in der Anreise- und Einkehrzone sollten die Siedlungsgebiete und die Verkehrswege liegen. Unser Leitsatz war: *„Natur und Kultur erleben und erhalten"*. Im Plan wurde besonderes Gewicht auf die *„Erhaltung der landschaftlichen Schönheiten"* gelegt: *„Insbesondere die Erhaltung der Wiesentäler, Hecken, Raine, Wacholderheiden, Moorwiesen, Ufergehölze, Baumgruppen u. a. landschaftsbestimmender Elemente ist anzustreben."*

Die Flurbereinigungsdirektion Landau hatte im April 1973 18 Flurbereinigungsverfahren in den Vorfeldgemeinden angeordnet, deren Fläche rund 21.000 Hektar umfasste. Minister Eisenmann ist es zu verdanken, dass daraus nicht eine der üblichen Flurbereinigungen wurde, die gewachsene Kulturlandschaften ausräumte, wie dies leider damals noch lange Zeit der Fall war, sondern die Kulturlandschaft in ihrer Vielfalt und Schönheit erhalten blieb. So wurden zum Beispiel die in einigen

Gemeinden wie Kreuzberg und Hohenau vorhandenen Hochraine und Steinriegel nicht beseitigt, sondern so zusammengelegt, dass die Acker- und Wiesenflächen dazwischen größer wurden. Diese mächtigen neuen Steinriegel wurden dann zum Teil mit Büschen und Bäumen bepflanzt und halfen die landschaftliche Schönheit und die Artenvielfalt zu erhalten. An Bächen wurden Randstreifen angelegt und Feuchtgebiete durch Flächenumlagerungen erhalten und vergrößert.

Das größte Moorgebiet im Bayerischen Wald am Südrand des Nationalparks, das Klosterfilz, bei dem wir, wie bereits erwähnt, verhindern konnten, dass es durch die Gemeinde St. Oswald zum Stausee umgewandelt wurde, gewann durch die Flurbereinigung eine neue Qualität. Vor der Flurbereinigung gehörten nur 4,6 Hektar des Naturschutzgebietes Klosterfilz zum Nationalpark. Nach Abschluss der Flurbereinigung waren es 91 Hektar. Außerdem wurde dem Nationalpark durch

Die Kulturlandschaft wurde im Vorfeld erhalten (Hohenau). *(Foto: Hans Bibelriether)*

Flächenumlegungen zusätzlich ein 18 Hektar großes Feuchtgebiet (Bergerau) an der Kleinen Ohe angegliedert.

Nach Abschluss der Neuordnung des Nationalpark-Vorfeldes zeichnete Landwirtschaftsminister Eisenmann das Gebiet mit dem Staatspreis 1985/86 aus. Im Geleitwort der 100-seitigen Festschrift, die heute noch außerordentlich lesenswert ist, schrieb Minister Eisenmann: *„Flurbereinigung und Dorferneuerung verlangten von den zehn Teilnehmergemeinschaften zwischen Freyung, Grafenau und Spiegelau und von den Gemeinden nicht nur Weitblick und aufgeschlossenes Denken, sondern auch Mut und Entschlusskraft. Die Grundeigentümer haben durch harte Arbeit und materielle Opfer, aber vor allem auch durch viel gegenseitiges Verständnis und einen vorbildlichen Gemeinschaftsgeist ein bewundernswertes Beispiel der Heimatliebe gesetzt."*

Wandern in der Kulturlandschaft

Als wir 1970 mit der Ausarbeitung des Landschaftsplans für das Vorfeld begannen, wurde eines sehr schnell klar: Die Gemeinden hatten untereinander nur wenig Kontakt. Ganz abgesehen davon, dass ohnehin kaum markierte Wanderwege vorhanden waren, gab es kaum welche, die Gemeindegrenzen überschritten. Urlaubern, die in einer Landschaft wandern wollen, sind Gemeindegrenzen gewöhnlich nicht bekannt. So konnte es passieren, dass sie im Nationalparkvorfeld plötzlich am Ende eines Weges standen und umkehren mussten. Eine der schwierigsten Aufgaben bei der Zusammenarbeit mit den Vorfeldgemeinden bestand in der Überwindung dieser Grenzen. Ich erinnere mich noch gut, dass wir uns einmal auf Einladung von Regierungsdirektor Weber von der Regierung von Niederbayern mit den Bürgermeistern und Verkehrsamtsleitern der Gemeinden getroffen haben, um ihnen deutlich zu machen, dass nicht nur Wanderverbindungen zwischen den Gemeinden geschaffen werden müssten, sondern dass man auch einheitliche, die

Grenzen überschreitende Markierungen an den Wegen brauchen würde. Es hat Jahre gedauert bis hier eine wirkliche Besserung festzustellen war. Ähnlich schlecht war die Verbindung der Wanderwege aus dem Vorfeld hinein in den Nationalpark. Wir planten schließlich die Wege aus dem Nationalpark bis in die Ortschaften und sie wurden von den einzelnen Gemeinden dann schrittweise realisiert. Ein typisches Beispiel war der Ausbau eines Rundweges vom Freilichtmuseum in Finsterau in das benachbarte Waldgeschichtliche Wandergebiet im Nationalpark.

Die Wanderwege sind aber nur ein Beispiel. Ähnliches galt für die Radwege, die damals immer häufiger von Feriengästen nachgefragt wurden. Dann begann in den 90er Jahren eine Diskussion um die Anlage von Reitwegen, da auch das Reiten als Freizeitbeschäftigung immer beliebter wurde. Winterwanderwege fehlten ebenfalls. In Absprache mit den Verkehrsämtern erarbeiteten wir eine Karte mit Loipenvorschlägen für die angrenzenden Gemeinden und erreichten, dass Loipen für den Skilanglauf eingerichtet wurden.

Unterwegs in Bremen, Hamburg und Hannover

Landrat Karl Bayer war von Anfang an klar, dass es nötig war, die Werbung um Urlauber für die Region auszudehnen und zu professionalisieren. So organisierte er als Vorsitzender der Fremdenverkehrsgemeinschaft Grafenau bereits 1971 Werbefahrten nach Hamburg, Bremen, Hannover und Frankfurt. Ich wurde um Teilnahme gebeten, um dort jeweils bei den Pressegesprächen und Vorträgen über die Ziele und Aufgaben des Nationalparks zu berichten und die bisher geschaffenen Einrichtungen vorzustellen. Die Pressekonferenzen fanden großen Anklang und Medien berichteten in ganz Norddeutschland darüber. Vor Ort waren große Reisebüros an den Veranstaltungen beteiligt, wie zum Beispiel in Bremen Hapag-Lloyd oder das Reisebüro Blumental. In Hamburg drehte das Erste Programm des Deutschen Fernsehens eine Reportage über den Nationalpark und auch im Rundfunk wurde berichtet. Die meisten Pressevertreter verrieten bei diesen Veranstaltungen, dass sie nur über vage und zum Teil auch falsche Vorstellungen über den Nationalpark verfügten.

Von der Ministerialforstabteilung wurde meine Teilnahme, wie zu erwarten, kritisch begleitet und nicht als Dienstreise akzeptiert. In einem Bericht an das Ministerium versuchte ich klar zu machen, dass diese Veranstaltungen und meine Teilnahme positiv gewertet werden sollten, denn sie dienten auch dazu, klarere Vorstellungen über den Nationalpark auch außerhalb Bayerns zu vermitteln. Obendrein würden auf diese Weise auch die Leistungen des Bayerischen Staates, speziell der Staatsforstverwaltung, entsprechend herausgestellt.

Dorferneuerung und Hotelbauten

Um 1970 hatte der Trend zu großen Hotelkomplexen gerade den Bayerischen Wald erreicht. In Altreichenau sind sie heute noch zu sehen, ebenso wie am Geyersberg in Freyung. Unmittelbar am Rand des Nationalparks und im Nationalpark in Waldhäuser, wo am oberen Ortsrand ebenfalls ein Großhotel entstehen sollte, konnten wir dies verhindern. Die Auseinandersetzung um den Hotelbau in Waldhäuser war ziemlich hart. Die Abwasserbeseitigung hätte in den Nationalpark erfolgen müssen. Dies konnten wir mit Hilfe von Minister Eisenmann untersagen, sodass 1972 die Planung für das Hotel in Waldhäuser beendet wurde. Auch in Riedlhütte war ein Großhotel geplant, das verhindert werden konnte. In Oberkreuzberg hingegen wurde eines gebaut. Heute sind die Mehrzahl der Einheimischen dankbar, dass damals solche Hotelbauten verhindert werden konnten.

In Waldhäuser hatte ich im November 1970 ein erstes Gespräch mit dem „Bayerischen Jugendherbergsverband“ über die Zukunft der dortigen Jugendherberge. Als Ergebnis wurde die Jugendherberge aufgabenmäßig erweitert und im Jahr 1991 als „Umweltstudienplatz“ anerkannt. Wie bereits im Kapitel „Wald erleben – Natur verstehen“ erwähnt, übernahm Alois Zechmann dort die pädagogische Leitung und war jahrelang fast täglich mit Jugendgruppen im Nationalpark unterwegs.

Von großer Bedeutung war die Dorferneuerung. Die Gemeinden wurden finanziell sehr gut unterstützt und einzelne Bürgermeister haben tatsächlich ihre Dörfer im Kernbereich sanieren lassen und damit auch die Erholungsqualität für die Feriengäste wesentlich gesteigert. Die planlose Zersiedlung der Landschaft ist den Landräten anzulasten, die baurechtliche Vorschriften ignoriert haben. “Urbanisierung“ war ein geflügelter Begriff. Leider wurde die Zersiedelung nur sehr langsam reduziert und nur in einzelnen Gemeinden wurden schrittweise Bebauungsgebiete ausgewiesen.

Straßenbau im Vorfeld

„Das Geld liegt auf der Straße – auch im Bayerischen Wald. Viel Geld sogar, einige Hundert Millionen Mark. Man kann es nur nicht aufheben, weil es in Teer gegossen ist. Der Bayerische Wald ist heute reich an solchen teuren „Bodenschätzen“. Doch sie kosten viel und bringen wenig.

Es ist lächerlich, die Notwendigkeit befestigter Teerstraßen überhaupt zu bestreiten. Etwa nach dem Grundsatz: Der Bayerische Wald muss ein „Indianerreservat“ bleiben, wo Armut und Urwuchs unter Denkmalschutz stehen. Es geht nicht um die Romantik von Buckelkraxen, Ochsenkarren und Pferdefuhrwerken auf Goldenen Steigen. Selbstverständlich braucht man gute, sichere, geteerte Autostraßen. Die Frage ist nur: Wie viele, wohin und wozu“, schrieb der Journalist der „Süddeutschen Zeitung“ Hannes Burger 1976 in der Zeitschrift „Nationalpark“, als die Auseinandersetzung um den Straßenbau im Nationalparkvorfeld ihren Höhepunkt erreicht hatte.

Die Höhere Landesplanungsbehörde für den Regierungsbezirk Niederbayern führte ein Raumordnungsverfahren durch, das die Neu- und Ausbauten der Straßen im Vorfeld betraf.

Selbstverständlich war es sinnvoll und notwendig, abgelegene kleine Siedlungen und auch einzelne Häuser ans Wegenetz anzuschließen und im Winter räumen zu lassen. Aber aus unserer Sicht mussten die Straßen dorthin nicht alle geteert werden. Schotterstraßen reichten aus. Über 150 Kilometer waren geplant. Bei übertriebenen Ausbauten bestand die Gefahr großflächiger Landschaftszerstörungen und eines erheblichen Verbrauchs an land- und forstwirtschaftlichen Nutzflächen. Geteerte neue Straßen, die das Verkehrsaufkommen erhöhen und Lärm in die Stille der Natur tragen, mindern den Erholungswert einer Landschaft und machen sie für den Fremdenverkehr weniger attraktiv. Im Landtag wurde aufgrund von Anfragen über das Thema diskutiert und schließlich erreicht, dass ein erträglicher Kompromiss beim Straßen- und Wegebau erzielt wurde, auch wenn einzelne Straßenbauten hätten unterbleiben können.

Ausbau der Nationalparkstraße Neuschönau – Mauth.
(Foto: Hans Bibelriether)

Das Nationalparkamt war von Anfang an an den Diskussionen beteiligt und nahm an den Sitzungen der Planungsgemeinschaft teil. 1975 führten wir dann die sogenannten „Wirtshausdiskussionen“ ein. Wir trafen uns mit Bürgermeistern, Gemeinderäten und interessierten Dorfbewohnern und diskutierten offen und recht erfolgreich über einzelne Projekte des Straßenbaus, aber auch über die Anlage von kleinen Stauseen und neuen Rundwanderwegen. Einig waren wir uns sehr rasch darüber, dass zwei „Hauptstraßen“ ausgebaut werden sollten, zum einen die Nationalparkbasisstraße von Spiegelau nach Mauth im Nationalpark, zum anderen außerhalb des Nationalparks eine Aussichtsstraße auf den Höhenrücken von Spiegelau über St. Oswald bis nach Neuschönau.

Das Igelbussystem entsteht

Der Ausbau des Straßennetzes führte nicht dazu, dass der öffentliche Nahverkehr wesentlich verbessert wurde. So kamen wir auf die Idee ein neues öffentliches Bussystem zu schaffen. Es sollte an die Bedürfnisse der Nationalparkbesucher angepasst sein. Dies war dringend nötig, weil in den Ortschaften am Nationalpark der Individualverkehr ständig zunahm und an manchen Tagen im Randbereich bis zu 8.000 Kraftfahrzeuge registriert wurden. Bei schönem Wetter waren die Parkplätze total überfüllt.

Die Mär vom Hasen und Igel stand Pate für das Logo des neuen Bussystems.

90 Prozent der über eine Million Nationalparkbesucher reisten alljährlich mit eigenem Auto an und mussten es auch vor Ort benutzen, weil der öffentliche Personennahverkehr nicht ausreichte. 1985 ergaben Befragungen bei den Besuchern, dass zwei Drittel der Feriengäste bereit wären, auf ihr Auto zu

verzichten, wenn ihnen Alternativen geboten würden. Ab 1988 beschäftigten wir Christina Wibmer-Schmid, die das Konzept „Igelbus“ plante, realisierte und nach der Nationalparkerweiterung auch bis in den Raum Zwiesel ausdehnte.

Um umweltschonend zu sein, wurden – erstmals in Deutschland – großräumig Elektrobusse eingesetzt. Sie wurden später durch Erdgasbusse ersetzt. Von Mai bis Oktober waren öffentliche Stichstraßen im Nationalparkgebiet gesperrt. Die Busse fuhren zum Gfällparkplatz am Rachel, über Waldhäuser zum Lusenparkplatz und in Finsterau an die Grenze nach Tschechien. Die Städte Freyung und Grafenau wurden an das Bussystem angebunden. Staatssekretär Müller vom Landwirtschaftsministerium und sein Kollege Zeitler vom Umweltministerium eröffneten im Mai 1992 offiziell die ersten Buslinien im Nationalpark Bayerischer Wald. In den darauf folgenden Jahren wurde das System dann ausgebaut und eine Erdgastankstelle bei Grafenau eingerichtet. Die Anbindung des Bussystems an die Lokalbahnlinie Zwiesel-Spiegelau-Grafenau sollte die Besucher bereits zu einer umweltfreundlichen Anreise ermutigen. Die Akzeptanz bei den Einheimischen und den Urlaubern war hoch – über 90 Prozent der Befragten fanden die Einrichtung optimal. Als Logo wurde nach dem Märchen vom „Hasen und Igel“ ein Igel gewählt und das „Igelbussystem“ dient bis heute der Nationalparkregion Bayerischer Wald unter dem Motto *„Natur schützen – Bus benützen“*.

Ein Wir-Gefühl ist entstanden

In den Anfangsjahren gab es kaum Initiativen von Kommunalpolitikern, die Region für den Fremdenverkehr attraktiver zu machen. Die Gemeinden erwarteten vom Nationalpark alles und taten selbst wenig. Schon 1976 wurde vorgeschlagen, einen kommunalen Zweckverband zu gründen, um gemeinsame Projekte zu planen und umzusetzen. Aber erst 1990 schlossen sich die fünf Vorfeldgemeinden Spiegelau, St. Oswald-Riedlhütte, Neuschönau, Hohenau und Mauth zum „Zweckverband

Nationalparkgemeinden Bayerischer Wald" zusammen und Christina Wibmer-Schmid übernahm die Geschäftsführung.

Der Vorsitzende Georg Weny, Bürgermeister von St. Oswald-Riedlhütte, stellte in seiner Antrittsrede fest: *„Ein unkontrollierter Raubbau an der Natur zu Gunsten einer kurzfristigen Übernachtungsexpansion darf keinesfalls eintreten. Schäden durch den Tourismus in Natur und Sozialstruktur sind noch kaum spürbar und werden auch durch unsere gezielte gemeinsame Planung des Fremdenverkehrs in den fünf Mitgliedsgemeinden des Zweckverbandes nicht auftreten."*

Franz Schumertl, Landrat des neuen Landkreises Freyung-Grafenau nach der kommunalen Gebietsreform (1. Juli 1972), setzte sich mit Engagement für die Entwicklung des Vorfeldes ein. Mit ihm arbeiteten wir bald sehr konstruktiv zusammen. Eine jahrelang benachteiligte Landschaft werde aufgeweckt, stellte Schumertl fest.

Landrat Franz Schumertl unterstützte engagiert die positive Entwicklung des Nationalparkvorfeldes.

Ein von ihm verfasster Aufsatz für die „Allgemeinen Forstzeitschrift" schließt schon 1978 mit dem Satz: *„Das früher einmal existierende negative Klischee, etwa vom „finsteren oder hinteren und gar unwirtlichen Wald", in dem sich die Füchse „Gute Nacht sagen", ist infolge einer wirksamen, von Erfolg gekrönten Strukturpolitik im Grenzland endgültig der Vergangenheit zugeordnet."*

Im Rückblick kann man feststellen, dass die Kulturlandschaft in den Gemeinden um den Altpark im Wesentlichen in ihrer reizvollen Vielfalt erhalten geblieben ist und dass die hier wohnenden Waldler dies auch sehr zu schätzen wissen.

15 | KEINE ANGST VOR GROSSEN TIEREN

FINDEN WOLF UND LUCHS IM BAYERISCHEN WALD WIEDER EIN ZUHAUSE?

In den Anfangsdiskussionen über die Einrichtung eines Nationalparks im Bayerischen Wald spielte das Thema Wiederansiedlung ausgerotteter, ausgestorbener, aber auch gebietsfremder Tierarten eine besondere Rolle. Es wurden für den Bayerischen Wald Arten vorgeschlagen, die bei fachlicher Prüfung nicht in Frage kamen. Nicht nur von Wisent, Bär und Wolf war die Rede, sondern zum Beispiel auch von Gämse, Steinbock und Murmeltier. In seinem Gutachten schlug Wolfgang Haber vor, dass man Gämsen und Mufflons im Bayerischen Wald aussetzen sollte. Im Nationalparkamt waren wir uns rasch darüber im Klaren, dass vor einer Entscheidung über eine Wiederansiedlung zwei Fragen fachlich kompetent beantwortet werden mussten:

Sind die Biotope des Gebietes für eine Wiederansiedlung ausgerotteter oder ausgestorbener Arten geeignet und ausreichend groß für eine lebensfähige Population?

Könnte eine Art durch natürliche Rückwanderung wieder heimisch werden?

Die Flächengröße von Nationalparken in Europa ist in aller Regel als Lebensraum für überlebensfähige Populationen von Großtierarten nicht ausreichend. Deshalb hängt der Erfolg einer Wiederansiedlung stark davon ab, ob die einzelnen Arten auch in den Regionen rings um die Nationalparke leben könnten.

Wenn ich heute auf die Anfangsjahre zurückblicke, war im Aufgabenbereich Naturschutz neben dem Schwerpunkt Umgang mit dem Wald vor allem auch die Frage der Wiederansiedlung einer ganzen Reihe von Säugetier- und Vogelarten ein wichtiges Thema. Die vielen Geschichten über die Erfolge und Misserfolge zu erzählen, über die Sicherung der noch vorhandenen Restbestände etwa von Birkhühnern, Auerhühnern oder Fischottern würden ein ganzes Buch füllen. Ich will mich deshalb auf Wolf- und Luchsgeschichten und die Wildkatze beschränken. Wolf und Luchs wurden Mitte des 19. Jahrhunderts im Bayerischen Wald ausgerottet, die Wildkatze verschwand dort um 1920.

Katzengeschichten – Katzenmärchen?

Als sich Hubert Weinzierl ab 1966 für die Errichtung eines Nationalparks im Bayerischen Wald engagierte, hatte er sehr bald auch die Wiederansiedlung von Luchs und Wildkatze im Programm. Bei sich zu Hause in Heiligenstadt an der Donau hielt er in Gehegen Wildkatzen und auch Luchse, die er aus der damaligen Tschechoslowakei geholt hatte. Er beantragte Ausbürgerungsgenehmigungen für den Bayerischen Wald, gegen die sich vor allem der Landesjagdverband massiv wehrte. Erst im Jahr 1971 konnte der Bund Naturschutz im Nationalpark die ersten zwei Wildkatzen – mit offizieller Genehmigung – aussetzen.

Bereits 1969 waren etwa 30 Wildkatzen in der Tschechoslowakei im angrenzenden Böhmerwald freigelassen worden. Sie gewöhnten sich in der dortigen Kulturlandschaft rasch ein und vermehrten sich. Im Februar 1970 holte Hartmut Strunz zwei Wildkatzen aus Böhmisch-Eisenstein in der Tschechoslowakei ab, die Hubert Weinzierl dann am Tag der Nationalpark-Eröffnung am 7. Oktober 1970 bei Altschönau illegal zusammen mit einer Dritten frei ließ. Schon am 16. Oktober brachte eine der drei Katzen am Fohlenhof bei Altschönau einige Hühner um. Hartmut Strunz stellte dort eine Falle auf und fing die Wildkatze am 19. Oktober ein. An den Blauen Säulen ging ich mit ihm dann ein paar Meter über die Grenze in tschechisches Gebiet und wir ließen sie dort wieder frei, um Ärger mit den Waldlern zu vermeiden. Eine besonders vertraute Wildkatze aus Wiesenfelden, die sich regelmäßig im Wolfsgehege Futter holte, wurde 1974 gefangen und dann im Schaugehege untergebracht. Später, so kann ich mich erinnern, haben wir in der Felswanderzone öfter Wildkatzen und ihre Jungen beobachten können.

Woher kamen die Luchse?

Bereits im Jahr 1970 tauchten einzelne Luchse im Bayerischen Wald auf und schon ab 1971 konnten in freier Wildbahn geborene Jungluchse beobachtet werden. Das war ein Beweis dafür, dass sich der Bayerische Wald als Lebensraum noch immer gut eignete. Auch die ersten Luchse waren illegal freigelassen worden. Wie viele es waren, ist nicht mehr bekannt. Dr. Artur Steinhauser aus München brachte im Auftrag von Hubert Weinzierl vom Bund Naturschutz im Februar 1970 zwei Luchse aus Heiligenstadt in den Nationalpark und ließ sie dort frei. Im Juni 1972 erlegte Revierförster Karl Heidenreich aus Frauenau westlich vom Rachel im Privatjagdgebiet des Freiherrn von Poschinger einen Luchs. Der Bund Naturschutz erstattete bei der Staatsanwaltschaft in Deggendorf Anzeige. Vorher hatte aber der Förster bereits den Kopf des toten Luchses an das Bayerische Landesamt für Tierseuchenbekämpfung nach Oberschleißheim geschickt, da angeblich Tollwutverdacht bestand. Das Untersuchungsergebnis war negativ, der Luchs war völlig gesund. Die Überreste des Luchses landeten in der Tierkörperverwertungsanstalt in Rinchnach. Das Fell stellte die Polizei in Frauenau sicher.

Luchsaufkleber vom „Verein Pro Nationalpark".

Im Frühsommer 1973 wurde ein Jungluchs in einem Hühnerstall bei Böhmisch-Eisenstein eingefangen und ein zweiter Jungluchs wurde zur gleichen Zeit von einem tschechischen Jäger von einem Baum geschüttelt und ebenfalls gefangen. Im Oktober 1973 wurden dem Nationalpark beide Luchse übergeben. Der zweite gefangene Luchs machte einen ziemlich ausgehungerten Eindruck und schien ein Geschwister des zuerst gefangenen Luchses zu sein. Denn als im Nationalpark die Käfige mit den beiden gefangenen

Tieren nebeneinander gestellt wurden, versuchten sie sofort zueinander zu gelangen. Als sie dann gemeinsam in unser großes neu gestaltetes Luchsgehege gebracht wurden, begrüßten sie einander freudig. Wir vermuteten, dass das Muttertier irgendwo gewildert oder getötet worden war. Woher die beiden jungen Luchse stammten, ist bis heute ungeklärt. Denn in der Tschechoslowakei begann man offiziell erst 1977 die Wiederansiedlung des Luchses im Böhmerwald zu planen. Die Voraussetzungen vor Ort wurden mehrere Jahre geprüft, ehe Luchse vor allem aus dem Zoo von Ostrava angekauft wurden. Das Projekt wurde vom WWF finanziell unterstützt. Im Januar 1982 wurde dann das erste Luchspaar im Böhmerwald freigelassen. Im März 1982 wurde eine weitere Luchsgruppe von drei Tieren freigelassen, am 9. Oktober 1984 folgten zwei weitere Artgenossen und am 7. Oktober 1985 nochmals drei Exemplare. Von den zehn in Tschechien freigelassenen Luchsen waren drei Männchen und sieben Weibchen.

Eine kleine Geschichte dazwischen: Am 12. März 1972 fiel im Tierfreigelände bei einem Sturm eine Altbuche über das Luchsgehege und ein Luchs entkam. Schon 300 Meter weiter fing er einen Fuchs, zehn Tage später tauchte er in der Nähe des Geheges wieder auf und wollte Kontakt mit seiner Luchspartnerin aufnehmen. Der Wolfsforscher Dr. Erik Zimen, der damals im Nationalpark arbeitete, beobachtete eines Tages am Luchsgehege, wie der Luchskater mit seiner Kätzin durch den Zaun Zärtlichkeiten austauschte. Erik Zimen hielt die Situation für günstig und legte zusammen mit einigen Nationalparkmitarbeitern einen provisorischen Zaun um das Gehege an. So gelang es, den Kater am 24. März 1972 wieder einzufangen.

Jahrelang traten wir dafür ein, im Nationalpark Luchse offiziell wieder auswildern zu dürfen. Der Widerstand war erheblich. Auch der Bayerische Landesjagdverband, der die bereits frei laufenden Luchse abschießen lassen wollte, machte immer wieder Schwierigkeiten. Von seiner Fachgruppe „Niederwild und Raufußhühner" ließ er ein Gutachten anfertigen, in dem festgestellt wurde, dass der Bayerische Wald und der Böhmerwald als Biotope nicht geeignet seien. Schützenhilfe erhielten die Jäger vom staatlichen Forstamt Zwiesel, das bei der Oberforstdirektion Regensburg einen Abschussantrag für Luchse gestellt hatte, weil irgendwo ein tollwütiger Luchs einen Menschen angegriffen oder gar verletzt hätte. In der gesamten Fachliteratur war jedoch kein einziger Fall zu finden. Es war ganz offensichtlich, dass die Jäger vor Ort dem „ungeliebten Konkurrenten" in ihren Revieren ans Fell wollten, damit er ihnen keine Rehböcke wegfangen würde. Minister Eisenmann schloss sich der Feststellung an, dass von Luchsen keine Gefahr ausginge und erklärte in München, der Luchsbestand im Bayerischen Wald sei keineswegs besorgniserregend und im Verhältnis zur Größe des Waldgebietes sogar „sehr gering".

Nach dem Fall des „Eisernen Vorhangs" im Jahr 1990 wurde der Grenzzaun auf tschechischer Seite entfernt und damit der Übergang vom Böhmerwald in den Nationalpark Bayerischer Wald geöffnet. Die in Tschechien freigelassenen Luchse konnten nun ihre Reviere genau wie die bayerischen Luchse über die Grenzen hinweg erweitern. Es entwickelte sich eine recht stabile Population, die ihre Reviere vom Bayerischen Wald aus bis in den Oberpfälzer Wald und nach Österreich ausdehnte. Leider werden aber bis heute noch immer wieder Luchse illegal getötet. Besonders viele Jungtiere der in den beiden Nationalparken lebenden Luchse verschwinden spurlos im „Bayerischen Bermudadreieck".

Wolfsjagd im Bayerischen Wald

Wochenlang sorgten zehn Wölfe bundesweit für Schlagzeilen, als sie am 27. Januar 1976 aus dem Wolfsgehege im Nationalpark ausbrachen. Die Telefonverbindungen zum Nationalparkamt waren durch die Nachfragen von Journalisten zeitweise blockiert. Bewaffnete Sicherheitskräfte durchkämmten die Wälder, Naturschützer und Rechtsgelehrte gerieten aneinander, der Landtag schaltete sich ein. Viele Persönlichkeiten verloren bei diesem vergleichsweise harmlosen Ereignis jegliches Augenmaß. Wie es dazu kommen konnte?

Im Sommer 1970 suchte der in Schweden geborene Erik Zimen, der seit Jahren das Sozialverhalten der Wölfe erforschte, im bayerischen Nationalpark nach einer neuen Bleibe für seine Wölfe. Sein Gelände in Kiel bot den Tieren nicht mehr genügend Platz. Im Dezember kam er zum ersten Mal nach Spiegelau und wir vereinbarten, dass er im Nationalparkbereich einen Standort für ein Wolfsgehege suchen sollte. Wir einigten uns darauf, für die Anfangszeit in Waldhäuser eine geeignete Einzäunung um unser Gästehaus anzulegen, wo Zimen dann am 24. Februar 1971 seine Wölfe unterbrachte. Wenn er sie mit ihren Namen „Näschen", „Wölfchen" und „Mädchen" rief, kamen sie angelaufen, umschmeichelten seine Beine, leckten seine Hände und gingen – ohne an der Leine zu sein – mit ihm spazieren. Im Tierfreigelände wurde im Sommer 1971 ein großes Freigehege gebaut und zehn Wölfe, die aus Finnland und Afghanistan stammten, waren in der Folge dort seine Studienobjekte. Sie hatten den Forscher als ihren Leitwolf anerkannt. Für sehr viele Nationalparkbesucher war das Wolfsgehege eine der attraktivsten Anlagen im Nationalpark. Dann ereignete sich im Januar 1976 der Ausbruch.

Am 26. und 27. Januar 1976 wurden, wie in jedem Winter, Schneeräumarbeiten im und um das Gehege herum durchgeführt. In einem Beitrag für die Zeitschrift „Nationalpark" schrieb Erik Zimen, dass es aus ihm unbekannten Gründen zu einem panikartigen Verhalten der Wölfe kam. Sie sprangen am Zaun hoch und rissen in dessen oberen Teil ein Loch, durch welches sie entkommen konnten. Der Zaun war drei Meter hoch, hatte im unteren Teil ein kräftiges Viereckgeflecht, oben ein weitmaschigeres Knotengeflecht. Die starke Kälte (-20 Grad) mag dazu beigetragen haben, dass der Draht besonders spröde war und den Wölfen nicht genug Widerstand bot. Von der rund 1,2 Meter

Wolfsforscher Dr. Erik Zimen inmitten seines Rudels.

hohen Schneedecke konnten die Tiere den weitmaschigeren oberen Zaun erreichen. Eine Stunde nach dem Schneeräumen, am Spätnachmittag, wurde der Ausbruch entdeckt. Den Spuren nach zu schließen zerstreuten sich die Wölfe in verschiedene Richtungen, verließen aber das Tierfreigelände nördlich von Neuschönau zunächst nicht. Erst nach ein bis zwei Tagen wanderten einige Wölfe in kleinen Gruppen ab. Zwei Wölfe hielten sich unmittelbar östlich des Nationalparks bei Finsterau im bayerisch-tschechischen Grenzbereich auf und ernährten sich von gerissenen Rehen, drei blieben im Waldgebiet um die Gehegezone des Nationalparks und der Rest lief rasch in Richtung Rachel und Falkenstein. Einer davon wurde bereits in der Nacht vom 29. auf den 30. Januar von einem Jäger bei Frauenau erschossen. Die restlichen Wölfe dieser Gruppe wanderten nach Nordwesten weiter. Aus St. Englmar und im Landkreis Bogen wurden glaubwürdige Beobachtungen eines Wolfes gemeldet. Ein Wolf wurde am 25. Februar im Landkreis Schwandorf erschossen und ein weiterer war noch in der Oberpfalz unterwegs. Eine Woche nach dem Ausbruch erließen die Landratsämter Freyung, Grafenau und Regen auf Weisung des Innenministeriums eine Tötungsanordnung.

Die Reaktion in der Öffentlichkeit war völlig überraschend. In der gesamten Bundesrepublik setzten sich Menschen für die Wölfe ein. Schulklassen, Rentner und Rentnerinnen, namhafte Publizisten und sogar Jäger appellierten an die Behörden, den Ausbrechern eine Chance zu geben. In Frauenau bildete sich sogar eine Bürgerinitiative für die Wölfe. Führende Zoologen, Verhaltensforscher und die Zentrale des WWF in Genf wiesen darauf hin, dass wilde Wölfe nicht gefährlich seien und sich hier eine einmalige Möglichkeit ergeben würde, Erkenntnisse über das Leben dieser sagenumwobenen Tiere in einer Kulturlandschaft zu gewinnen.

Eine Wolfsgruppe war im Bereich des Nationalparks und dessen Vorfeld geblieben. Immer wieder wurden einzelne Wölfe beobachtet. Wir legten Futter aus, um sie vielleicht einfangen zu können. Ein wenig scheues Weibchen und ein Rüde fraßen von dem Futter, das ihnen zugeworfen wurde. Auf diese Tiere konzentrierten wir unsere Fangbemühungen.

Es kam wie es kommen musste: Am 21. März wurde ein Wolfsbiss zum Politikum. Es spielten vier Kinder auf einer Wiese, die bei Forstwald an den Nationalpark angrenzte, als zwei Wölfe aus dem Wald kamen. Höchstwahrscheinlich handelte es sich um die durch Erik Zimen zahm gewordene Fähe und ihren etwas scheueren Rüden. Dieser blieb am Waldrand sitzen, während die Fähe zu den Kindern lief und diese beschnupperte. Das kleinste der Kinder, ein vierjähriger Junge, lief davon, woraufhin ihn die Fähe von hinten mit den Vorderpfoten ansprang und umwarf. Der Wolf fasste dann die Hose des Jungen und zog daran. Einer der beiden älteren Jungen, 12 Jahre alt, zog den Kleinen hoch, doch der Wolf ließ nicht los, sondern fasste nach und hielt den Jungen dabei zuerst am Oberschenkel und dann am Po fest. Erst als der dritte Junge den Wolf mit einem Stock auf den Kopf schlug, ließ dieser los und trottete mit dem anderen Wolf zusammen in den Wald zurück. Der gebissene Junge trug mehrere blaue Flecken sowie eine kleine Wunde davon. Die verständigte Polizei veranlasste, dass das Kind in das Kreiskrankenhaus gebracht wurde. Dort wurde die Wunde verbunden und der Patient aus Sicherheitsgründen gegen Tollwut geimpft.

Die Polizei meldete den Vorfall direkt an die „Deutsche Presseagentur“ dpa. So kam es dazu, dass dort sofort folgende Meldung veröffentlicht wurde: *„Kind von Nationalparkwolf zerfleischt“*. Die geforderte Richtigstellung kam zu spät und die bundesweiten, reißerischen Schlagzeilen sorgten dafür, dass eine Hundertschaft von Bereitschaftspolizisten in die Nationalparkregion entsandt wurde, um bei der einsetzenden Wolfsjagd zu helfen. Das Bayerische Innenministerium begründete diesen Schritt mit der Gefährdung der Bevölkerung. Insgesamt waren 130 Personen an der Wolfsjagd beteiligt. Trotzdem blieb die Jagd bis auf den Abschuss eines Hundes (!) zunächst erfolglos. Als Neuschnee fiel und die Spurensuche erleichterte, wurde ein Wolf von einem unserer Mitarbeiter erlegt. Der Einsatz der Polizisten blieb insgesamt erfolglos. Nach ein paar Monaten zogen sie ab und es wurde kein Wolf mehr gesehen. Der letzte der zehn Ausbrecher wurde drei Jahre später im Nationalparkvorfeld von einem Jäger erschossen.

Der Ausbruch der Wölfe hatte aber auch Auswirkungen auf die öffentliche Meinung über den Umgang mit frei lebenden

„AZ" vom 23. 3. 1976:

Ein Bub wurde angefallen. Jetzt fordern die Bewohner im Bayerischen Wald:

„Bringt die Wolfsbestien endlich um!"

Innenminister gab Jagd auf

Von Dieter Kerschkamp

„TZ" vom 24. 3. 1976:

Super-Wolfshatz

Über 200 Jäger suchten bisher vergebens

Von ERWIN LASS

„TZ" vom 23. 3. 1976:

Jetzt soll Bundeswehr die Wölfe jagen!

Wurde von Wolf angefallen: Roman Frisch (4)

Riesen-Hatz im Bayerischen Wald

Erschossener Wolf in der Oberpfalz

„Bayerwald-Echo" vom 22. 3. 1976:

Kinder von Wölfen überfallen: Vierjähriger halb zerfleischt

Fachleute: Es waren die aus dem Nationalpark ausgebrochenen Wölfe

Die Schlagzeilen nach dem Wolfsbiss im März 1976.

Die Bundespolizei wurde zur Wolfsjagd abgeordnet.

Wölfen in unserem Land. Es wurde begonnen darüber zu diskutieren, ob nicht auch Wölfe, neben anderen Großtierarten wie Rothirsche und Wildschweine in einigen dafür geeigneten Gebieten ein Lebensrecht erhalten sollten. Aus Polen wanderten Wölfe nach Sachsen ein, der „Eiserne Vorhang" fiel und der Weg nach Westdeutschland wurde frei. Im Jahr 2000 wurden erstmals wieder in Deutschland nach 150 Jahren in der Oberlausitz Jungwölfe in freier Wildbahn geboren.

Durch das Bundesnaturschutzgesetz sind seit dem Jahr 2000 Wölfe streng geschützt. 2016 lebten, so die Information des Bundesamtes für Naturschutz, in Deutschland vor allem in ost- und norddeutschen Bundesländern bereits über 46 Wolfsrudel, 15 Wolfspaare und vier Einzelwölfe. Auch im Bayerischen Wald wurden in diesem Jahr schon einige wilde Wölfe beobachtet. Seit dem Jahr 2000 wurden 103 Wölfe überfahren, 19 nachweislich illegal getötet und 14 sind eines natürlichen Todes gestorben. Immerhin 44 Prozent unserer Mitbürger wünschen sich nach der „Naturbewusstseinsstudie 2013" des Bundesumweltministeriums, dass die Wölfe sich weiter ausbreiten. Die Angst der Menschen, von Wölfen draußen in der Natur überfallen zu werden, ist offenbar Geschichte geworden.

16 | KEINE SPIELWIESE FÜR FORSCHER

FORSCHUNG MUSS DEM NATURSCHUTZ DIENEN

Als ich in den 60er Jahren als wissenschaftlicher Mitarbeiter am Waldbauinstitut der Forstlichen Fakultät der Universität München tätig war – mein Arbeitsschwerpunkt war die Untersuchung der Wurzelsysteme von Waldbäumen –, lernte ich eine ganze Reihe von Professoren und ihre Assistenten kennen. In jahrelanger Erfahrung erkannte ich, dass es der Mehrzahl von ihnen in ihren Forschungsarbeiten vor allem um Selbstdarstellung ging, um ihr öffentliches Ansehen und ihre Karriere. Erst an zweiter Stelle wollten sie um der Sache willen neue Erkenntnisse gewinnen.

Wenn ein Fachbuch erschien, schauten sie zuerst – ich habe das mehrfach erlebt – im Literaturverzeichnis nach, ob sie unter den dortigen wissenschaftlichen Veröffentlichungen aufgelistet waren. War das nicht in ausreichender Form der Fall, wurde die entsprechende Publikation beiseite gelegt und der Autor abgewertet. Und je spektakulärer eine Forschungsthematik ist, umso lieber wählt man sie aus.

Diese Erfahrung machte offenbar auch mein Freund Hubert Zierl, ebenfalls wissenschaftlicher Assistent am Waldbauinstitut der Uni in München und später Leiter des Nationalparks Berchtesgaden. Er stellte fest: *„Ein Nationalpark darf nicht zur Spielwiese für Forscher verkommen.“* Der Zoologieprofessor Dr. Herbert Zucchi von der Hochschule Osnabrück schrieb einmal in seinem Beitrag „Forschung auf Abwegen“ in „Nationalpark“: *„Im Laufe meines Lebens habe ich allerdings lernen müssen, dass es – auch in der Naturschutzforschung – oft genug gar nicht darum geht, mit den formulierten Fragestellungen und den eingesetzten Methoden ein Optimum für den Schutz der Natur herauszuholen, aber ein Maximum an Eigenprofilierung und Selbstdarstellung.“*

Regeln für Forschung in Nationalparken

Gleich zu Beginn unserer Tätigkeit am Nationalparkamt wurde uns klar, dass wir ein umfassendes Bild der natürlichen Komponenten im Nationalpark brauchten. Wir mussten in Erfahrung bringen, in welchem Zustand sich die Ökosysteme und ihre Teilbereiche befanden. Es fehlten Kenntnisse über die Wechselwirkungen und Wechselbeziehungen innerhalb des Gesamtsystems. Und wir mussten möglichst viel lernen über Entwicklungen und Veränderungen draußen im Wald und über das, was sie verursacht. Offiziell war allerdings in unseren ersten Arbeitsjahren die Forschung noch kein Thema. Erst im Bayerischen Naturschutzgesetz von 1973 wurde sie neben dem Naturschutz als wichtige Aufgabe für Nationalparke festgelegt. In der Rechtsverordnung über den Nationalpark vom 21. Juli 1992 wurde dann als Hauptaufgabe der Forschung die wissenschaftliche Beobachtung der „ungestörten Dynamik des Waldes“ festgelegt.

Forschungen, durch deren Eingriffe ein Ökosystem in seiner Substanz verändert und natürliche Abläufe beeinflusst und beeinträchtigt werden, müssen in Nationalparken selbstverständlich unterbleiben. Es versteht sich von selbst, dass Forschung mit behutsamen Methoden arbeiten und ethische Grundsätze beachten muss. Forschung darf nicht auf Kosten unserer Mitgeschöpfe erfolgen. All das braucht Zeit. Deshalb ist diese Form der Langzeitbeobachtung nur für Wissenschaftler interessant, die in Kauf nehmen, dass sie ihre Ergebnisse erst nach Jahren publizieren können.

Erkundung der Naturausstattung und des Naturwaldes

Die Erforschung der natürlichen Grundlagen von Pflanzen- und Tierleben begann mit der Gründung des Nationalparks. Als erstes wurde eine geologische Karte erarbeitet und unter dem Titel „Klima und Böden – Waldstandorte“ erschien 1976 der erste Band einer Schriftenreihe, die vom Landwirtschaftsministerium herausgegeben wurde. Er war rasch vergriffen und wurde 1987 mit 255 Seiten neu aufgelegt. In weiteren Schriften wurden die Pflanzengesellschaften und Tierarten beschrieben. Eine eigene Ausgabe war den Moosen und Flechten gewidmet, über die wenig bekannt war. Bände über die Fischbestände in den Bächen und die Insektenfauna kamen hinzu. Die Druckkosten für die meisten Ausgaben wurden vom „Verein der Nationalpark-Freunde" bezahlt. Heute sind noch Restbestände beim Verein vorhanden und können dort angefordert werden. Sachgebietsleiter für Forschung war Forstoberrat Dr. Klaus Thiele, der neue Forschungsvorhaben, Dissertationen und Diplomarbeiten, wenn ihre Themen für den Nationalpark wichtig waren, auswählte und koordinierte.

Unsere Bilanz 1990 konnte sich sehen lassen. Die Nationalparkverwaltung hatte in den ersten 20 Jahren mit 31 Universitäten, vier Fachhochschulen, 31 anderen Institutionen und zehn Privatpersonen aus 53 Orten zusammengearbeitet. Insgesamt waren 447 Personen (Bearbeiter, wissenschaftliche Betreuer, Projektleiter und wissenschaftliche Mitarbeiter) aus sechs Ländern beteiligt. 90 Personen erwarben sich dabei ein Hochschul- oder Fachhochschuldiplom und 23 einen Doktortitel. Insgesamt 228 Projekte wurden bis 1990 abgeschlossen. Bei den 1990 noch laufenden 112 Projekten (36 Projekte wurden ohne Ergebnis abgeschlossen) handelte es sich um 46 „Dauerbeobachtungsprogramme", die in der Mehrzahl von Mitarbeitern der Nationalparkverwaltung durchgeführt wurden.

Die Erforschung der Vogelwelt

Es war ein Glücksfall, dass schon ab 1971 der Zoologe Dr. Wolfgang Scherzinger zu den Mitarbeitern im Nationalpark gehörte. Er führte eine umfassende Bestandsaufnahme und Analyse der Lebensräume einzelner Vogelarten durch, dokumentierte die Ursachen für ihr Aussterben und schuf damit die Grundlagen für ihren besseren Schutz und für ihre Wiederansiedlung.

Schon 1972 dokumentierte er den Bestand und die Verbreitung verschiedener Eulenarten wie Sperlingskauz und Raufußkauz. Habichtskäuze, deren westlichstes Vorkommen in Europa der Bayerische Wald/Böhmerwald war, konnte er im Nationalpark nicht beobachten. Ebenso gab es keine frei lebenden Uhus mehr. Unter seiner Anleitung richteten wir Nachzuchtvolieren für diese beiden Arten ein und wir konnten bis 1977 dort von drei Uhupaaren aufgezogene 37 Jungvögel freilassen. Von den Habichtskauzbrutpaaren konnten 1975 die ersten sieben Nachkommen ausgewildert werden. Beide Arten sind heute im Bayerischen Wald in zahlreichen Brutpaaren wieder heimisch.

Die Bestandsaufnahme der Auerhühner ergab, dass im Nationalpark und in den angrenzenden Gebieten nur noch ein Restvorkommen existierte. Für die extrem schwierige Nachzucht von Auerhühnern wurde in Waldhäuser am alten Forsthaus, wo Scherzinger wohnte, eine große Anlage gebaut, in der zwei Hähne und fünf Hennen Platz fanden. 1975 wurden die ersten 32 Jungvögel aufgezogen. 15 davon wurden in den Harz, sieben ins Riesengebirge abgegeben.

Ohne Wolfgang Scherzinger wäre die Sicherung der Restbestände und die Wiederansiedlung einzelner Vogelarten, zu denen auch Kolkrabe, Schwarzstorch und Wanderfalke zählten, nicht möglich gewesen. Zwar beharrte er lange Zeit darauf, dass Arten- und Biotopschutz im Nationalpark an erster Stelle stehen müssten, doch Anfang der 90er Jahre konnten wir ihn schließlich davon überzeugen, dass der Prozessschutz in einem Nationalpark die vorrangige Naturschutzaufgabe sei.

In den ersten Jahren wurde seine Arbeit vom „Verein der Nationalpark-Freunde“ finanziert. 1974 erhielt er mit Zustimmung des Ministeriums einen befristeten Angestelltenvertrag. 1977, als ihm eine wissenschaftliche Stelle an der Universität Wien angeboten wurde, gelang es, das Ministerium dazu zu bringen, Scherzinger ab 1. April 1978 einen zeitlich unbefristeten

Arbeitsvertrag anzubieten und er blieb bis zu seiner Pensionierung im Nationalpark.

Wasserforschungsprojekt Große Ohe

Das Wasserforschungsprogramm im 2000 Hektar großen Einzugsbereich der Großen Ohe, einem Bach im Rachelgebiet, war mit Abstand das umfassendste Projekt und auch international bedeutsam. Es wurde Ende der 70er Jahre begonnen. Klaus Thiele beschrieb das Programm 1987 in der Zeitschrift „Nationalpark“ unter dem Titel „Messtürme im Urwald“ in sehr verständlicher Form. Sein Aufsatz ist noch heute sehr interessant und lesenswert. Besondere Bedeutung kam dem Forschungsvorhaben zu vor dem Hintergrund der Luftverschmutzung und den damit verbundenen Anzeichen des Waldsterbens.

Die Untersuchungen im Einzugsbereich der Großen Ohe beschäftigten sich zunächst mit dem Wasserhaushalt, also mit dem Verhältnis von Niederschlägen, Verdunstung und Abfluss in einem, vom Menschen relativ wenig beeinflussten, vollständig bewaldeten Einzugsgebiet. Um die Entwicklung langfristig zu dokumentieren, wurde am Taferlruck an der Großen Ohe eine Messstation eingerichtet, in der ab Januar 1978 der Wasserabfluss gemessen und Wasserproben entnommen und untersucht werden konnten. Zunächst wurde dort die Wasserhaushaltsgleichung: „Abfluss = Niederschlag – Verdunstung“ beobachtet. Ein Beispiel: Der Niederschlag im Forschungsgebiet betrug 1979 zwischen 1.411 und 1.438 Millimeter/Quadratmeter, der Gebietsabfluss 816 und somit die Verdunstung 412 Millimeter. Damit betrug die Vorratsänderung zwischen 183 und 210 Liter je Quadratmeter und Jahr. Anfang der 80er Jahre wurde damit begonnen, den Ein- und Austrag von chemischen Stoffen zu ermitteln. Für das Jahr 1982/83 wurde festgestellt, dass etwa 122 Tonnen Sulfat aus dem Einzugsgebiet Große Ohe ausgetragen wurden.

Dann setzte eine rasante Zunahme der gemessenen Luftschadstoffe ein. Die Forschung an der Großen Ohe erfuhr eine wesentliche Erweiterung. Am aufwendigsten und am auffälligsten in der Landschaft war die Messung der Konzentration und des Eintrags der gasförmigen Stoffe Schwefeldioxid, Stickoxid und Ozon. Um sie zu erfassen, wurde ein 50 Meter hoher Messturm im Wald nahe der Racheldiensthütte errichtet. Registriert wurden dort die Konzentrationen und zeitlichen Veränderungen dieser Schadgase im Kronen- und Stammraum der Bäume und der mengenmäßige Eintrag in den Waldbestand. Dieses Messprogramm stellte einen wesentlichen Fortschritt gegenüber dem bisherigen Stand der Forschungen dar. Bisher waren die Schadstoffe nur als Konzentration gemessen worden. Den tatsächlichen Schadstoffeintrag und die Geschwindigkeit der Ablagerung kannte man zuvor nicht.

Minister Simon Nüssel und Oberförster Lothar Hopfner an der Wassermessstation Taferlruck.
(Foto: Hans Bibelriether)

Der hohe Messturm bot auch Chancen für andere Forschungsprojekte im Zusammenhang mit dem Waldsterben. Von dort aus ließ sich die unterschiedliche Reflexion der Lichtstrahlen bei geschädigten und gesunden Bäumen beobachten. Zum ersten Mal konnten nun auch Art und Menge der in den Blättern und Nadeln der Bäume deponierten und in die Atmosphäre abgegebenen, sogenannten Terpene untersucht werden. Terpene hemmen die Photosynthese und die Atmung, können also zur Schädigung der Bäume beitragen. Ein weiteres Thema war die Untersuchung des Nebelniederschlags. Bäume „kämmen" den Nebel aus. Die Konzentration von Schadstoffen im Nebel erwies sich als außerordentlich hoch. Es wurden nicht selten pH-Werte unter drei ermittelt.

Parallel zur Erfassung der Daten am Messturm wurden selbstverständlich auch das Wasser in der Großen Ohe und die dort vorkommenden Tierarten untersucht. Ende der 70er Jahre wurden an der Messstation Taferlruck noch über 2.000 Forellen gezählt, 1987 waren es nur noch 35. Auch Eintagsfliegen, Bachflohkrebse und Weichtiere kamen bald nur noch in den wenigen Gewässerabschnitten mit günstigen pH-Werten vor. In seinem Beitrag über die „Messtürme im Urwald" stellte Klaus Thiele 1987 in der Schlussbemerkung fest: *„Die Forschungen im Einzugsgebiet der Großen Ohe zeigen die Besonderheiten der Nationalparkforschung. Sie sind – wie die Erforschung des Wasserhaushalts und der Stoffbilanzen – langfristig angelegt, um längerfristige Trends der wichtigsten Steuermechanismen für Ökosysteme zu erkennen. Die Messanlagen sowie Aus- und Durchführung der Forschungsprogramme ermöglichen internationale Vergleiche. Damit ist ein Beitrag zu einer weltweiten Beobachtung der Entwicklung der Umweltbedingungen und der darauf zurückzuführenden Reaktionen von Pflanzen und Tieren möglich." … „Leider ist es im Nationalpark Bayerischer Wald wie in den meisten anderen Nationalparken bisher allerdings noch nicht gelungen, echte interdisziplinäre Arbeiten durchzuführen.*

Es ist außerordentlich kostspielig und aufwendig, Forschungsteams aus unterschiedlichen Fachrichtungen gleichzeitig an einer Fragestellung zu beschäftigen. So können nach dem bisherigen Weg die einzelnen Teilfragestellungen lediglich in der Art von Bausteinen nach und nach aufeinander gesetzt werden, um insgesamt ein Wissensgebäude zu errichten.“

Noch heute wird die Langzeitstudie über die Wasserqualität im Einzugsgebiet der Großen Ohe fortgeführt. Damit konnte in Mitteleuropa erstmals nachgewiesen werden, dass in sich natürlich entwickelnden Wäldern mit Windwürfen und Borkenkäfermassenvermehrungen die Qualität des Wassers sehr gut bleibt. So wurden z. B. zu keiner Zeit überhöhte Nitratwerte gemessen.

Persönliche Erfahrung am Seelensteig

Im Kapitel „Wald erleben – Natur verstehen“ habe ich die Entstehung des Seelensteigs und seine Bedeutung bei der Begegnung mit ursprünglichen Waldbildern beschrieben. Aber ich machte dort noch eine ganz andere Erfahrung. Als wir in den 70er Jahren noch versuchten, durch die Forstwirtschaft veränderte und verarmte Waldbestände wieder in eine ursprünglichere, naturnähere Form zurückzuführen, haben wir nach dem Femelschlagverfahren in ältere Fichten-Buchenbestände Lücken geschlagen und dort Tannen gepflanzt. Dies geschah auch in Waldbeständen, durch die der Seelensteig führt. Dann kam 1983 der Windwurf und riss Löcher in die von uns bereits veränderten Fichten-Buchen-Waldbestände. Nach wenigen Jahren zeigte sich, dass in den von der Natur geschaffenen Lücken junge Tannen nachwuchsen, die sehr rasch die Höhe der von uns in den 70er Jahren gepflanzten Tannen erreichten und größer wurden. Die natürlich angesamten Jungtannen wuchsen offenbar schneller und „richtiger“. Wir mussten einsehen, dass wir beim Bäumepflanzen in den 70er Jahren die kleinräumigen Bodenunterschiede, durch die das Wachstum der Bäume entscheidend geprägt wird, offenbar zu wenig beachtet hatten, ja womöglich gar nicht erkennen konnten. Boden, Wasser,

Temperatur und Licht wirken zusammen. Sie bestimmen, welche Baumarten wo am besten gedeihen und prägen die Entwicklung des Waldes. Wir mussten einsehen, dass ein Waldbestand so komplex ist, dass wir Förster allzuoft nicht vorhersagen können, welche Bäume wo am besten und schnellsten wachsen.

Als ich in den 90er Jahren manchmal auf dem Seelensteig mit Forstkollegen unterwegs war, erzählte ich ihnen von dieser Erfahrung und betonte, dass niemals genau vorhergesagt werden könne, welche Bäume, welche Pflanzen, welcher Wald, wie, wo, wann und wie schnell nachwachsen würden. Als dem von einigen Kollegen widersprochen wurde, argumentierte ich, dass ein Waldökosystem zu komplex sei, um es in allen Details zu durchschauen. Ebenso wenig, sagte ich, könne man vorhersagen, wo im nächsten Jahr ein Steinpilz wächst oder nicht.

„Es ist wichtiger, daß jemand sich über eine Blüte freut, als daß er ihre Wurzel unters Mikroskop bringt.“

(Oscar Wilde)

In all den Jahren wurde immer deutlicher, dass die einer natürlichen Entwicklung überlassenen Gebiete, vor allem nicht mehr genutzte oder gepflegte Waldflächen, in die keinerlei Eingriffe mehr erfolgten, zu wertvollen Vergleichsflächen für genutzte Gebiete werden. Aus den Forschungsergebnissen des Nationalparks können Schlussfolgerungen für den Umgang mit unterschiedlichen Lebensräumen und ganzen Landschaften gezogen werden. Es sollte aber auch immer wieder darauf geachtet werden, dass Forschung in Nationalparken nicht zum Selbstzweck wird. In seiner Festrede zum 25-jährigen Jubiläum des Nationalparks stellte Ministerpräsident Edmund Stoiber fest: *„Nicht Forschung um ihrer selbst willen ist das Ziel, sondern die Nutzbarmachung der hier gewonnenen Erkenntnisse für den Naturschutz außerhalb von Schutzgebieten.“*

17 | EINE JAHRHUNDERT-TRAGÖDIE?

DER STREIT UM DIE NATIONALPARKERWEITERUNG 1995 BIS 1997

Mit Horst Stern und Hubert Weinzierl habe ich im Sommer 1994 wieder einmal die natürliche Entwicklung des Waldes im Westteil des Nationalparks auf den liegen gelassenen Windwurfflächen aus dem Jahr 1983 angesehen. Bei einer Kaffeepause in Althütte bei Klingenbrunn blickten wir auf den Großen Falkenstein im Westen außerhalb des Nationalparks. Im Gespräch kam wieder einmal der Gedanke einer Nationalparkerweiterung auf. Wir fanden, sie könnte anlässlich des 25-jährigen Jubiläums der Nationalparkgründung ein möglicher Beitrag Bayerns zum 2. Europäischen Naturschutzjahr 1995 sein. Weinzierl nahm mit Ministerpräsident Edmund Stoiber Kontakt auf, der auf unseren Vorschlag positiv reagierte.

Es war nicht das erste Mal, dass über eine Erweiterung des Nationalparks diskutiert wurde. Prof. Wolfgang Engelhard, damals Direktor der Staatlich-Naturwissenschaftlichen Sammlungen in München, machte 1975 denselben Vorschlag, ebenso Hubert Weinzierl 1989 zum 20-jährigen Jubiläum der Nationalparkgründung. Aber das Bayerische Landwirtschaftsministerium hatte die Idee stets entschieden abgelehnt und sich vor allem auf politischer Ebene vehement dagegen ausgesprochen. Und mehr noch: Minister Simon Nüssel hatte 1989 sogar die Mitarbeiter der Nationalparkverwaltung dazu aufgefordert, seine Argumente gegen die Erweiterung zu vertreten.

Die Situation änderte sich, als Anfang 1993 Reinhold Bocklet Landwirtschaftsminister wurde. Schon im September 1993 bekannte er sich zur Nationalparkidee und betonte, er würde *„die erfolgreiche Nationalparkarbeit mit großer Freude fortsetzen“*. Am 1. März 1996 erklärte er auf dem „Internationalen Nationalparksymposium“, das er in Kooperation mit der

„EUROPARC Federation“ in München durchführen ließ, *„dass verantwortungsbewusste Entwicklungen nicht für Jahre oder Jahrzehnte, sondern für Jahrhunderte getroffen werden.“ ...* und: *„Ein Nationalpark Bayerischer Wald ist ein Garant dafür, dass unsere Kinder, Enkel und Urenkel einen einmaligen Naturschatz erwerben werden. Dazu müssen wir aber auch in Zukunft den hohen Schutzstandard erhalten.“* Seine Einstellung trug auch dazu bei, dass das Kabinett am 16. Mai 1995 die Erweiterung beschloss.

Ministerpräsident Stoiber stellte am 19. Juli 1995 in seiner Regierungserklärung im Blick auf den Nationalpark fest:

„Wir sehen darin die einmalige Chance, ein in Mitteleuropa in seiner Ursprünglichkeit und Größe einzigartiges, geschlossenes Waldgebiet weitgehend unberührt und nachhaltig zu sichern.“ ... „Ich appelliere an die betroffenen Bürger und Gemeinden wie auch an die Wald- und Forstwirtschaft, das einmalige umweltpolitische Signal der Erweiterung dieses Nationalparks Bayerischer Wald mitzutragen, zumal dieser Nationalpark für die Region bereits bisher ein Gewinn ist.“

In seiner Festrede zum 25-jährigen Jubiläum des Nationalparks am 7. Oktober 1995 in Finsterau betonte Stoiber:

„Unsere Verantwortung für die Schöpfung ist uns Verpflichtung, einmalige und nur noch hier vorhandene letzte Rückzugs- und Lebensräume für bedrohte und seltene Tier- und Pflanzenarten als ein Stück Ursprünglichkeit für unsere Kinder und Enkel nachhaltig zu bewahren.“

Bundespräsident Roman Herzog fügte in seiner Jubiläums-Festrede in Finsterau hinzu:

„Wir müssen wieder lernen, dass man die Natur nicht nur nutzen, sondern dass man die Natur auch liegen lassen kann, entgegen allen Erkenntnissen der deutschen Forstwirtschaft.“

Der Kampf beginnt

Schon im Mai 1995, als in München die Erweiterung vom Kabinett, noch nicht aber vom Landtag beschlossen war, begannen die über zwei Jahre dauernden massiven Auseinandersetzungen. Und nicht nur das, einzelne Gruppen wollten den Nationalpark Bayerischer Wald wieder ganz abschaffen. Eine „Bürgerbewegung Nationalpark-Betroffener“ wurde gegründet. Eckhart Sicker aus Spiegelau, der sich darüber ärgerte, dass wir das Reiten im Nationalpark nicht zuließen, wurde Vorsitzender und einer der Kerschbaum-Brüder aus Frauenau ihr Sprecher.

Unterstützt wurden die Nationalparkgegner vom Bayerischen Waldverein, den Sektionen Zwiesel, Bayerisch-Eisenstein, Frauenau, Lindberg, Buchenau, Langdorf und Schönberg und auch vom Bayerischen Holzwirtschaftsrat. In Briefen an Ministerpräsident Stoiber stellte die Bürgerbewegung unrichtige Behauptungen auf und vertrat diese auch in der Öffentlichkeit und bei Demonstrationen in Gemeinden am Rand des Nationalparks. Zum Beispiel im Begleittext der Einladung zu einer zentralen Informationsveranstaltung am 1. Juni 1995 in Zwiesel, über die noch berichtet wird. Darin stand, dass Borkenkäfer sechs bis sieben Kilometer weit von Baum zu Baum flögen und die Trinkwassermengen und ihre Qualität massiv gefährdet würden. Schleuserbanden, hieß es, würden im Nationalpark Rückzugsräume finden und es sei mit einer verheerenden Kriminalitätswelle aus dem Osten zu rechnen. Ferner wurde behauptet, dass die abgestorbenen Hochlagen für etwa 25 Millionen D-Mark wieder aufgeforstet werden müssten und dass absterbende Waldflächen im Nationalpark klimaschädliches CO^2 produzieren würden. Zudem führte der Text auf, dass in Tschechien 1995 sechs Menschen von tollwütigen Wölfen gebissen worden und ihren Verletzungen erlegen seien. Des Weiteren behauptete die Bürgerbewegung, 23 Forschungsinstitute angeschrieben und mehrheitlich bestätigt bekommen zu haben, dass unser Lebensbereich durch den Nationalpark zerstört würde. Und, und, und…

„Nostradamus hat vor 400 Jahren geweissagt: Der Nationalpark Bayer. Wald wird ein Flop und endet in einer Umweltkatastrophe. Der Messias Dr. Bibelriether von Gnaden der Bayer. Staatsregierung hat alle Bewohner des Bayer. Waldes in ein Unglück hineingezogen. Obsiegen wird letztlich der donnernde Protest der einheimischen Bevölkerung. Bocklet und Bibelriether werden von der Staatsregierung fallengelassen. Der Einser Jurist Stoiber wird sich klammheimlich davonschleichen müssen, um dem Zorne des Volkes zu entgehen. Die Freiheit wird siegen, Mensch, Tier und Natur finden die alte, bewährte Ordnung wieder."

bayrisch-satanische Verse
Salman Rushdie und Sepp Katzenbichler

Plakat zur Versammlung im Jankasaal 1995.

Für eine Großveranstaltung am 1. Juni 1995 im Jankasaal in Zwiesel mit Minister Reinhold Bocklet wurden Plakate angeschlagenen mit dem Aufruf: *„Stoppt die Nationalparkerweiterung!“* Vor der Veranstaltung hatte ich ein Vier-Augen-Gespräch mit Minister Bocklet, um ihn darüber zu informieren, dass auch Mitarbeiter seines Ministeriums mit den Gegnern zusammenarbeiten würden. Ein massiver Gegner der Erweiterung und Unterstützer der Nationalparkfeinde war Ministerialrat Sailer. Ich hatte außerdem erfahren, dass ein harter Kern von 30 bis 40 Teilnehmern im Jankasaal Minister Bocklet niederschreien wollte. Minister Bocklet nahm dann mit Landrat Heinz Wölfl im Landkreis Regen Kontakt auf, der mit auf dem Podium sitzen würde, und Wölfl sollte sagen, dass Bocklet den Saal verlassen würde, wenn nicht sachlich diskutiert würde. Landrat Wölfl teilte Minister Bocklet mit, er sei von den Nationalparkgegnern zur Hilfe gerufen worden. Die Bürgerbewegung richte sich nicht gegen ihn, sondern gegen Hubert Weinzierl und Hans Bibelriether. Um die Stimmung nicht unnötig weiter aufzuheizen, nahm ich an der Veranstaltung nicht teil. Statt meiner ging Hans Kiener nach Zwiesel. Als Sachgebietsleiter für Naturschutz und Waldpflege in der Nationalparkverwaltung hatte er unsere Initiativen nicht nur in dieser Sache seit Jahren unterstützt. Er kannte sich auch vor Ort aus wie kein Zweiter. Vom Verlauf der Debatte berichtete er mir, dass er überzeugend die Nationalparkrichtung verteten hätte. Minister Bocklet hatte den Anwesenden klar gemacht, dass es im Zusammenhang mit der Nationalparkerweiterung auch um Fördermittel in Höhe von 30 Millionen D-Mark gehe, die im Jahr 1995 für Niederbayern vorgesehen seien. Falls die Bürger im Zwieseler Raum sie nicht wünschten, würde er Ministerpräsident Stoiber davon in Kenntnis setzen. Das Geld werde dann eben anderswo investiert.

Ein wichtiges Argument für die Erweiterung bot der auf tschechischer Seite an das geplante Erweiterungsgebiet angrenzende, 1991 gegründete Nationalpark Šumava. Nach dem

Fall des „Eisernen Vorhangs“ war ein Traum Wirklichkeit geworden. Eine konstruktive Zusammenarbeit in zahlreichen Projekten kam zustande und ein wichtiger Beitrag zum Schutz des europäischen Naturerbes wurde damit geleistet.

Am 18. September 1995 stimmten im Landkreis Regen 31 Kreisräte gegen die Erweiterung, 30 dafür. Der Forstsachverständige im Landkreis Regen, Diplom-Forstwirt Josef Stefan aus Langdorf sprach sich in Leserbriefen und auf Veranstaltungen kategorisch gegen die Erweiterung aus, weil durch den Borkenkäfer die Landschaft zerstört werden würde. Die „Passauer Neue Presse“ führte in sieben Landkreisen eine Leserumfrage zu dieser Thematik durch. 76,5 Prozent sprachen sich für die Borkenkäferbekämpfung aus.

Einer der wenigen Nationalpark-Unterstützer unter den Lokalpolitikern war Bürgermeister Alfons Hannes aus Frauenau, der unsere Vorschläge als sehr gut begrüßte. Auch Clemens Unger als Tourismuskoordinator für Ostbayern aus Regensburg war bei der Veranstaltung im Jankasaal in Zwiesel anwesend und unterstützte den Erweiterungsvorschlag.

Auf der Kreistagssitzung im September 1995 versuchte Landrat Wölfl, die Auseinandersetzung um die Erweiterung zu versachlichen. 45 Fragen und Antworten zu diesem Thema wurden von ihm und seinen Mitarbeitern aufgelistet und in einer Postwurfsendung an alle Haushalte der Stadt Zwiesel verteilt. Dennoch erfüllte sich sein Wunsch nach einer konstruktiven Diskussion über die Erweiterung nicht.

In einer Stellungnahme ebenfalls im September 1995 bemerkte Freiherr Stephan von Poschinger, Kreistagsmitglied der CSU, dass die Ablehnung der Erweiterung weitgehend mit Emotionen und Eigeninteressen von Gegnern begründet würde. Dem Landtagsabgeordneten Helmut Brunner (seit 30. Oktober 2008 Bayerischer Landwirtschaftsminister) hielt er vor, dass er im Landtag als Fraktionssprecher eine „Nein-Rede“ gehalten hätte. Kurz gesagt: Aus vier dicken Leitz-Ordnern, die Unterlagen aus dieser Zeit enthalten, könnte man ein ganzes Buch über das Thema „Nationalparkerweiterung“ füllen.

Als Leiter der Nationalparkverwaltung und Mit-Initiator der Erweiterung habe ich naturgemäß den meisten Zorn der Gegner auf mich gezogen, wie einer von zahlreichen, anonymen an mich gerichteten Drohbriefen belegt:

„Gwasi Herr blöder „Doktor“

Sollte der N-Park vergrößert werden, dann wünschen wir, daß du keine ruhige Nacht schlafen kannst. Bist ja in deiner Lernzeit schon ein Blöder gewesen. Weilst ja die Waldarbeit nicht verstehst, bist du auf den Gedanken gekommen, die „Sturmgefällten“ liegen zu lassen. Ist das für dich nicht die größte Schande, wenn Herr Zeitler auf der Bühne schreit, „Herr Stoiber, schaffen Sie uns diesen Bibelriether weg.“ Warte nur! Sollte dein Vorhaben ausgeführt werden, dann geht's um deinen Kopf, dann brennt der Wald und du mit: garantiert! Hast schon genug Unheil angerichtet: Schaust ja schon so blöd drein. Alles wird dir vernichtet. Schiebst Staatsgeld ein und taugst zu nichts, zu gar nichts. Schäm dich vor deiner Familie, hoffentlich sind die auch nicht so dumm wie Du Hanswurst. Geh hin, wo du hergekommen bist. Du Schwein. Oder bist du ein Jude!!! Sektenschwein!“

Die extremen Widerstände, bösartigen, emotionalen Anfeindungen und sachlich falschen Argumentationen von Gegnern, wenn ein neuer Nationalpark errichtet werden soll, sind heute noch die gleichen, wie bei der Erweiterung des Nationalparks Bayerischer Wald. Was sich seit Jahren im Steigerwald abspielt, und neuerdings im Hinblick auf einen möglichen Nationalpark im Spessart, ist nichts anderes wie damals 1995-1998 im Zwieseler Raum. Aber auch die Auseinandersetzungen bei der Errichtung von Nationalparken in anderen Bundesländern, wie im Schwarzwald, im Hainich oder im Kellerwald-Edersee waren nicht anders.

Unterstützung vor Ort und bundesweit

Ungewiss ist, ob die „Bürgerbewegung Nationalpark-Betroffener", heute die „Bürgerbewegung zum Schutz des Bayerischen Waldes e.V.", damals wirklich die Mehrheit der Einheimischen auf ihrer Seite hatte. Gewiss ist jedoch, dass die Nationalpark-Besucher zu 83 Prozent für die Erweiterung des Nationalparks waren, 82 Prozent wollten im Park ursprüngliche Natur erleben. Das ergab eine Befragung im Jahr 1995. Auch viele naturverbundene Waldler taten sich zur Unterstützung des Nationalparks zusammen.

Im Herbst 1997 initiierte der 2015 verstorbene Facharzt für Allgemeinmedizin Dr. Max Köck aus Mauth – bald nannten ihn die Nationalparkgegner „Käferdoktor" – gemeinsam mit dem zweiten Bürgermeister aus Mauth Siegfried Grünzinger sowie Hanns Gruber und Helmut Haselberger die Gründung eines Vereins „Pro Nationalpark" im Freyunger Raum. Zur gleichen Zeit, im November 1997, taten sich dann im Zwieseler Raum auf Initiative des Rechtsanwalts Eugen Stadler ebenfalls Einheimische zusammen und gründeten mit 62 (!) Gründungsmitgliedern den Verein „Pro Nationalpark im Zwieseler Winkel". In einem Beitrag für die Zeitschrift „Nationalpark" 2001 hat Max Köck den Einsatz für den Nationalpark in den ersten vier Jahren ausführlich dokumentiert. Im Informationsfaltblatt des Vereins, der sich auch „Freunde wilder Natur" nannte, ist nachzulesen: *„Wir, die „Freunde wilder Natur", die Freunde wilden Waldes, engagieren uns für das Recht der Wildnis. Wir wollen, dass im Nationalpark Bayerischer Wald die Wälder und Moore, die Bäche und Felsen in ihrer ursprünglichen natürlichen Vielfalt auf Dauer erhalten bleiben als Heimat für unsere Mitgeschöpfe, als Begegnungsort und Erlebnisraum für uns und unsere Kinder und Kindeskinder."*

Die beiden Vereine arbeiteten mit dem „Verein der Nationalpark-Freunde“ eng zusammen und ließen ein gemeinsames Emblem in Form eines Luchses gestalten. 2002 begannen sie mit Führungen und seit Juli 2011 sind sie für die regelmäßigen Führungen im Nationalpark zuständig. Schon 2010 hatte „ProNationalpark“ allein im Altpark 2.200 Führungen mit 23.000 Teilnehmern durchgeführt.

Erwin Eisch, Glasdesigner, Maler und Gründer der deutschen Studio-Glasbewegung aus Frauenau, unterstütze die Nationalparkerweiterung durch die Veröffentlichung des Buches „Wachsen aus Vergänglichkeit“ mit einzigartigen Zeichnungen, Skizzen und Texten über einen wilden Wald. Nach der Buchvorstellung wurde in Frauenau in einer anonymen Aktion gegen ihn protestiert und gedroht, „er solle froh sein, dass man ihn nicht aufhängt.“

Aber auch überregional wurde durch Initiativen die Erweiterung des Nationalparks unterstützt. Zum Beispiel von der Deutschen Sektion der „EUROPARC Federation“, von „WWF Deutschland“, der „Stiftung Europäisches Naturerbe“, dem „Naturschutzbund Deutschland“ und vom BUND, dem „Bund für Umwelt- und Naturschutz Deutschland“. In einem gemeinsamen offenen Brief der Verbände vom Mai 1995 an Ministerpräsident Stoiber stand zu lesen:

„Wir, als Vertreter der deutschen Umweltverbände, zollen Ihnen hohe Anerkennung für das Angebot, in dieser nach wie vor strukturschwachen Region Investitionen in zweistelliger Millionenhöhe für die Schaffung von Besuchereinrichtungen vorzusehen, die eine naturverträgliche, touristische Nutzung fördern und eine hohe Attraktivität für Naturfreunde und Erholungssuchende gewährleisten.“ … „Eine im überregionalen öffentlichen

Nächste Doppelseite:
Kollektiv-Anzeige 1997 von „Pro Nationalpark“.

ANZEIGE

Pro Nation

Aufbruch in die

Naturschutz ist kein Privatvergnügen von Umweltfanatikern, er ist schon lange zu
Lebensgrundlagen für uns und kommende Generationen erhalten wollen.
Naturschutz basiert u. a. auf der Aufrechterhaltung von ökologischischen Gleich
einstellen und es kann geschehen, daß neue Lebensformen entstehen. Die masse
Klimaveränderung, Ozonblastung, Ferntransport von Luftschadstoffen machen auc
ten Nationalpark, deren Erfolgsaussichten zumindest zweifelhaft sind, löst das Prob
phen in aller Welt, die in Häufigkeit und Intensität ständig zunehmen, müßten uns

- **Der Nationalpark muß bleiben.** Idee und Inhalt dürfen nicht in Frage gestellt we
  Selbsterneuerung. Die zwölf Nationalparke in Deutschland beanspruchen lediglic
  Anteil gegenüber der 4,6% versiegelter Verkehrsfläche und der mehr als 5% be
- **Um die Idee des Nationalparks der Öffentlichkeit näher zu bringen,** bedarf es
  Informationen zu einzelnen Sachthemen, insbesondere auch im Hinblick auf die
  che entsprechen lediglich 12% der Fläche des alten Nationalparks und 6,4% de
  von 2,8%, zur gesamten Landkreisfläche ein Prozentanteil von 1,6%. Man kann
- *Pro Nationalpark* hat jedoch volles Verständnis für die Befürchtungen der Bevölke
  konsequent vom Borkenkäfer freigehalten werden. Die Staatsforstverwaltung sol
  schaft zum Nationalpark durch Käferbefall aus dem Park geschädigt werden. Soll
  müssen unbürokratische Regelungen ins Auge gefaßt werden.
- **Der Nationalpark bietet ein immenses Potential an Kreativität.** In der Vergan
  Fremdenverkehrs im Landkreis beigetragen. Mit neuen kreativen Ideen bietet d
  Denn wo sonst in Deutschland kann man beispielsweise Wildnis erleben. Nutze
- *Pro Nationalpark* hat keine vorgefaßte Meinung, sondern ist offen für jeden, auch

Wir müssen uns alle bewegen. Die Nationalparkverwaltung, die Politik und v

Jeder Idealist, jeder Sympatisant, jeder Mitarbeiter ist bei *Pro Nationalpark* willkom

Postanschrift: *Pro Nationalpark,* Postfach, 94078 Freyung.

Hans Gruber, Freyung; Dr. Max Köck, Mauth; Siegfried Grünzinger, Finsterau; Bernhard Fuchs, Mauth; Franz Schume
ding; Dr. Mayer, Ringelai; Dr. Huber, Thurmansbang; Greiner Max, Annathal; Greiner Hans, Annathal; Gibis Markus
Waldkirchen; Dr. Vollmer, Köln; Dr. Schumacher, Köln; Dr. Diepolder, St. Oswald; Dr. Freisleben, Waldkirchen; Herm
Hinterschmiding; Franz Hintermann, Waldkirchen; Dr. Ortmeier, Passau; Bayer Albrecht, Grafenau; Bibic Andrej,
Garhammer Hans, Klingenbrunn; Gray Rachel, Großarmschlag; Haban Eva-Maria, Oberkreuzberg; Haering Anton,
Spiegelau; Hubl Barbara, München; Kamutzke Hans, München; Kasperowitsch Julius, Reichenberg; Killinger Isolde, F
Kindermann Volker, Freyung; Kornprobst Elisabeth; Kramaric Gorjana, Grafenau; Kramaric Zeljko, Grafenau; Kreuzer
Müller Anneliese, Grafenau; Pongratz Adalbert, Zwiesel; Schlögl Egon, Grafenau; Schlögl Petronella, Grafenau; S
Gröbenzell; Weber Helena, Grafenau; Köck Christina, Mauth; Köck Juliane, Mauth; Cremer Jeannine, Neuschönau;
Perlesreut; Wilhelm Monika, Perlesreut; Greiner Klaus, Annathal; Greiner Sabine, Annathal; Sigl Gerhard, Perlesreut; S
Horst, Neuschönau; Reichenberger Carmen, Neuschönau; Dengler Dietmar, Frauenau; Hinrichs Bernd, Grafenau;
Schönanger; Muckenschnabl Herbert, Schönanger; Stangl Maria, Grafenau; Stangl Kurt, Grafenau; Garhammer Har
Deinhart Hans, Grainet; Kreller Walter, Hinterschmiding; Edenhofner Karl, Kleinwiesen; Fritsch Ingeborg, Waldhäus
Fürsteneck; Weiß Heike, Grafenau; Lampa Elisabeth, Innernzell; Lampa Uli, Innernzell; Hubl Elisabeth, Grafenau; Nina
Viechtach; Matschina Heinrich, Klingenbrunn; Weidl Sepp, Böbrach; Lukowski Claudia; Bayer Albrecht, Grafenau;
Grafenau; Fuchs Natascha, Grafenau; Garhammer Hans, Klingenbrunn; Gray Rachel, Großarmschlag; Haben Eva-M
Heindl Sepp, Haar; Hintermann Franz, Waldkirchen; Hopfner Ingrid, Spiegelau; Hopfner Lothar, Spiegelau; Hubl E
Frauenau; Kindermann Elisabeth, Freyung; Kindermann Erhard, Freyung; Kindermann Friderike, Freyung; Kinderman
Herzogsreut; Meindl Florian, Hengersberg; Dr. Moritz Otto, Herzogsreut; Mörwald Magdalena, Grafenau; Müller Ann
Spiegelau; Starke Helga, Spiegelau; Weber Helena, Grafenau; Berger Hannes, Hinterschmiding; Cremer Jeannine,

lpark

kunft

frage für uns alle geworden. Wir brauchen ökologische Vielfalt, wenn wir die

enn wir diese Gleichgewichte außer Kraft setzen, wird die Natur sich darauf
hrung des Borkenkäfers ist eine Antwort der Natur auf vielfältige Schädigung.
ebieten nicht halt. Die konsequente Bekämpfung des Borkenkäfers im gesam-
eiten Umweltschädigung nicht. Die Meldungen der Medien über Naturkatastro-
en geben.

weit anerkanntes Ziel von Nationalparken ist die eigenständige und dauerhafte
äche von 0,44% der Gesamtfläche der Bundesrepublik - ein lächerlich geringer
.

er **Information.** Diese wollen wir anbieten. Wir werden uns in naher Zukunft mit
oblematik, an die Bevölkerung wenden. Die 1560 ha befallene Borkenkäferflä-
ationalparks. In Relation zur Landkreiswaldfläche ergibt sich ein Prozentanteil
ht davon sprechen, daß unsere Heimat vom Borkenkäfer zerstört worden ist.

hutz der an den Nationalpark angrenzenden Privatwälder muß die Pufferzone
n, ob sich Hinweise dafür ergeben, daß Privatwälder in unmittelbarer Nachbar-
sein, muß die Frage nach Entschädigungen ernsthaft aufgegriffen werden und

r Nationalpark mit seinen Einrichtungen ganz wesentlich zum Aufschwung des
k die einmalige Möglichkeit, im harten Tourismusgeschäft weiter zu bestehen.
nance.

t unserer Meinung ist.

er leben.

hreiben Sie uns.

gel, Freyung; Dr. Trültzsch, Freyung; Ingeborg Trültzsch, Freyung; Dr. Kumor, Freyung; Dr. Jüttner, Hinterschmi-
lmut, Annathal; Geissinger Hans, Mauth; Hilgart Albert, Schönbrunn; Reimeier Karl-Heinz, Grafenau; Dr. Hilla,
irchen; Wilhelm Walter, Perlesreut; Fredl Ewald, Mauth, Dillinger Martina, Mitterfirmiansreut; Dillinger Reinhard,
nn Jens, Schlag; Brüggemann Molina Maria, Schlag; Fuchs Michael, Grafenau; Fuchs Natascha, Grafenau;
y Maria, Grafenau; Hamersky-Weber, Elisabeth; Heindl Christa, Haag; Dr. Sepp Heindl, Haag; Hopfner Ingrid,
omas, Frauenau; Kindermann Elisabeth, Freyung; Kindermann Erhard, Freyung; Kindermann Friderike, Freyung;
Josef, Herzogsreut; Meindl Florian, Hengersberg; Dr. Moritz Otto, Herzogsreut; Mörwald Magdalena, Grafenau;
nau; Schulz Kerstin, Starke Bruno, Spiegelau; Starke Helga, Spiegelau; Till Gottfried, Gröbenzell; Till Sigrid,
afenau; Wilhelm Walter, Perlesreut; Wilhelm Reinhold, Perlesreut; Schulz Kerstin, Feldafingen; Wilhelm Maria,
au; Eisch Valentin, Frauenau; Eisch Erwin, Frauenau; Eisch Gretl, Frauenau; Hannes Alfons, Frauenau; Burghart
e; Vernim Helmut, Freyung; Vernim Wilhelm, Freyung; Vernim Johann, Hinterschmiding; Muckenschnabl Inge,
pfner Ingrid, Spiegelau; Hopfner Lothar, Spiegelau; Moh Silvio, Waldhäuser; Hofmann Sepp, Riedlhütte; Madl-
, Waldhäuser; Fritsch Nick, Waldhäuser; Fruth Gunther, Fürsteneck; Erich Völk, Haus i. W.; Fruth Rosemarie,
hnl Herbert, Viechtach; Pöhnl Gisela, Viechtach; Gerhard Peter, Teisnach; Möller Klaus, Regen; Schwab Roland,
fenau; Bibic Andrej, Kapfham; Brüggemann Jens, Schlag; Brüggemann Molina Maria, Schlag; Fuchs Michael,
g; Haering Anton, Grafenau; Hamersky Maria, Grafenau; Hamersky-Weber Elisabeth; Heindl Christa, Haag; Dr.
Kamutzke Hans, München; Kasperowitsch Julius, Reichenberg; Killinger Isolde, Frauenau; Killinger Thomas,
rnprobst Elisabeth; Kramaric Gorjana, Grafenau; Kramaric Zeljko, Grafenau; Kreuzer Josef, Zwiesel; Madl Josef,
ngratz Adalbert, Zwiesel; Pongratz Charlotte, Zwiesel; Schlögl Sabine, Grafenau; Schulz Kerstin; Starke Bruno,
ier Florian, Grafenau. V. i. S. d. P.: Hans Gruber, Falkenbach, 94078 Freyung.

HILFERUF DES WALDES

Dort oben von Waldhäuser – da komme ich her,
ich muß Euch sagen, dort wachsen bald keine Bäume mehr.
Überall auf den Tannenspitzen,
sah ich die braunen Nadeln blitzen.

Auf der Straße zum Lusenparkplatz entlang, da lagen sie dann . . .
tausende selbstregenerierte und skalpierte
des Waldvernichters Bibelriether, dick und lang.

Laßt diesen Narren noch ein paar Jahre freie Hand,
dann gibt es da oben nur noch Wüste mit viel Sand
und Waldhäuser wird in Käferhäuser umbenannt.

„Laßt Eure Hirne einmal regenerieren,
dann könnt Ihr es mit dem Wald noch mal probieren."

Von dort ging ich zum Eisenmannhaus,
dort schauten die Wald- und Wegevernichter zur Türe hinaus.
Einige Urwaldreiniger mit Papierpieksern waren auch dabei;
diese Kolonne hütet während der Brut auch das Käferei.

Am Altschönauer Parkplatz da machte ich Rast und aß Tomaten,
plötzlich sah ich die ersten Urwaldparkscheinautomaten.
Wer hat nur diese Idee gehabt?
War es ein Hirnamputierter, aber sicher ein total Beknackter;
das ganze Gebiet mit seinen Schildern und Käferbussen hat
mehr Stadt- als Waldcharakter.

Dann ging ich zum Bärengehege, dort sind noch frei die Wege.

Die schönsten Wege sind alle vernichtet;
damit hat Bibelriether mit seiner Bande ganze Arbeit verrichtet!

„Ihr Idioten, laßt Euch sagen, was Ihr in 30 Jahren habt geschafft,
hätte der Autofahrer in 1000 Jahren nicht vollbracht!"

Kennt Ihr den obersten Waldtöter der Nation?
Es ist Bibelriether, der Pastorensohn!

„Hilferuf des Waldes".

Interesse liegende Entscheidung von derartiger Tragweite kann und darf nicht allein auf lokaler Ebene fallen. Sie geht uns alle an und verlangt heute wie vor 25 Jahren mutige Schritte von Politikern mit Visionen für das nächste Jahrtausend."

Ich kannte durch meine Tätigkeit bei „EUROPARC Federation" die Vorsitzenden der Organisationen und bin sicher, dass es Ministerpräsident Stoiber sehr begrüßt hat, diese Befürwortung, die auch in den Medien entsprechend verbreitet wurde, zu bekommen. Auch der „Bayerische Alpenverein" unterstützte das Erweiterungskonzept. Eine große Hilfe brachten uns vor Ort auch die Fachtagung „25 Jahre auf dem Weg zum Urwald" am 4. und 5. Oktober 1995 im Bayerischen Wald und das schon erwähnte Symposium in München am 1. März 1996.

Die Erweiterung wird beschlossen

Am 22. Juli 1997 unterschrieb Ministerpräsident Edmund Stoiber die „Verordnung zur Veränderung der Verordnung über den Nationalpark Bayerischer Wald" und am 1. August 1997 trat sie in Kraft. Im Landtag hatte eine große Mehrheit der Abgeordneten für die Erweiterung gestimmt. Lediglich einige Abgeordnete aus Niederbayern waren dagegen oder enthielten sich der Stimme.

Damit war der Nationalpark 24.200 Hektar groß. Er grenzt seitdem auf 40 Kilometer Länge an den tschechischen Nationalpark Šumava. Im Rückblick ist eindeutig, dass es letztlich der Durchsetzungsfähigkeit von Stoiber zu verdanken war, dass es zur Erweiterung kam. Seine Begründung für die Erweiterung: *„Mit dieser Entscheidung nutzt die Bayerische Staatsregierung die einmalige Chance, ein in Mitteleuropa an Ursprünglichkeit und Größe einzigartiges Waldgebiet als ursprüngliche Naturlandschaft, ökologisches Rückzugsgebiet und gleichzeitig Erholungsraum dauerhaft zu sichern. Wald kann wieder zu echtem Urwald werden, weil wir ihn seiner Entwicklung überlassen. Damit wollen wir ein wertvolles Naturerbe für die nachfolgenden Generationen erhalten."*

Für die Umsetzung der Nationalparkidee war entscheidend, dass laut Verordnung im Altpark kein forstlicher Eingriff in den Wald mehr stattfinden sollte. Ausgenommen war eine mindestens 500 Meter breite Randzone, in der der Borkenkäfer weiterhin bekämpft werden sollte. Mehr als 10.000 Hektar, das heißt mehr als 75 Prozent seiner Fläche, wurden der natürlichen Entwicklung überlassen. Dagegen blieben im Erweiterungsgebiet pflegende Eingriffe für 20 Jahre, also bis 2017, möglich.

Der Kampf geht weiter

Obwohl die Borkenkäferpopulation in den Jahren 1991 und 1992 zusammengebrochen schien, war die Ruhe trügerisch. 1994 vermehrten sich die Käfer wieder stark, besonders in den durch „sauren Regen" geschädigten Fichtenwäldern der Hochlagen. 1994 wurden 57 Hektar vom Käfer abgetötet. 1995 kamen 26 Hektar dazu. Wäre der Nationalpark zu der Zeit noch ein normaler Forstwirtschaftsbetrieb gewesen, hätte man pro Jahr etwa 100 Hektar alter Waldbestände eingeschlagen. Als die Auseinandersetzung um die Erweiterung 1996 auf dem Höhepunkt war, begann eine Massenvermehrung des Borkenkäfers, die im Jahr 1997 bislang nicht gekannte Ausmaße erreichte. Die Ursache waren sommerliche Hitzeperioden, wie man sie bisher in der Region so nicht kannte. Zwischen 1985 und 1995 registrierten die Wetteraufzeichnungen acht der wärmsten Jahre des 20. Jahrhunderts. 1994 wurden in Waldhäuser 24 „Sommertage", also Tage mit Temperaturen über 25 Grad, gemessen. In der Zeit davor waren es nur fünf „Sommertage" pro Jahr. Bis Ende der 90er Jahre dehnten sich die durch Borkenkäfer abgestorbenen Fichtenaltbestände im Altpark auf über 2.500 Hektar aus! Wieder einmal war es ein Glücksfall, wie beim Windwurf im August 1983, dass die natürlichen Entwicklungen im Nationalpark wie die nun bis dahin einzigartige Massenvermehrung des Borkenkäfers erst nach der Entscheidung für die Erweiterung einsetzte.

Hätte sie zwei Jahre früher begonnen, wäre die Erweiterung wahrscheinlich nie beschlossen worden.

Verständlicherweise war es die riesige Anzahl der toten Bäume, waren es die braunen Flächen im grünen Wald, die die Emotionen weckten und die Nationalparkgegner zu weiteren Angriffen motivierten. Ortssprecher Bruno Dankesreiter aus Waldhäuser forderte in einem Brief vom 17. Juni 1997, der *„größten Waldkatastrophe aller Zeiten entgegenzutreten"*, denn *„schrecklich ist der Gedanke, inmitten eines Geisterwaldes leben zu müssen."* Bürgermeister Alois Kandlbinder aus Neuschönau, zu dem der Ortsteil Waldhäuser gehört und der ein Großhotel direkt vor dem Hans-Eisenmann-Haus geplant hatte – was wie schon erwähnt die Nationalparkverwaltung verhindern konnte –, forderte unverblümt die Abschaffung des Nationalparks. Verkehrsamtsleiter Schopf aus St. Oswald teilte diese Meinung: *„Das verantwortungslose Experiment Nationalpark"* sollte beendet werden. Obendrein verlangte er im September 1997 den Rücktritt von Minister Reinhold Bocklet und meine sofortige Versetzung. Und in einem offenen Brief der Kreisjägerschaft Freyung-Grafenau schrieb der Vorsitzende Franz Zambelli an Ministerpräsident Stoiber: *„...verordnen Sie umgehend die generelle Borkenkäferbekämpfung und sorgen Sie bitte für die Ablösung aller Personen, welche die derzeitige Borkenkäferkatastrophe vorsätzlich herbeigeführt haben."*

Auf Wunsch von Ministerpräsident Stoiber reiste ein Team von 13 international anerkannten Wissenschaftlern und Fachleuten an, um die Lage vor Ort zu begutachten. Ihre Feststellung: Der Wald wird *„mosaikartig nachwachsen"*. Für eine Pflanzaktion sahen sie keine Notwendigkeit, da bereits genügend Jungwuchs vorhanden war. Allerdings, so die Experten, würde kein „geschlossener" Hochwald mehr entstehen. Das Waldbild würde sich verändern. Die Tiefe der Schutzzone – 500 Meter bis maximal 1.000 Meter – zum angrenzenden Privatwald beurteilten sie als ausreichend. Die Vorstellung, dass am Lusen eine „Steppe“ entstehen würde, wie von Nationalparkgegnern behauptet, erklärten sie für abwegig.

Als einer der Hauptgegner des Nationalparks Bayerischer Wald machte sich der CSU-Landtagsabgeordnete Konrad Kobler aus Ruderting im Vorderen Bayerischen Wald bekannt. In einem Brief an Ministerpräsident Edmund Stoiber forderte er meine Absetzung als Nationalparkamtsleiter und die Borkenkäferbekämpfung mit chemischen Mitteln. In einer Zuschrift von ihm am 19. Oktober 1997 in der „Passauer Neuen Presse“ war zu lesen: *„Der Borkenkäfer frisst nicht nur Bäume auf, der Borkenkäfer frisst die Seele auf.“* und: *„die Hüter des Nationalparks handelten nicht in gutem Glauben, sondern aus verbrecherischem Antrieb.“* Der Kreisvorsitzende der Jungen Union, Mario Dumps, schrieb im Juli 1997: *„Wer den Borkenkäfer nicht bekämpft, nimmt dem Menschen seine Heimat.“* Die „Baumruinen“ sollten entfernt, in den gesunden Restbeständen der Kampf gegen den Borkenkäfer aufgenommen und sofort mit der Aufforstung begonnen werden.

Hintergrundaktivitäten von Staatsförstern

Landwirtschaftsminister Reinhold Bocklet unterstützte von Anfang an vorbehaltlos den Nationalpark und seine Entwicklung. In seinem Ministerium und draußen vor Ort, vor allem im Forstamt Zwiesel, dessen Wald dem Nationalpark angegliedert werden sollte, sah das anders aus. Der Chef des Forstamtes, Forstdirektor Hubert Demmelbauer, lieferte den Nationalparkgegnern Argumente und wurde 2010 nach seiner Pensionierung Vorsitzender des Vereins „Bürgerbewegung zum Schutz des Bayerischen Waldes e.V.“, den vorher Franz Geier geführt hatte. Der Verein ist noch heute aktiv gegen eine konsequente Entwicklung des Nationalparks.

Hubert Demmelbauer pflegte engen Kontakt mit Ministerialrat Sailer, der im Landwirtschaftsministerium für den Nationalpark zuständig und, wie schon erwähnt, ein massiver Gegner des Naturschutzkonzepts des Nationalparks war. Demmelbauer lieferte bei der Großveranstaltung am 1. Juni 1995 im Jankasaal in Zwiesel den Gegnern Argumente. Er hatte in seinem Forstamt Zwiesel unmittelbar vor der 25-Jahr-Feier im Oktober 1995, verteilt auf 37 Hektar bis zu 300 Jahre alte Weißtannen fällen lassen und verkauft, wohl um zu demonstrieren, wozu der Wald seiner Meinung nach zu dienen hat. Das führte allerdings dazu, dass, wie in der „Passauer Neuen Presse" berichtet wurde, Ministerpräsident Edmund Stoiber *„die Axt im Zwieseler Wald"* stoppte. Und Hubert Demmelbauer wurde an das Forstamt Kötzting versetzt. Als einer der Hauptgegner war im Zwieseler Winkel auch der pensionierte Forstamtsleiter aus Zwiesel, Erhard Engelstädter, aktiv, der schon 1969, um den Nationalpark zu verhindern, die Gründung eines Naturparks im Bayerischen Wald initiiert hatte. Ein weiterer sehr aktiver Gegner war der ehemalige Forstamtsleiter von Spiegelau, Robert Götz, der das *„Nicht-Wegschaffen entwurzelter Stämme"* als die *„größte Sünde"* bezeichnete, die ein Forstmann begehen könne. Von Andreas Geiß aus Kirchdorf im Wald wurde im Jahr 2000 ein 90-seitiger Band unter dem Titel „Nationalpark Bayerischer Wald – vom grünen Dach Europas zum Waldfriedhof", veröffentlicht. In einem Beitrag von Robert Götz vom März 1998 ist auf zehn Seiten der ganze Ärger und Frust eines Forstmannes über das Nichtstun in einem Wald nachzulesen.

Ein typisches Beispiel für den Versuch, so viele Bäume als möglich auch weiterhin im Nationalpark einzuschlagen, ist auch aus dem Herbst 1997 erwähnenswert. Nach dem Inkrafttreten der Rechtsverordnung versuchte Ministerialrat Sailer sofort, die Regelung über die Borkenkäferbekämpfung zu missbrauchen. Am 9. August 1997 besuchte er, ohne die Nationalparkverwaltung zu informieren, mit Minister Bocklet den Nationalpark. Auf meine telefonische Rückfrage bei ihm am Tag vorher – gerüchteweise war der Besuch bekannt geworden – leugnete Sailer, dass dieser Besuch geplant sei. Offensichtlich wollte er verhindern, dass Minister Bocklet mit mir ein Gespräch führte, damit sein

Plan, nämlich – wie sich nachher herausstellte – eine Verdopplung der Borkenkäferbekämpfungsfläche zu erreichen, nicht in Frage gestellt würde.

Zwei Tage später, am 11. August 1997, verfasste Sailer – erneut ohne mit der Nationalparkverwaltung eine Absprache zu treffen – als Ergebnis seines Besuchs eine Pressemeldung, in der die bisher 500 Meter breite Bekämpfungsfläche am Nationalparkrand ab sofort im Durchschnitt als doppelt so breit angekündigt wurde. Gleichzeitig wurde ein „Einsatzleiter" der Oberforstdirektion Regensburg für die Borkenkäferbekämpfung im Nationalpark bestellt. Auch diese Entscheidungen erfuhren wir aus der Presse, bevor sie uns in einem Schreiben aus dem Ministerium mitgeteilt wurden. Am 15. August legten wir dem Ministerium einen Gegenvorschlag vor, in dem auf einer Karte des Nationalparks eine nur begrenzt über 500 Meter ausgeweitete Borkenkäferbekämpfungszone eingetragen war. Am 21. August folgte ein ganztägiger Besuch vom Chef der Forstverwaltung, Ministerialdirektor Dr. Schreyer, im Nationalpark. Er wurde begleitet von Ministerialrat Sailer und – vom Ministerium nicht vorgesehen – von der „GEO"-Redakteurin Uta Henschel.

Uta Henschel bereitete sich gerade auf ihre aktive Teilnahme an der EUROPARC-Jahreskonferenz im Oktober im Bayerischen Wald vor. In der Schrift „Schutzgebiete im Bewusstsein der Öffentlichkeit – Defizite und Chancen", berichtete sie darüber:

„Als ich im August hier wanderte, sah ich nicht nur den neuen Nationalpark, sondern auch frisch geschlagene und geschälte Stämme. Ich sah die in Schlammpisten verwandelten, weichen Waldböden der Randlagen, aus denen der Einschlag stammte, und die untergepflügte Verjüngung: Die Zukunft des Waldes, meterhohe Tannen, Buchen, Ahorne, Fichten waren plattgemacht.

Mir schien es, als wollte man aus dem ersten echten Nationalpark auf deutschem Boden ein Forstamt der schlimmsten

Sorte machen. Ich war so aufgebracht, dass ich gleich am nächsten Morgen zu Dr. Bibelriether ins Amtszimmer stürmte und als Vertreterin der Öffentlichkeit eine Erklärung verlangte – ohne Rücksicht darauf, dass er gerade Besuch aus München und eine wichtige Begehung vor sich hatte.

Denen, die mich nicht kennen, möchte ich versichern, dass ich gewöhnlich weiß, was sich gehört. Aber für mich stand plötzlich mehr auf dem Spiel als gutes Benehmen, nämlich die Zukunft eines Schutzgebietes, mit dessen Zielen ich mich seit langem identifiziere.

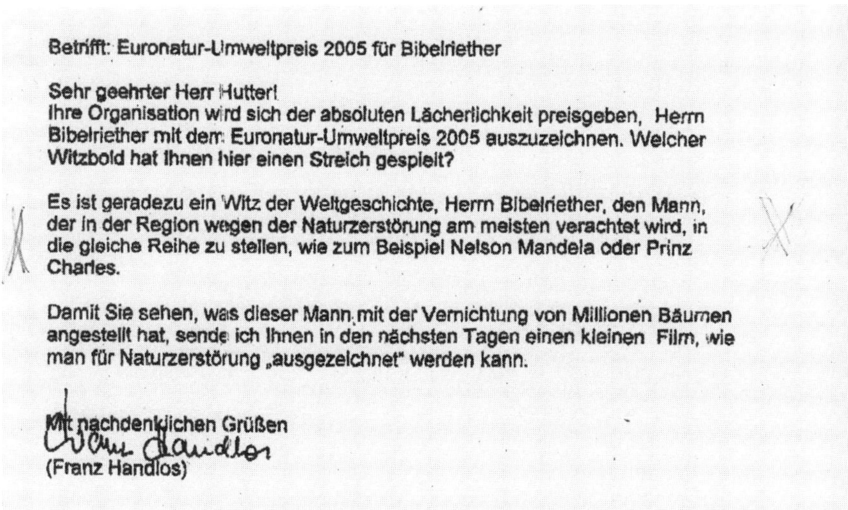

Betrifft: Euronatur-Umweltpreis 2005 für Bibelriether

Sehr geehrter Herr Hutter!
Ihre Organisation wird sich der absoluten Lächerlichkeit preisgeben, Herrn Bibelriether mit dem Euronatur-Umweltpreis 2005 auszuzeichnen. Welcher Witzbold hat Ihnen hier einen Streich gespielt?

Es ist geradezu ein Witz der Weltgeschichte, Herrn Bibelriether, den Mann, der in der Region wegen der Naturzerstörung am meisten verachtet wird, in die gleiche Reihe zu stellen, wie zum Beispiel Nelson Mandela oder Prinz Charles.

Damit Sie sehen, was dieser Mann mit der Vernichtung von Millionen Bäumen angestellt hat, sende ich Ihnen in den nächsten Tagen einen kleinen Film, wie man für Naturzerstörung „ausgezeichnet" werden kann.

Mit nachdenklichen Grüßen
(Franz Handlos)

Brief des Landtagsabgeordneten Franz Handlos an den Präsidenten der Stiftung „Europäisches Naturerbe".

Im Gespräch mit Ministerialdirektor Schreyer und Ministerialrat Sailer am 21. August wurde schließlich Übereinstimmung erzielt, dass die Verhältnismäßigkeit bei der Borkenkäferbekämpfung gewahrt werden müsse. So wurde zum Beispiel festgelegt, um die Enklave Altschönau keine Bekämpfung durchzuführen, da dort insgesamt nur etwa 30 Fichten im Privatwald potentiell gefährdet waren. Sollten dort Fichten befallen werden, würde die Nationalparkverwaltung eine Entschädigung zahlen. Außerdem bestätigte Schreyer, dass sich die 500-Meter-Zone im Großen und Ganzen als ausreichend erwiesen hatte. Nach seiner Aussage als Chef der Bayerischen Staatsforstverwaltung nahmen wir an, dass die Ankündigung Sailers vom 11. August 1997 über eine Verdopplung der Bekämpfungsflächen korrigiert werden würde. Von Ende August bis Anfang Oktober war ich wegen einer Krebsoperation nicht im Dienst. Während dieser Zeit wurde unser kartenmäßig unterlegter Vorschlag für eine reduzierte Zone von Ministerialrat Sailer abgelehnt.

Der Kampf geht zu Ende

Während meines Krankenhausaufenthaltes gingen die Auseinandersetzungen mit den Nationalparkgegnern weiter und Ministerpräsident Stoiber beschloss, sich das „Waldsterben" im Nationalpark selbst noch einmal anzusehen. Am 22. Oktober 1997 wollte er nach St. Oswald kommen. Kurz zuvor hatte ihn Landtagspräsident Alois Glück noch über die Gründung der „Pro Nationalpark"-Vereine informiert, ihm das Engagement Einheimischer für den Nationalpark mitgeteilt und ihm in einem Brief gebeten, den Nationalpark auf keinen Fall in Frage zu stellen. Am Abend vor dem Stoiber-Besuch rief Alois Glück mich an und sagte mir, dass Stoiber sich klar zum Nationalpark bekennen würde. Daran erinnere ich mich heute noch gerne. Eine weitere Unterstützung für Ministerpräsident Stoiber ergab die Jahreskonferenz von „EUROPARC Federation" zur Thematik „Umweltbildung in Nationalparken", die eine Woche vor seinem Besuch in Freyung stattgefunden hatte und auf der sich über 200 Teilnehmer aus 33 Ländern klar und eindeutig für den Nationalpark Bayerischer Wald und seine Zielsetzung ausgesprochen hatten.

Am 22. Oktober 1997, als Ministerpräsident Stoiber kam, war schönes Herbstwetter und wir waren zwei Stunden am

Westhang des Lusen im Bergfichtenwald und im angrenzenden Bergmischwald oberhalb der Martinsklause bei Waldhäuser unterwegs. Dort war inzwischen, nur zehn Jahre nach dem ersten Borkenkäferbefall, eindrucksvoll zu sehen, welch abwechslungsreicher und artenreicher Wald nachwuchs. Einmal mehr bestätigte sich meine viele Kollegen provozierende Feststellung: *„Windwurf und Borkenkäfer sind Methoden der Natur, aus einem instabilen Försterforst einen stabilen Naturwald zu machen."*

Ministerpräsident Edmund Stoiber (links) und Minister Reinhold Bocklet (rechts) besichtigen die Waldentwicklung im Oktober 1997 – 10 Jahre nach Windwurf und Borkenkäferbefall.

Das von den Gegnern erhoffte Machtwort Stoibers blieb aus. In seiner Ansprache in St. Oswald an die Teilnehmer einer Demonstration gegen den Nationalpark, die Presse und den neu gegründeten kommunalen Nationalpark-Ausschuss stellte er fest:

„Es gilt jetzt ganz offen abzuwägen, welche Möglichkeiten heute überhaupt noch sinnvoll sind. Im Grunde gibt es nur zwei Optionen: Entweder wir stehen zum Nationalpark, wobei wir den Spielraum der seit 1. August 1997 geltenden Verordnung soweit wie möglich und sinnvoll ausnutzen, um die natürlichen

Ministerpräsident Edmund Stoiber erklärt im Oktober 1997 auf einer Podiumsdiskussion, dass die Erweiterung des Nationalparks definitiv erfolgt.

Prozesse in ihrer Geschwindigkeit abzumildern. Oder wir erklären in letzter Konsequenz die Nationalparkidee, nämlich Natur sich selbst zu überlassen, insgesamt für gescheitert und bekämpfen den Borkenkäfer mit traditionellen Methoden auf der gesamten Fläche. Ich möchte nur eins ganz klar sagen: Eine „Mogelpackung Nationalpark“ darf es nicht geben.

Wir sollten in dieser Situation auch die Chancen der Walderneuerung sehen. Unter den abgestorbenen Bäumen entwickelt sich ein einzigartiger Urwald. Hier im Bayerischen Wald besteht die Möglichkeit, ein in Mitteleuropa einmaliges Naturschauspiel zu erleben und im Laufe der Jahre mitzuverfolgen. Ist es nicht auch unsere Pflicht, ein kleines Stück unserer intensiv genutzten Kulturlandschaft der Natur zurückzugeben? Ich bin überzeugt, unsere Kinder und kommende Generationen werden uns dies einmal danken."

Ministerpräsident Stoiber ist es zu verdanken, dass der Nationalpark heute noch besteht.

Ab April 1998, nach Beginn meines Ruhestandes, wurde unter meinem Nachfolger Forstdirektor Karl Friedrich Sinner die Eingriffzone im alten Parkgebiet auf 3.500 Hektar erweitert. Damit fand die Bekämpfung des Borkenkäfers auf einer durchschnittlich 1.000 Meter breiten Eingriffszone statt. Und das, obwohl einige der Bekämpfungsflächen im Altpark fast zwei Kilometer vom nächsten Privatwald entfernt waren! In der folgenden Zeit wurde sogar aus relativ kleinen Befallsflächen bis zu 20 Meter langes Stammholz abtransportiert und verkauft. Massive Schäden an Boden und Jungwald wurden dadurch verursacht. Um die Ortschaft Altschönau herum wurden wegen der rund 30 alten Fichten in Privatwaldflächen entgegen der Absprache mit Dr. Schreyer über 1.000 Nationalpark-Fichten gefällt und verkauft. Und noch Anfang Dezember 1998, lange nach Ende der Borkenkäfersaison, wurde aus Weichbodengebieten im Klosterfilz ebenfalls verbunden mit massiven Bodenzerstörungen Stammholz mit Harvestern herausgeholt, obwohl Minister Bocklet 1997 angeordnet hatte, keine Großmaschinen im Nationalpark einzusetzen.

Im Rückblick auf das Jahr 1998 äußerte Forstdirektor Sinner in einem Interview am 10. Oktober in der „Passauer Neuen Presse", dass über 35.000 Kubikmeter Holz aus dem Altpark *„durchaus finanziell lohnend verkauft werden konnten."* (In den

90er Jahren davor waren alljährlich mit Ausnahme von 1997 weniger als 5.000 Kubikmeter die Regel!) Artikel 8 des Bayerischen Naturschutzgesetzes von 1973, wonach Nationalparke *„keiner wirtschaftsbestimmten Nutzung"* dienen, schien niemand zu stören.

Was ist im Zwieseler Winkel geschehen?

Nach meiner Pensionierung nahm ich ab 1998 als Vorsitzender des „Verein der Nationalpark-Freunde" an den Nationalparkbeiratssitzungen teil. Vertreter von fast 40 Kommunen, Organisationen und Vereinen sitzen alljährlich einmal zwei bis drei Stunden zusammen und hören sich dic Jahresrückblicke und die Vorschau für das kommende Jahr an, was im Nationalpark erledigt worden und was geplant ist. Es wäre durchaus interessant, in einem weiteren Buch die Entwicklung des Nationalparks seit 1998 zu dokumentieren und zu klären, ob das eingetroffen ist, was in einem Beitrag in „Nationalpark" 2007 unter dem Titel „Vom Tabellenführer zum Zweitligisten" berichtet wurde.

Im Rückblick möchte ich festhalten: Es sind gute Bildungs- und Erholungseinrichtungen im Zwieseler Raum entstanden, vom Haus zur Wildnis, das Ministerpräsident Stoiber 2006 eröffnete, über das Wildniscamp hin zu Naturerlebniswegen, um nur einige zu nennen. Im Jugendwaldheim und im Wildniscamp werden alljährlich über 10.000 Schüler betreut. Führungen im Gesamtpark werden jährlich von 50.000 bis 60.000 Besuchern wahrgenommen.

Im Oktober 2003 wurde die Zuständigkeit für den Nationalpark vom Bayerischen Landwirtschaftsministerium an das Bayerische Umweltministerium übertragen. Dennoch änderte sich nichts daran, dass die Umsetzung der Naturschutzziele im Erweiterungsgebiet nur mit kleinen Schritten vorankommt. Noch immer wird dort der Borkenkäfer auf großer Fläche bekämpft. Im Jahr 2010, 13 Jahre nach der Erweiterung, betrug der Naturzonenanteil dort erst 32 Prozent. Nach den internationalen

Nationalpark - Totengräber des Waldes
Gedanken zum 30-jährigen Bestehen

Die Vertreter des Nationalparks und mehrheitlich die Politiker des Freistaates Bayern huldigten fanatisch der Ideologie "Natur Natur sein lassen", um die höchste Auszeichnung für den Nationalpark zu erhalten. Dafür ließen sie trotz der Warnungen von erfahrenen Forstleuten dem Borkenkäfer freien Lauf. Der Waldschädling nutzte die Gelegenheit und verwandelte das "Grüne Dach Europas" zwischen Rachel und Lusen in den größten "Waldfriedhof Europas"mit ca.4000 Hektar schauderhaften Totholzflächen. Und es geht noch weiter bis zur letzten Fichte. Man schützt den Käfer und nicht das wertvolle Naturerbe Hochwald

Mit naiven Sprüchen wie "neue Wildnis entsteht - einmalige Walddynamik vom Atlantik bis zum Ural - hautnahe Evolution erleben - größtes Freilandexperiment - Tod der Alten ist die Chance für die Jungen - neuer Wald wächst nach" usw. versucht man mit hohem Aufwand und Einsatz die törichte Fehlentscheidung zu rechtfertigen. Weltfremde Naturapostel und Profitschmeichler unterstützen diese Aktion.

Man verschweigt die Gefahr, daß die massenhaft vermodernden Bäume mit ihren Fäulnisbakterien und Pilzen das Trinkwasser gefährden und ungeheure Mengen des schädlichen Kohlendioxids frei geben werden. Eine staatlich geförderte Umweltzerstörung und Umweltverschmutzung größten Ausmaßes soll vertuscht werden.

Man hat den hier wohnenden Menschen ein Stück Heimat und Lebensqualität geraubt und dem Tourismus nicht absehbaren Schaden zugefügt. Ein toter Wald ist wahrlich keine Erholung.

Des 30-jährigen Bestehens des Nationalparks sollte lieber mit einer Trauerfeier im Gedenken an den unwiederbringlichen Bayerwald und der grenzenlosen Dummheit von Menschen gedacht werden, statt wie ein Narr die eigene Narretei mit viel Tamtam zu bejubeln und noch dazu die Schuldigen an dieser Katastrophe mit Lobeshymnen und Ehren auszuzeichnen.

Bewohner und Freunde des Bayerwaldes

Anonymer Brief zum 30-jährigen Bestehen des Nationalparks Bayerischer Wald.

Richtlinien der IUCN sind 75 Prozent Naturzonenanteil Voraussetzung für die Anerkennung als Nationalpark erforderlich. Allzuoft werden im Jahr noch zigtausende Kubikmeter Holz aus dem Erweiterungsgebiet verkauft. Die Einnahmen aus dem Holzverkauf (im Jahr 2011 waren es 13 Millionen Euro) standen für den Haushalt der Parkverwaltung zur Verfügung. Vom Umweltministerium wurde der Nationalparkverwaltung zugebilligt, Einnahmen aus dem Verkauf von Borkenkäferholz zusätzlich in ihren Jahresetat aufzunehmen. Damit konnten große Beträge für Projekte ausgegeben werden, über die allein die Verwaltung zu entscheiden hatte. Schließlich wurde diese Regelung vom Obersten Rechnungshof als unzulässig erklärt und ab 2015 musste die Haushaltsplanung dementsprechend geändert werden.

2007 wurde die Rechtsverordnung für das Erweiterungsgebiet verändert. Die darin enthaltene Ankündigung, 75 Prozent der Fläche als Naturzonen auszuweisen, wurde von 2017 auf 2027 verschoben – so beschlossen vom „Kommunalen Nationalparkausschuss“ und anschließend vom Bayerischen Landtag bestätigt. Darüber hinaus wurden die Randzonen, in denen auf Dauer eingegriffen wird, auf ca. 5.200 Hektar ausgedehnt. Ein Antrag von fünf Naturschutzorganisationen, die Randzonen für die Borkenkäferbekämpfung auf 500 Meter Breite zu reduzieren, wurde abgelehnt.

2016 sind laut offiziellen Angaben der Nationalparkverwaltung 16.293 Hektar oder 67,3 Prozent der Gesamtfläche des Nationalparks frei von menschlichen Eingriffen. Das Ziel, mindestens 75 Prozent der Fläche des Nationalparks in Naturzonen zu überführen und damit internationalen Standards zu genügen, rückt damit in greifbare Nähe. Dies sollte Ansporn sein, die noch fehlenden acht Prozent Naturzone zum 50-jährigen Jubiläum im Jahr 2020 dem Nationalpark zur Vollendung zu übertragen.

18 | NATURSCHUTZ AUF NEUEN WEGEN

VOM ARTENSCHUTZ ZUM SCHUTZ NATÜRLICHER ENTWICKLUNGEN

Das erste deutsche „Naturschutz"-Gebiet wurde 1836 im Rheinland zum Schutz des Drachenfels mit seiner Burgruine ausgewiesen. Der Drachenfels war damals von Steinbrucharbeiten bedroht. Das Interesse der Persönlichkeiten, die sich schon im 19. Jahrhundert für den Schutz der Natur einsetzten, galt vor allem Naturerscheinungen, die wir heute als Naturdenkmäler bezeichnen würden. Philipp Leopold Martin verwendete in einer Publikation 1871 erstmals das Wort „Naturschutz" im heutigen Sinn. Über den Naturdenkmalschutz hinaus wurde der Naturschutz zum Artenschutz erweitert. Zunächst wurden Arten geschützt, die entweder als selten oder als besonders schön galten oder auf eine andere Weise eine Faszination auf Menschen ausübten.

Im 20. Jahrhundert entwickelte sich der Artenschutz zum Biotopschutz weiter. Man erkannte, dass es nicht möglich ist, Arten auf Dauer unabhängig von ihrem Lebensraum zu erhalten. Trockenrasen, Wacholderheiden, Hochmoore, Hecken- oder Feldgehölze wurden geschützt, weil in ihnen seltene und vom Aussterben bedrohte Arten vorkommen. Neue Berufe wie Landschaftspfleger und Landschaftsarchitekt entstanden. In ihrer Tätigkeitsbezeichnung kommt ein Selbstverständnis zum Ausdruck, das sich vom aktiven Tun in der Landschaft ableitet, vom Pflegen, vom Ordnen, vom Gestalten der Natur. Es wurden und werden Pflegepläne, Grünordnungspläne und Biotopmanagementpläne gefertigt. In der zweiten Hälfte des letzten Jahrhunderts dominierten diese Ziele. Auch heute noch wird die Bedeutung eines Naturschutzgebietes mehrheitlich nach der Zahl und Attraktivität der dort vorkommenden seltenen Arten eingeschätzt und nicht nach dem Grad seiner „Natürlichkeit".

Diese Naturbetrachtung spiegelt eine Einstellung wider, die rein anthropozentrisch und statisch geprägt ist. Man wollte und will bestimmte Zustände, bestimmte Artenverteilungen in der Natur festhalten und bestimmte Landschaftsbilder bewahren, also die Natur schützen, wie man sie haben möchte.

„Die Natur ist vollkommen überall, wo der Mensch nicht hinkommt mit seiner Qual.“

(Friedrich v. Schiller)

Es war auch für uns Mitarbeiter im Nationalpark kein einfacher Lernprozess, sich von den Vorstellungen, die aus der Landschaftspflege, dem Umgang mit der Kulturlandschaft oder aus Wirtschaftswäldern stammen, zu verabschieden und zu akzeptieren, dass der Wald auch ohne Förster wächst. Und wir haben Jahre gebraucht, bis wir verstanden haben, dass wir nicht künstlich mehr Natur schaffen konnten. Unsere anfänglichen Versuche, durch Waldpflege im Nationalpark den Wald naturnäher zu machen, scheiterten. Es war, als wollte man mit einer Motorsäge eine Präzisionsuhr reparieren. Hubert Weiger, der Präsident des „BUND“, vertritt die Meinung, dass durch den Prozessschutz im Nationalpark Bayerischer Wald ein Paradigmenwechsel im Naturschutz stattgefunden hat. Damit kein Missverständnis entsteht: Selbstverständlich werden auch in Zukunft Arten- und Biotopschutz eine ganz wichtige Rolle spielen, neben dem Schutz der natürlichen Entwicklungen von Lebensgemeinschaften. Es geht im Naturschutz nicht um ein Entweder-oder, wie es die Bayerischen Staatsforsten ständig immer wieder behaupten, sondern um ein Sowohl-als-auch. Bis heute arbeitet dieser größte deutsche Waldbesitzer offiziell nach dem Leitsatz: „Schützen durch Nützen“. Die Ausweisung größerer Naturwaldreservate oder Nationalparke, wie zum Beispiel im Steigerwald, wird verhindert. Und der Beschluss der Bundesregierung aus dem Jahr 2007, bis zum Jahr 2020 zehn Prozent des den Bürgern gehörenden Staats- und Kommunalwaldes der natürlichen Entwicklung zu überlassen, wird kategorisch abgelehnt. In den derzeitigen 16 Nationalparken sind es gerade mal 0,6 Prozent der Fläche Deutschlands, auf der wild wachsende Natur zugelassen wird.

Gemeinsam sind wir stark

Wenn ich zurückblicke und darüber nachdenke, wie es möglich war, das neue Naturschutzziel „Natur Natur sein lassen“ im Nationalpark Bayerischer Wald umzusetzen, wird mir klar, dass dies nur durch gemeinsames Engagement geschehen konnte. Es hat sich gelohnt, gemeinsam dafür zu kämpfen, und ich würde mich auch heute noch genauso dafür einsetzen, Wildnis sich entwickeln zu lassen.

Gegen den Widerstand der Staatsforstverwaltung, gegen Jagdverbände, Vertreter der Holzwirtschaft, Heimatvereine, Kommunal- und Landespolitiker ein über 10.000 Hektar großes Waldgebiet aus der Nutzung zu nehmen, war nur mit Hilfe eines Netzwerks von Gleichgesinnten möglich. Im Nationalparkamt und dann nach Auflösung der Forstämter in der Nationalparkverwaltung haben von Anfang an eine ganze Reihe von Beamten, Angestellten und Waldarbeitern entscheidend zum Aufbau des Nationalparks beigetragen. Nur gemeinsam war es möglich, Windwürfe liegen zu lassen und den durch die Klimaerwärmung sich massenhaft vermehrenden Borkenkäfer nicht zu bekämpfen. Der Holzeinschlag konnte auf ¾ der Nationalparkfläche Schritt für Schritt eingestellt werden. Die überhöhten Rot- und Rehwildbestände wurden reduziert und die Trophäenjagd beendet. Als neuer Beruf wurde in Deutschland die Nationalparkwacht, wurden die „Ranger“ eingeführt. Sie sind heute in allen deutschen Nationalparken draußen unterwegs, sind wichtige Gesprächspartner für interessierte Besucher und kümmern sich um die Einhaltung der Schutzbestimmungen. Eine neue, naturbezogene Umweltbildung wurde entwickelt und eine ganze Reihe von vorbildlichen Einrichtungen für den Naturerlebnistourismus wurden geschaffen.

Eine ganz wichtige Rolle spielte, wie bereits ausführlich berichtet, die Unterstützung durch den ersten Förderverein für einen Nationalpark hierzulande, der später zum Vorbild für Fördervereine in allen weiteren Nationalparken wurde. Ohne die Unterstützung durch den „Verein der Freunde des Ersten deutschen Nationalparks Bayerischer Wald" hätten in den Anfangsjahren zahlreiche Aktivitäten nicht durchgeführt und Einrichtungen nicht geschaffen werden können. Es wäre z. B. nicht möglich gewesen, ein Bärengehege aufzubauen oder in kürzester Zeit die Gutachten für die Ende der 80er Jahre in der damaligen DDR geplanten Nationalparke zu erarbeiten, die deren Naturschutzzielsetzungen bei ihrer Gründung Anfang der 90er Jahre entscheidend mitprägten. Ohne die finanzielle Unterstützung durch den Verein meiner und von meinen Kollegen durchgeführten Auslandsreisen wäre uns die so wichtige Erweiterung unseres Horizonts, das Kennenlernen international anerkannter Nationalparke in europäischen Ländern, aber auch in Afrika und Nordamerika, das Erleben ursprünglicher Natur nicht möglich gewesen.

„Naturfreund ist derjenige, der sich mit allem, was in der Natur lebt, innerlich verbunden weiß, an dem Schiksal der Geschöpfe teilnimmt, ihnen, so viel er nur kann, aus Leid und Not hilft, und es nach Möglichkeit vermeidet, Leben zu schädigen oder zu vernichten."

(Albert Schweizer)

Die dabei geknüpften Kontakte und freundschaftlichen Beziehungen führten zu einem europaweiten Netzwerk, zu Erfahrungsaustausch und gegenseitiger Beratung. Es entwickelte sich eine intensive Zusammenarbeit in der „Föderation der Natur- und Nationalparke Europas", der heutigen „EUROPARC

Federation“. Eva Pongratz, von 1986 bis 2008 Geschäftsführerin der Föderation in Grafenau, fasste dies treffend unter dem Motto „Miteinander arbeiten – Voneinander lernen“ zusammen. Und nicht nur die Zeitschrift „Nationalpark“ unterstützte die Umsetzung des neuen Naturschutzzieles und damit das öffentliche Ansehen des Nationalparks, sondern auch eine ganze Reihe von Journalisten von der „Passauer Neuen Presse“, der „Süddeutschen Zeitung“ und anderen Tageszeitungen bis hin zum Magazin „GEO“. Sehr hilfreich wurde die Zielsetzung „Natur Natur sein lassen“ auch in Rundfunk und Fernsehen übertragen.

Wie wird es mit Nationalparken und Wildnisgebieten in Deutschland weitergehen? Das hängt wesentlich davon ab, ob vor Ort in den Schutzgebieten ein Netzwerk von Persönlichkeiten tätig ist, das sich auch in kritischen Situationen konsequent für die natürliche Entwicklung ihrer Nationalparke einsetzt. Gebraucht werden Menschen, denen es nicht, wie leider allzu oft, um eine Selbstdarstellung in den Medien oder die Erfüllung persönlicher Interessen geht.

Am Ende meiner Amtszeit, bei meiner Verabschiedung am 1. April 1998, dankte ich von Herzen den Mitarbeitern der Nationalparkverwaltung, ohne die es nicht gelungen wäre, den Nationalpark konsequent zu verwirklichen, und erinnerte an ein Wort von Antoine de Saint-Exupéry: *„Wenn Du ein Schiff bauen willst, dann trommle nicht Männer zusammen, um Holz zu beschaffen, Aufgaben zu vergeben und die Arbeit einzuteilen, sondern lehre sie die Sehnsucht nach dem weiten, endlosen Meer.“* Und ich fügte an: *„Darum habe ich mich immer bemüht und ich weiß, dass viele unter Euch, liebe Mitarbeiterinnen und Mitarbeiter, mit mir von dieser Sehnsucht erfasst wurden.“*

19 | DIE SCHÖPFUNG BEWAHREN

„Panta rhei“ – „Alles fließt“, wussten schon die alten Griechen. Jeder von uns erfährt es täglich, dass nichts so *„dauerhaft ist wie der Wandel“*, wie der Volksmund sagt. Leben und Tod, Wachsen und Vergehen gehören untrennbar zusammen. Selbstverständlich ist es notwendig und erlaubt, dass im Wald Bäume gefällt, Quellwasser entnommen, der Wald zur Erholung aufgesucht wird, solange er nicht auf Dauer geschädigt wird. In welchem Rahmen unsere Nutzung der natürlichen Ressourcen erfolgen darf, drückt eine indianische Weisheit so aus: *„Wir haben die Erde nicht ererbt von unseren Vätern, sondern geborgt von unseren Kindern.“*

„Durch unsere technischen Fähigkeiten haben wir diese Welt zu einem Dorf gemacht; jetzt müssen wir daraus kraft unserer Moral und unserer geistigen Entwicklung eine Geschwisterschaft machen. Wir müssen im direkten Wortsinn lernen, als Geschwister zusammen zu leben, oder wir werden zusammen als Narren untergehen.“

(Martin Luther King)

Über Jahrhunderte hatte die bäuerliche Landwirtschaft reizvolle, abwechslungsreiche und schöne Kulturlandschaften geschaffen. Immer schneller änderten sich aber die Auswirkungen unseres Umgangs mit der Natur in den letzten Jahrzehnten. Ludwig Klages sah das schon 1913 voraus:

„Unter den Vorwänden von Nutzen, wirtschaftlicher Entwicklung, Kultur geht er ... (der Fortschritt) ... in Wahrheit auf Vernichtung des Lebens aus. Er trifft es in allen seinen Erscheinungsformen, rodet Wälder, streicht die Tiergeschlechter, löscht die ursprünglichen Völker aus, überklebt und verunstaltet mit dem Firniss der Gewerblichkeit die Landschaft,

entwürdigt, was er von Lebewesen noch übrig lässt, gleich dem Schlachtvieh zu bloßer Ware, zum vogelfreien Gegenstand eines schrankenfreien Beutehungers. In seinem Dienst aber steht die gesamte Technik und in deren Dienst wiederum die weitaus größte Domäne der Wissenschaft."

Diese Prophezeiung hat sich seither in einst kaum vorstellbarer Weise bewahrheitet. Der „Fortschritt" führte seit dem Zweiten Weltkrieg zu Zerstörungen, wie sie zuvor durch Jahrhunderte nicht zu verzeichnen waren. Großartige Naturlandschaften wurden und werden ruiniert, ebenso wie harmonische Kulturlandschaften durch die industrialisierte Landwirtschaft. Pflanzen- und Tierarten werden ausgerottet. In Deutschland werden derzeit täglich 81 Hektar überbaut oder als Verkehrsfläche versiegelt. Das sind 27.000 Hektar pro Jahr! In Bayern sind es 13 Hektar pro Tag – das ist in zwei Jahren die Fläche eines bisher verhinderten Nationalparks im Steigerwald.

„Ich sehne mich nach einer wilden Natur, die mein Fuß nicht durchdringen kann, nach Wäldern, in denen die Walddrossel ihr ewiges Lied erklingen läßt, in denen jede Stunde ein früher Morgen ist und der Tag auf immer unberührt."

(Henry David Thoreau)

In den Nachkriegsjahren habe ich als Schüler die Zerstörung der abwechslungsreichen Landschaft in meiner Heimat in Mittelfranken durch brutale Flurbereinigungen erlebt und die schrecklichen Bilder bis heute nicht vergessen. Meine Kindheitserinnerungen sind nahezu identisch mit denen von Astrid Lindgren, die im Jahr 2000 schrieb:

„Fragt mich aber jemand nach meinen Kindheitserinnerungen, dann gilt mein erster Gedanke trotz allem nicht den Menschen, sondern der Natur. Sie umschloss all meine Tage und erfüllte sie so intensiv, dass man sie als Erwachsener gar nicht

mehr fassen kann. Der Steinhaufen, wo die Walderdbeeren wuchsen, die Leberblümchenstellen, die Schlüsselblumenwiesen, die Blaubeerplätze, der Wald mit den rosa Erdglöckchen im Moos, das Gehölz rings um Näs, wo wir jeden Pfad und jeden Stein kannten, der Fluss mit den Seerosen, die Gräben, die Bäche und Bäume, an all das erinnere ich mich besser als an die Menschen. Steine und Bäume, sie standen uns nahe, fast wie lebende Wesen, und die Natur war es auch, die unsere Spiele und Träume hegte und nährte.“

„Glaube mir, denn ich habe es erfahren, du wirst mehr in den Wäldern finden als in den Büchern; Bäume und Steine werden dich lehren, was du von keinem Lehrmeister hörst.“

(Bernhard von Clairvaux)

Kulturerbe - Naturerbe

Vor 26 Jahren, im März 1991, hielt ich in der gotischen Kirche St. Sebald in Nürnberg, wo mein Bruder Eberhard Pfarrer war, an einem Sonntagvormittag nach dem Gottesdienst einen Vortrag: „Das „Aus“ für das Naturerbe?“ Selbstverständlich bewahren Kulturvölker ihr Kulturerbe, die Kaiserburg in Nürnberg, den Kölner Dom, die Altstadt von Rothenburg. Das Wort „Naturerbe“ kam damals aber weder in deutschen Wörterbüchern noch in der Umgangssprache vor. Erst seit den 90er Jahren hat sich der Begriff „Naturerbe“ langsam durchgesetzt und seit einigen Jahren wird sein Schutz in kleinen Schritten in sogenannten „Nationalen Naturerbeflächen“ umgesetzt. In meinem Vortrag sagte ich damals vor 26 Jahren:

„Ackerbau und Viehzucht werden in Europa seit der Antike betrieben. In Mitteleuropa schuf der Mensch in der Auseinandersetzung mit der Natur durch seiner Hände Arbeit und unterstützt durch die Arbeitskraft der Zugtiere eine abwechslungsreiche, reizvolle Kulturlandschaft mit einer artenreichen Pflanzen- und Tierwelt. Die einzigartigen Weinbergsland-

schaften an Rhein und Mosel, die reich strukturierten, von Bäumen, Hecken und Feldrainen durchsetzten bäuerlichen Landschaften Mittelfrankens oder die Almregionen im Hochgebirge zählen dazu. Solche Landschaften waren und sind gleichzeitig Sinnbilder für Heimat und Geborgenheit. Sie werden als schön und schützenswert empfunden.

Seit aber der Bauer über die Kraft seiner Zugtiere hinaus Fremdenergie in großem Umfang in Form von Großmaschinen, Kunstdünger und Pestiziden einsetzt, geht es mit der gewachsenen Kulturlandschaft zu Ende. Dass sie weithin bereits der Vergangenheit angehört, will man nicht wahrhaben.

Die Erhaltung bäuerlicher Kulturlandschaften, meist mit einer ganz bestimmten Wald-Feld-Verteilung, wird als vorrangiges Ziel des Naturschutzes angesehen. Politiker aller Parteien, viele Landschaftsarchitekten und sogar Naturschützer vertreten einhellig die Meinung, Offenhalten der Landschaft sei an sich schon Naturschutz. Der Bauer wird zum Landschaftspfleger, ja sogar zum „Naturschützer" umfunktioniert.

Halten die Bauern die Landschaft nicht mehr offen, so hört man, muss sie „verfinstern", „versteppen", „verheiden", „verkarsten", mit einem Wort „verwildern" oder noch schlimmer „verkommen". Dabei sind sich selbst überlassene Flächen, die nicht beackert oder gemäht werden, wo keine Maschine fährt, ganz allgemein von größerem Wert als noch so sorgfältig gepflegte Flächen. Hier werden ästhetische Gesichtspunkte mit solchen der Erhaltung des Naturhaushaltes unkritisch vermischt.

Und so ist es auch nur logisch, dass im Bayerischen Naturschutzgesetz wörtlich steht: „Die ordnungsgemäße land-, forst- und fischereiwirtschaftliche Bodennutzung ist nicht als Eingriff in Natur und Landschaft anzusehen." Mit solchen ökologisch absurden Formulierungen im Naturschutzgesetz ist ein dauerhafter Schutz der Natur, der Artenvielfalt von Pflanzen und Tieren nicht möglich, denn diese „ordnungsgemäße

Landwirtschaft" hat über die Hälfte aller Arten, die auf der „Roten Liste der gefährdeten Farne und Blütenpflanzen" stehen, dorthin gebracht."

So viel von 1991. Bis heute ist noch immer keine wirkliche Kehrtwende erfolgt.

„Die ganze Schöpfung ist die Schönheit Gottes und in seiner Schrift gibt es nicht ein sinnloses Zeichen."

(Ernesto Cardenal)

Die Schöpfung bewahren

In der Schöpfungsgeschichte im 1. Kapitel des 1. Buch Mose steht: *„Und Gott segnete sie (die Menschen) und sprach zu ihnen: Seid fruchtbar und mehret euch und füllet die Erde und machet sie euch untertan!"* Weniger bekannt, kaum zitiert, aber ebenso wichtig ist Vers 15 aus dem 2. Kapitel des 1. Buch Mose: *„Und Gott nahm den Menschen und setzte ihn in den Garten Eden, dass er ihn bebaue und bewahre."* Weltweit wurde und wird die Schriftstelle aus dem 1. Buch Mose im 1. Kapitel als Rechtfertigung benutzt, die Erde „Untertan zu machen" und allemal großflächiger auszubeuten als zu bewahren. Und das gilt vor allem auch für Wälder.

Wie erwähnt, haben sich die deutschen katholischen Bischöfe in ihrer Denkschrift „Zukunft der Schöpfung – Zukunft der Menschheit" aus dem Jahr 1980 dazu bekannt und Bundespräsident Richard von Weizsäcker vertrat diesen Standpunkt ebenfalls, dass die Natur einen Eigenwert hat. Im Oktober 2002 wurde erstmals im bundesdeutschen Naturschutzgesetz das Naturschutzziel „Schutz ungestörter Abläufe der Naturvorgänge in ihrer natürlichen Dynamik" rechtlich verankert. Das Liegenlassen von Windwürfen und die tolerierte Massenvermehrung des Borkenkäfers in Nationalparken wurden damit legalisiert.

Wer sich als Teil der Natur begreift, ist eher bereit, sie pfleglich zu nutzen als der, der noch immer glaubt, sie gänzlich beherrschen zu können. Wer sich als Teil der Natur begreift, wird auch eher bereit sein, Pflanzen und Tiere als Mitgeschöpfe anzuerkennen und Mitverantwortung für sie zu übernehmen. Und wer ein solches Bewusstsein entwickelt und sich eingebunden weiß in den Fluss des Lebens, wird dann auch in die Zukunft denken. Er wird seine Wünsche und sein Verhalten auch am Lebensrecht der kommenden Generationen ausrichten.

„Nach und nach erkennt die Psychologie, dass wir die Wildnis brauchen, um ganz Mensch sein zu können, dass sich im Spiegel der Natur die Landschaft der Seele formen und entwickeln kann."

(Geseko von Lüpke)

Ich habe erlebt, wie die Begegnung mit alten Bäumen mich bescheiden gemacht hat und kann diese Erfahrung auch denjenigen empfehlen, die Machtpositionen innehaben. Bäume verkörpern einen Zeitmaßstab von anderer Qualität als den zwischen zwei Wahlen. Ich bin überzeugt, wir haben keine andere Wahl: Wir müssen unseren Lebensraum Erde als unseren Garten behandeln, als ein neues Eden, das wir im Einklang mit den Gesetzen der Natur bebauen und bewahren müssen. Gelingt uns das nicht, so droht mit der Zerstörung der Natur die endgültige Austreibung aus ihr und damit das Ende. Hannes Burger von der „Süddeutschen Zeitung" schrieb:

„Es ist gut für uns Menschen, dass wir draußen in der Natur immer wieder dem Wechsel von Wetter-, Tages- und Jahreszeiten begegnen. Sie können uns wieder auf das rechte Maß unserer Rolle im natürlichen Ablauf des Lebens auf dieser Erde aufmerksam machen. Sie lassen uns bewusst werden, dass wir den Gesetzen der Natur letztlich auch ausgeliefert sind, weil wir nur Teil von ihr sind und nicht ihr Herr. Wir bilden uns zwar ein, die Natur beherrschen gelernt zu haben, aber alles, was wir

beherrschen, ist ihre Zerstörung: immer mehr Leben umzubringen und die Erde immer unbewohnbarer zu machen.“

Es gibt einen alten Witz: *„Zwei Planeten begegnen sich im Weltall. Fragt der eine: „Wie geht es dir?“ Antwortet der andere: „Es geht mir ziemlich schlecht. Ich bin krank. Ich habe Homo sapiens.“ Sagt der eine: „Das tut mir Leid. Das ist schlimm. Ich habe das auch gehabt. Aber tröste dich, es geht vorüber.“ “*

Ehrfurcht vor dem Leben

Bäume sind die höchsten, die mächtigsten und die ältesten Lebewesen auf der Erde. An der Pazifikküste der USA wachsen die Küsten-Sequoien. Sie werden nahezu 120 Meter hoch, 40 Meter höher als die Türme der Münchner Frauenkirche. 150 Kilometer weiter östlich, in der Sierra Nevada, wachsen Mammutbäume. Sie erreichen nur 80 Meter Höhe, dafür werden ihre Stämme aber bis zu zehn Meter dick. Nichts Lebendiges kommt ihnen in ihren gewaltigen Dimensionen gleich. Nochmals 100 Kilometer weiter östlich im Trockenklima der White Mountains gibt es noch in 3.000 Meter Höhe Grannenkiefern. Die ältesten davon stehen dort schon seit über 4.500 Jahren. Sie waren 2.500 Jahre alt, als Christus geboren wurde, und noch immer sind sie am Leben.

Ich hatte das Glück, diesen Bäumen im Herbst 1987 zu begegnen. Sie rückten mir endgültig die Maßstäbe zurecht. Sie machen bescheiden und sie erwecken Ehrfurcht vor dem Leben und vor dem Schöpfer des Lebens. Das gilt auch für alte Bäume unserer Heimat, auch wenn sie maximal nur 800 oder 1.000 Jahre alt sind. Wie kaum andere Lebewesen verkörpern Bäume im Werden und Vergehen, in der Vergänglichkeit des Daseins das Stetige. Sie sind Sinnbilder des Lebens. Und was für Bäume gilt, gilt ähnlich auch für Wälder.

Ob man die unvorstellbare Vielfalt der Natur, ihr Werden und Vergehen als von Gott geschaffen betrachtet oder etwas anderes als ursächlich für ihre Entstehung ansieht, ist eine Glaubensfrage. Für mich sind Bäume und Wälder Bestandteil von

Gottes großartiger Schöpfung. Im Rückblick auf mein Leben und auf den Werdegang im Beruf, geprägt durch Eltern, die mich zum Glauben geführt haben, bin ich mir heute sicher, dass die Stationen und mein Lebensweg in weiten Bereichen kein Zufall waren, sondern Führung. Ich bin mein Leben lang dankbar dafür, dass mir die Aufgabe anvertraut und die Kraft geschenkt wurde, dazu beizutragen, dass im Nationalpark Bayerischer Wald ein kleines Stück dieser Schöpfung für unsere Kinder und Kindeskinder erhalten bleibt.

Einer großen Anzahl von Mitarbeitern der Nationalparkverwaltung, FreundInnen und KollegInnen von nationalen und internationalen Naturschutzorganisationen, aber auch Politikern und Medienvertretern möchte ich abschließend noch einmal ganz herzlich für ihre Mithilfe, ihre Unterstützung und ihr Mittragen der vielfältigen Lasten in den manchmal sehr schwierigen Zeiten der Anfangsjahre danken.

Mein Dank gilt auch den Freundinnen und Freunden, die mir bei der Erarbeitung des Manuskripts kritisch geholfen haben, damit es inhaltlich richtig und gut lesbar werden konnte.

Und schließlich möchte ich mich auch bei meiner Frau, meinen Kindern und Angehörigen bedanken, die mir Kraft geschenkt und Lasten mitgetragen haben.

Besonderer Dank gilt meiner Tochter Kathrin.

Hans Bibelriether, 1933 geboren und aufgewachsen auf einem kleinen Bauernhof in Ezelheim/Mittelfranken. Er studierte ab 1951 Geographie und Biologie an der Universität Würzburg und ab 1953 Forstwissenschaft an der Universität München. Von 1957 bis 1960 Referendar in der Bayerischen Staatsforstverwaltung. 1960 legte er die Große Forstliche Staatsprüfung ab. 1960 promovierte Bibelriether bei Professor Josef Nikolaus Köstler mit einer Arbeit über die Lärche im Spessart.

Anschließend war er an der Forstlichen Forschungs- und Versuchsanstalt am Institut für Waldbau der Universität München wissenschaftlich tätig. Von 1968 bis 1969 war er stellvertretender Leiter des Forstamtes München-Nord, von 1969 bis 1978 Leiter des Nationalparkamtes Bayerischer Wald und von 1978 bis 1998 Leiter der Nationalparkverwaltung Bayerischer Wald. Unter seiner Leitung entwickelte sich dieser erste deutsche Nationalpark zu einem international bedeutsamen Großschutzgebiet.

Darüber hinaus war Bibelriether von 1984 bis 1995 Vizepräsident und Generalsekretär der „Föderation der Natur- und Nationalparke Europas“ (heute: „EUROPARC Federation“), von 1986 bis 1994 Vice-Chairman für Europa der Nationalparkkommission der „IUCN“ (heute: „World Commission on Protected Areas“ („WCPA“)), von 1991 bis 1996 Präsident der „Sektion Deutschland der Föderation der Natur- und Nationalparke Europas“ (heute: „EUROPARC Deutschland“) und von 1997 bis 1999 Präsident der „Föderation der Natur- und Nationalparke Europas“. Seit 1997 ist er erster Vorsitzender des „Verein der Nationalpark-Freunde“.

Ehrungen:

1977: Bayerische Naturschutzmedaille des Bund Naturschutz
1989: Alexander-von-Humboldt-Medaille in Gold der Stiftung F.V.S.
1989: Bundesverdienstkreuz am Bande (31. Oktober 1989)
1993: Binding-Preis für Natur- und Umweltschutz
1996: Lina-Hähnle-Medaille
1996: Golden Ark Award
1998: Staatsmedaille in Silber des Freistaates Bayern
2005: Euronatur-Umweltpreis

Schriften:

- *Lärche und Strobe im Spessart*
  mit Georg Sperber
  Parey, Hamburg und Berlin 1962, 100 Seiten
- *Die Wurzeln der Waldbäume. Untersuchungen zur Morphologie der Waldbäume in Mitteleuropa*
  mit Josef Nikolaus Köstler und Ernst Brückner
  Parey, Hamburg und Berlin 1968, 284 Seiten
- *Jagd in Deutschland*
  mit Dietrich Stahl
  Parey, Hamburg und Berlin 1971, 116 Seiten
  (ISBN 3-490-17312-0)
- *Nationalparkführer Bayerischer Wald*
  mit Hartmut Strunz
  BLV, München 1975, 160 Seiten
  (ISBN 3-405-11514-0)
- *Nationalpark Bayerischer Wald*
  Kilda, Greven 1979, 62 Seiten
  (ISBN 3-921427-12-6)
- *Lebensraum Fluß. Die gefährdete Ilz im Bayerischen Wald*
  mit Hannes Burger
  Süddeutscher Verlag, München 1985, 180 Seiten
  (ISBN 3-7991-6218-6)
- *„Waldnationalpark“ Bayerischer Wald*
  Morsak, Grafenau 1987, 48 Seiten
  (ISBN 3-87553-291-0)
- *Die Nationalparke Europas*
  Herausgeber mit Rudolf L. Schreiber
  Süddeutscher Verlag, München 1989, 240 Seiten
  (ISBN 3-7991-6319-0)
- *Unterwegs im Nationalpark Bayerischer Wald. Ein Führer für Wanderer und Naturfreunde*
  mit Hartmut Strunz
  Morsak, Grafenau 1990, 214 Seiten
  (ISBN 3-87553-353-4)
- *Naturland Deutschland. Freizeitführer Nationalparke und Naturlandschaften*
  Herausgeber
  Kosmos, Stuttgart 1997, 448 Seiten
  (ISBN 3-440-07207-X)

Literatur-Empfehlungen:

- *Rettet den Wald*
  Horst Stern
  Kindler, München 1979
  (ISBN 3-463-00767-3)
- *Erlebnis Nationalpark*
  Wolfgang Scherzinger
  Morsak, Grafenau 1984
- *Ungestörte Natur – was haben wir davon?*
  Tagungsbericht 6
  von Umweltstiftung WWF-Deutschland 1991
- *Eine Landschaft wird Nationalpark*
  Michael Haug, Reinhard Strobl
  Heft 11 der Schriftenreihe des Bayerischen Staatsministeriums für Ernährung, Landwirtschaft und Forsten
  2. Auflage 1993
- *Studie über bestehende und potentielle Nationalparke in Deutschland*
  Hans Bibelriether, Ursula Diepolder, Birgit Wimmer
  Landwirtschaftsverlag Münster 1997
  (ISBN 3-8962-4307-1)
- *Natur im Sinn – Zeitzeugen im Naturschutz*
  Georg Sperber
  Stiftung Naturschutzgeschichte
  Klartext, Essen 2002
  (ISBN 3-89861-076-4)
- *Zwischen Hühnerstall und Reichstag*
  Hubert Weinzierl
  MZ, Regenstauf 2008
  (ISBN 3-93486-337-X)